소프트웨어 개발에 ChatGPT 사용하기

SOFTWARE KAIHATSUNI CHAT GPT WA TSUKAERUNOKA?
SEKKEI KARA CODING MADE AI NO GENKAI WO SAGURU
by Satoshi Ono

소프트웨어 개발에 ChatGPT 사용하기

1판 1쇄 발행 2024년 9월 27일
1판 2쇄 발행 2024년 12월 9일

지은이 오노 사토시
옮긴이 김진호
펴낸이 장성두
펴낸곳 주식회사 제이펍

출판신고 2009년 11월 10일 제406-2009-000087호
주소 경기도 파주시 회동길 159 3층 / **전화** 070-8201-9010 / **팩스** 02-6280-0405
홈페이지 www.jpub.kr / **투고** submit@jpub.kr / **독자문의** help@jpub.kr / **교재문의** textbook@jpub.kr

소통기획부 김정준, 이상복, 안수정, 박재인, 송영화, 김은미, 배인혜, 권유라, 나준섭
소통지원부 민지환, 이승환, 김정미, 서세원 / **디자인부** 이민숙, 최병찬

진행 김은미 / **교정·교열** 김도윤 / **내지 및 표지 디자인** 최병찬
용지 에스에이치페이퍼 / **인쇄** 한승문화사 / **제본** 일진제책사

ISBN 979-11-93926-46-8 (93000)
책값은 뒤표지에 있습니다.

제이펍은 여러분의 아이디어와 원고를 기다리고 있습니다. 책으로 펴내고자 하는 아이디어나 원고가 있는 분께서는
책의 간단한 개요와 차례, 구성과 지은이/옮긴이 약력 등을 메일(submit@jpub.kr)로 보내주세요.

소프트웨어 개발에 ChatGPT 사용하기

오노 사토시 지음 / 김진호 옮김

Jpub
제이펍

CHAPTER 1 | ChatGPT로 할 수 있는 것은 무엇일까? 1

CHAPTER 2 | 프로그래밍에서의 활용 23

옮긴이 머리말

제가 프로그래밍을 시작한 1984년 이래, 최근 몇 년, 아니 몇 개월은 개발자들에게 너무나 많은 것들이 쏟아져 나오고 또 그것을 쫓아가지 않으면 안 될 것 같은 두려움이 엄습했던 시간이라고 생각합니다.

처음 ChatGPT가 탄생했을 때 ChatGPT가 할 수 있는 일이 무엇일지 탐색하는 데 많은 고민을 했다면, 그 이후로 어떻게 이 친구를 잘 활용할 수 있을지에 대한 고민들이 쏟아져 나왔습니다. 그리고 이제 단어 몇 개만으로 실사 영상을 만들어내는 단계에 접어들었습니다.

이 책은 단순하게 ChatGPT를 활용하는 서적에서 벗어나, ChatGPT를 소프트웨어 개발에 접목하여 개발 단계 중 하나로서 자연스럽게 통합하는 방법을 다룹니다. 이 책에서는 결과를 빠르게 확인하기에 적절한 파이썬과 구글 코랩을 주로 활용하고 있지만, 당연하게도 개발 언어나 사용하는 도구와 무관하게 읽고 적용해볼 수 있습니다. 이를 통해 인공지능 기술의 최전선에서 활약하는 ChatGPT의 활용 방법과 그 잠재력을 탐구하고 있으며, 소프트웨어 개발자뿐만 아니라 이 분야에 관심 있는 모든 이들에게 실질적인 지침을 제공해줄 것입니다.

일본어 원서를 우리말로 옮기며 가장 중점을 둔 점은 바로 '투명성과 접근성'입니다. 전문 용어와 개념을 최대한 이해하기 쉽고 정확한 한국어로 풀어내려 노력했습니다. 특히 불필요한 외래어와 외국어 사용을 줄이고자 했으며, 이 단어들은 올바른 이해를 위해 TTA 등의 공식 기관에서 정립한 용어[1]를 참고하였습니다. 이러한 노력은 독자 여러분이 책의 내용을 더욱 깊이 있고 명확하게 이해하는 데 도움이 되기를 바라는 마음에서 비롯되었습니다.

---

1 http://word.tta.or.kr/main.do

이 책을 통해 여러분이 ChatGPT와 같은 혁신적인 기술을 일상의 소프트웨어 개발 과정에 효율적으로 통합하고, 그 가능성을 극대화하는 방법을 발견할 수 있기를 진심으로 기원합니다. 또한, 이 책이 인공지능 기술의 발전과 그것이 우리 삶에 미치는 영향에 대한 여러분의 이해를 한층 더 깊게 해주는 계기가 되기를 바랍니다.

이 책이 여러분의 성장에 조금이나마 도움이 되길 바라며, 저와의 소중한 인연이 시작되기를 희망합니다.

마지막으로 이 책을 번역하는 데 함께 고민하고 애써준 제이펍의 김은미 편집자님과 관계자 여러분께 감사드립니다. 항상 귀찮게 연락을 드려도 항상 밝은 목소리로 제 투정을 들어주셨습니다.

그리고 염치없게 부탁드린 추천사를 너무나 흔쾌히 써준 과학 커뮤니케이터 궤도 님에게도 이 자리를 빌려서 다시 한번 감사드립니다. 처음 만났던 게 엊그제 같은데 벌써 7년이라는 시간이 흘렀네요. 앞으로도 재미있고 흥미로운 과학 이야기를 끊임없이 풀어주실 것이라고 기대하고 있습니다.

언제나 열심히 그리고 치열하게 활동하고 계신 제 우상인 윤태진 아나운서님에게도 마음속 깊이 감사를 드립니다. 책에 이름을 사용할 수 있도록 허락해주신 덕분에 책을 쓰면서 더욱 즐거웠습니다. 언제나 팬의 입장에서 생각하고 팬 걱정만 하시는 아나운서님의 팬이자 춘알단이라는 사실이 자랑스럽습니다.

그리고 이 책을 번역할 때 항상 옆에서 지치지 않도록 힘을 불어넣어준 부인냥에게도 무한한 감사의 말을 전합니다.

감사합니다.

싱가포르의 변덕스러운 날씨와 함께

김진호(Choonholic)

베타리더 후기 ────────────────────

 김민규(큐셀네트웍스)

ChatGPT의 광범위한 활용법을 알려주는, 재밌고 쉽게 쓰인 책입니다. 한 챕터씩 읽으며 이 똑똑한 비서를 제대로 활용하지 못했던 자신을 발견하고, 다양한 기능과 응용 방법을 배울 수 있을 것입니다. 많은 사람이 이 책을 통해 GPT와 더 친해지고 더 많은 인사이트를 얻을 수 있었으면 합니다.

 김진영

최근에 크게 관심을 가지고 유료 결제를 하면서까지 사용해보던 것이 ChatGPT였기에 상당히 흥미로운 책이었습니다. 현재 활용하던 것은 부분 리팩터링, 상황에 따른 패턴 제안 정도였는데, 테스트 코드 작성에도 활용해볼 수 있을 것 같습니다. 또한 새로운 언어 학습을 진행할 때도 어떠한 방법으로 활용 가능할지도 알게 된 점이 좋았습니다.

 사지원(카카오모빌리티)

좋은 답변을 얻으려면 좋은 질문을 해야 한다는 말이 있습니다. ChatGPT도 똑같습니다. 궁금한 내용이 있고, 원하는 답변을 정확하게 얻으려면 질문을 잘해야 합니다. 이 책은 ChatGPT를 사용하여 본인이 원하는 답변을 얻을 수 있도록 도와줍니다. 또한 ChatGPT로 할 수 있는 다양한 방법을 소개해 앞으로 언어 모델을 잘 사용하기 원한다면 반드시 읽어보길 추천합니다.

 윤승환(코드벤터)

이 책을 통해 평소 궁금했던 분야의 내용을 탐구할 수 있었습니다. 실용적인 예제가 풍부하고 명확한 설명으로 이해하기 쉬웠습니다. 특히 다양한 프로그래밍 언어와 도구의 효과적인 활용법이 인상적이었으며, ChatGPT 활용에 대한 새로운 시각을 얻었습니다. 이 책이 많은 독자에게도 큰 도움이 되리라 확신합니다.

 이석곤((주)아이알컴퍼니)

이 책은 ChatGPT에 대한 기본적인 개념부터 프로그래밍, 리팩터링, 문서 생성 등 다양한 분야에서의 활용법을 자세히 다뤄 ChatGPT에 관심이 있는 개발자분만 아니라 일반인에게도 매우 유용한 책입니다. 또한, 저자의 경험과 노하우가 잘 녹아 있어, ChatGPT를 실제로 활용하는 데 큰 도움이 될 것입니다.

 정태일(삼성SDS)

ChatGPT를 활용하여 애플리케이션을 개발하거나 리팩터링하고 다른 프로그래밍 언어로의 변환이나 오류 해결을 위한 도구 등으로 활용하는 방법을 다룹니다. ChatGPT를 활용하여 개발도 하고 공부도 하는 등 업무에 많이 활용하고 있는데, 이와 같은 방법을 체계적으로 정리했습니다. 초보 개발자가 겪는 다양한 문제를 해결하고, 개발 시간을 단축하는 데 도움이 되는 좋은 이정표가 될 책입니다. 어떤 어려움도 함께 해결해나가는 든든한 페어 프로그래밍 동료를 만들고 싶은 분들에게 추천합니다.

 허민(한국외국어대학교)

상태전이표 등으로 프로그램을 만드는 과정부터 랭체인의 에이전트를 이용한 챗봇 기능 구현에 이르기까지 LLM을 활용하여 프로그래머 같은 프로그램을 만들어가는 여정이 담긴 책입니다. 책에 담긴 다양한 상상력과 독자를 편하게 만드는 전달력은 환갑이 넘은 저자의 경력과 연륜을 느끼게 합니다. 지금까지 LLM을 활용하는 책을 다양하게 읽었지만 가장 많은 아이디어를 담고 있는 책이며, 가장 쉽게 잘 전달하는 책입니다.

시작하며 _____

유년기의 끝이 시작되었다!

2022년 11월, ChatGPT의 발표는 전 세계를 충격에 빠뜨렸습니다.

이 혁신적인 AI 기술은 마치 상공에 우주선이 갑자기 나타난 것 같은 큰 놀라움을 선사하면서 전 세계 사람들의 관심과 기대를 한 몸에 받는 존재가 되었습니다.

각국의 언론에서는 이 놀라운 기술이 가져올 가능성과 영향에 대해 보도하고 이에 따른 토론이 벌어졌습니다. 학계에서는 ChatGPT가 이토록 정밀한 인간적인 대화를 생성할 수 있는 배후의 기술과 알고리즘에 대한 논의가 이어졌습니다.

반면 일반 사람들은 ChatGPT가 일상에 어떤 변화를 가져올지 관심을 가지기 시작했습니다. 번역, 교육, 엔터테인먼트, 비즈니스 등 여러 분야에서 그 활용이 기대되었지만, 그에 반해 윤리적인 문제, 개인정보 유출, 보안에 대한 우려도 제기되었습니다.

정부와 기업도 마찬가지로 이 획기적인 기술에 주목했습니다. 새로운 산업 혁명이 시작되어 경제와 고용에 커다란 영향을 가져올 것이 예상되었습니다. 하지만 그 반대급부로 기술의 악용, AI에 의한 일자리 상실, 정보 조작 등의 잠재적인 위험에 대한 우려도 커졌습니다.

이렇듯 ChatGPT의 등장은 마치 《유년기의 끝》(시공사, 2016)에서 카렐렌의 우주선이 지구를 방문했던 것처럼 전 세계적인 사회현상이 되었습니다. 사람들은 이 기술이 인류의 진화와 미래에 어떤 영향을 미칠지 열띤 토론을 벌였고 그 논쟁은 지금도 끊이지 않고 계속되고 있습니다.

그것은 우리와 같은 시스템 개발 현장에 있는 엔지니어에게도 물론 예외가 아니었습니다. 필자가 처음으로 ChatGPT에 질문했던 그날, 너무나도 핵심을 찌르는 답변에 놀랐습니다. 마치 구름 너머에 사람이 있는 듯한 느낌을 받았습니다. 냉철함도 있었지만 어딘가 모르게 따뜻함도 있었습니다. 무서울 정도로 명석한 의견이라고 생각하다가도 가끔은 설렁설렁 대충 엉뚱한 답변이 날아오기도 해, 마치 변덕스러운 고양이 같았습니다. 필자가 ChatGPT에 반한 것은 말할 필요도 없습니다.

이후 필자는 엔지니어의 한 사람으로서 ChatGPT를 현장의 업무에서 사용할 수 있을지 매일 계속 고민해왔습니다. 코드 생성은 물론이고, 프로토타이핑, 테스트 주도 개발, 디버깅 등의 개발 과정과 각종 개발 방법과 어떻게 결합할 수 있을지, 문서 작성에도 사용할 수 있을 것인지, 애플리케이션은 어떻게 만들 수 있을 것인지, 사내 데이터와 연계하는 방법은 무엇인지와 같은 수많은 질문들을 필자 자신과 ChatGPT에게 끊임없이 계속해보았습니다.

곰곰이 생각해보면 필자가 했던 질문은 소프트웨어 개발에 몸담고 있는 모든 엔지니어들의 공통된 고민일 수도 있습니다. 그렇기에 이 고민과 실험의 기록이 어쩌면 소프트웨어 개발자에게 다소 힌트가 될지도 모릅니다. 만약 ChatGPT의 즐거움을 공유할 수 있고 조금이라도 개발자에게 도움이 되면 그걸로 좋다는 생각을 가지고 이 책을 집필했습니다.

흥미진진한 ChatGPT를 활용한 시스템 개발의 세계에 함께 발을 내디뎌보지 않겠습니까? 개발 세계의 유년기가 끝나고 새로운 개발 과정이 시작될지도 모릅니다. 가속화된 당신의 창조력이 개발의 미래를 바꿀 수도 있습니다.

이 책이 개발 현장에서 여러분의 궁금증과 불안감을 해소하기 위한 작은 도움이 되기를 간절히 바랍니다.

오노 사토시

감사의 글 _____

이 책을 완성하면서, 수많은 분들께 감사의 마음을 담아 보냅니다. 먼저 가마키 요시오蒲喜美雄 씨는 ChatGPT의 업무 추진과 그 논의에 동참해주었습니다. 후지이 리쓰오藤井律夫 씨의 성숙한 엔지니어로서의 관점과 현장에서의 의견은 너무나 큰 참고가 되었습니다. 야마모토 가즈히코山本和彦 씨의 비엔지니어로서의 관점이 다양한 독자와의 가교가 되었습니다. 감사합니다.

그리고 제 아이들인 웹 엔지니어 마사노리雅則와 물리학자 마리에滿里絵, 두 사람과의 토론은 아버지로서도 엔지니어로서도 너무나 든든하다고 생각했습니다. 에리코江里子 씨와 손주들의 작은 얼굴이 피곤했던 날에 기쁨을 주었습니다. 디자인 사무소의 모든 분은 이 책을 매력적으로 디자인해주었습니다. 감사합니다.

다노베 요코田野邊陽子 씨의 약선藥膳 요리와 소소한 배려는 제 마음의 버팀목이자 원기를 회복시켜주는 묘약과 같았습니다. 그리고 마지막으로 기술평론사技術評論社의 이케모토 고헤이池本公平 씨, 인내심을 가지고 편집해주었을 뿐만 아니라 30년 전 작가 데뷔부터 시작하여 이 책을 쓸 수 있는 동기부여를 해주었습니다. 깊은 감사의 말을 전합니다. 여러분께 감사의 마음을 담아 이 책을 드립니다.

지원 웹페이지

이 책에서는 ChatGPT의 기능을 설명하기 위해 다양한 예제 코드를 제공합니다. 이런 지원 정보는 역자의 깃허브 저장소에 정리되어 있습니다. 예제 코드와 문서가 포함되어 있으므로 다음의 URL을 참조하기를 바랍니다.

• https://github.com/Choonholic/jpub_chatgpt

깃허브 환경을 사용하고 있을 경우 다음과 같이 저장소를 복제하여 지역 환경에서 사용해야 합니다.

```
git clone https://github.com/Choonholic/jpub_chatgpt.git
```

이 책에서는 웹브라우저를 이용한 ChatGPT의 프롬프트에 대해 다음과 같이 설명합니다.

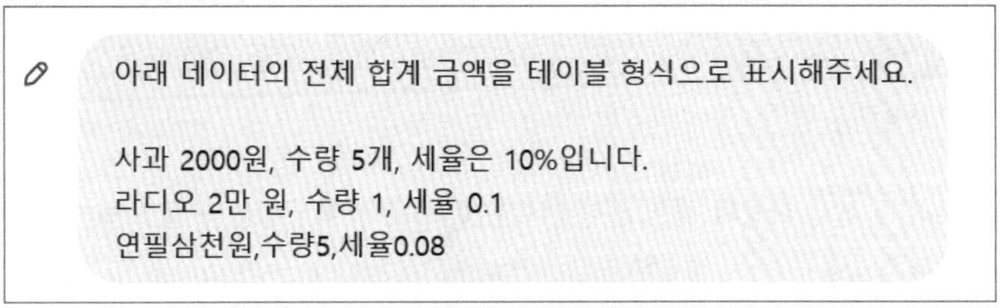

> 🖉 아래 데이터의 전체 합계 금액을 테이블 형식으로 표시해주세요.
>
> 사과 2000원, 수량 5개, 세율은 10%입니다.
> 라디오 2만 원, 수량 1, 세율 0.1
> 연필삼천원,수량5,세율0.08

그림 0.1 ChatGPT 프롬프트의 예

그리고 ChatGPT의 답변은 ChatGPT 아이콘()으로 표시합니다.

아래는 각 항목의 계산 결과를 포함한 테이블입니다:

품목	단가	수량	세율	총 금액 (세금 제외)	세금	총 금액 (세금 포함)
사과	2000원	5	10% (0.10)	10,000원	1,000원	11,000원
라디오	20,000원	1	10% (0.10)	20,000원	2,000원	22,000원
연필	3,000원	5	8% (0.08)	15,000원	1,200원	16,200원

전체 합계 금액 (세금 포함): 11,000원 + 22,000원 + 16,200원 = **49,200원**

그림 0.2 **ChatGPT 답변의 예**

또한, 화면 갈무리 외에도, 코드를 보기 쉽도록 하기 위해 ChatGPT의 질문 프롬프트는 사람 아이콘(●)으로, ChatGPT의 아이콘(◉)으로 답변을 표시했습니다.

> 프로그램은 `if` 문이 너무 많으므로 상태(State) 디자인 패턴으로 리팩터링해주세요. 단계별로 출력해주세요.

> 네. 다음은 단계별로 출력하면서 `if` 문을 상태(State) 디자인 패턴으로 리팩터링한 코드입니다.
>
> ```python
> # 상태 클래스 정의
> class VendingMachineState:
>     def coin_inserted(self, vm, coin):
> ```

이 책에서는 프로그래밍 환경으로 구글 코랩(콜랩)을 사용합니다. 2장부터는 구글 코랩 사용을 전제로 설명합니다. 프로그래밍 환경 구축은 뒤에 나오는 '구글 코랩 사용 방법에 대하여' 항목을 참고하세요.

구글 코랩의 입력 셀은 다음과 같이 실행 아이콘(▶)으로, 결과 셀은 구글 코랩 아이콘(◉)으로 표시합니다.

```
from openai import OpenAI

client = OpenAI()

user_text = "파이썬으로 피보나치 수를 구하는 예제 코드와 테스트 코드를 작성해
주세요."

response = client.chat.completions.create(
    model="gpt-3.5-turbo",
    messages=[
        {
            "role": "system",
            "content": "사용자의 요구에 따라 적절한 답변을 제공해주세요."
        },
        {
            "role": "user",
            "content": user_text
        }
    ],
)

response_message = response.choices[0].message.content

print(response_message)
```

```
def fibonacci(n):
    if n <= 0:
        return []
    elif n == 1:
        return [0]
    elif n == 2:
        return [0, 1]
    else:
        fibo = [0, 1]
        while len(fibo) < n:
            fibo.append(fibo[-1] + fibo[-2])
        return fibo

# 예제 코드 작동 테스트
print(fibonacci(10))   # [0, 1, 1, 2, 3, 5, 8, 13, 21, 34]
```

이 책에서 사용한 구글 코랩의 각종 ipynb 파일은 다음에 설명하는 역자의 깃허브에 있으므로 적절히 활용하기를 바랍니다.

소스 코드

이 책의 프로그램은 모두 구글 코랩을 사용하는 것을 전제로 합니다. 작성된 코드는 모두 구글 코랩에서 작동하는 것을 확인했습니다. 다음의 저장소에 이 책의 구글 코랩 코드가 저장되어 있습니다. 실습 시에 이용하기를 바랍니다.

- https://github.com/Choonholic/jpub_chatgpt/tree/main/notebooks

구글 코랩 사용 방법

구글 코랩의 사용 방법에 대해서 이 책의 본문에서는 다루지 않습니다. 기본적인 사용 방법은 다음 페이지를 참고하기를 바랍니다.

- https://colab.research.google.com/?hl=ko

Google Search API 획득 방법

Google Search API에서 `API_KEY`를 취득하는 방법은 다음의 저장소를 참고하기를 바랍니다.

- https://github.com/Choonholic/jpub_chatgpt/blob/main/docs/get_google_search_api_key.md

## CHAPTER 1

ChatGPT로 할 수 있는 것은 무엇일까?

Imagination is more important than knowledge.

Knowledge is limited.

Imagination encircles the world.

상상력은 지식보다 중요하다.

지식에는 한계가 있지만

상상력은 세계를 감싼다.

알베르트 아인슈타인

이번 장에서는 ChatGPT가 무엇을 할 수 있는지, 개발 프로세스에서 어떻게 활용할지, 그리고 왜 가능한지 등의 내용을 소개합니다. 그리고 어떤 사용 방법이 가능한지 대략적으로 설명합니다.

1.1 ChatGPT로 무엇을 할 수 있을까?

먼저 다음 질문을 ChatGPT에 해봅니다.

> 아래 데이터의 전체 합계 금액을 알려주세요.
>
> 사과 2000원, 수량 5개, 세율은 10%입니다.
> 라디오 2만 원, 수량 1, 세율 0.1
> 연필삼천원,수량5,세율0.08

그림 1.1 **ChatGPT에게 던지는 첫 질문**

ChatGPT는 다음과 같이 답변해줍니다. 이때 매번 같은 결과가 나온다고 할 수 없다는 점을 기억하세요. 또한, 이 예시에서는 ChatGPT 3.5를 사용했는데, 2024년 3월 기준으로 여전히 무료로 사용할 수 있기 때문에 처음 시작하기에 가장 적합합니다. 이 책에서는 특별한 이유가 없다면 ChatGPT 3.5를 사용하겠습니다.

> 각 항목의 전체 금액을 계산해 보겠습니다.
>
> 1. **사과**
>   - 단가: 2000원
>   - 수량: 5개
>   - 세율: 10% (0.10)
>
>   사과의 총 금액 = 2000원 × 5 = 10000원
>   사과의 세금 = 10000원 × 0.10 = 1000원
>   사과의 총 금액 (세금 포함) = 10000원 + 1000원 = 11000원
>
> 2. **라디오**
>   - 단가: 20000원
>   - 수량: 1개
>   - 세율: 0.1 (이 경우, 세율이 잘못된 것 같지만 그대로 계산합니다.)
>
>   라디오의 총 금액 = 20000원 × 1 = 20000원
>   라디오의 세금 = 20000원 × 0.1 = 2000원
>   라디오의 총 금액 (세금 포함) = 20000원 ↓ 2000원 = 22000원

그림 1.2 **ChatGPT의 놀라운 답변**

요청했던 합계 금액이 제대로 반환되었습니다(계산을 틀리는 경우가 있지만 어찌 보면 당연한 일이기 때문에 여기서는 신경 쓰지 말아주세요). 이 정도는 어렵지 않습니다. 사람이라면 매일같이 하고 있는 계산이니까요. 하지만 지금까지 이런 일이 가능한 컴퓨터 프로그램이 있었나요?

질문을 잘 살펴보면 ChatGPT에게 제공된 데이터는 형식이 전부 다 다릅니다. 세율은 퍼센트였다가 소수점이기도 하고, 데이터 구분은 마침표였다가 쉼표이기도 하고, 심지어 세 번째 줄의 데이터에는 데이터 구분 자체가 존재하지 않습니다. 그럼에도 각 행의 데이터를 정확하게 읽어들여 단가와 수량을 분리하고 금액을 산출한 후, 세율을 계산하여 세금이 포함된 금액을 구합니다. 마지막으로 각 항목의 세금이 포함된 금액을 전부 더한 결과를 구했습니다.

이것과 동일한 데이터로 프로그램을 작성해달라는 요청을 받으면 어떨까요? 상당히 복잡한 **정규표현식**regular expression을 사용하여 수치 항목을 추출하고 항목과 단가와 수량을 분리하지 않으면 안 됩니다. 데이터 구분도 애매하기 때문에 분명히 버그의 폭풍우가 몰아치게 되겠지요. 그런 프로그램은 작성하고 싶지 않을 것입니다. 적어도 필자는 그렇습니다. 모름지기 데이터라는 것은 확실한 형태로 정리되어 넘어오는 것이 불문율이니 말입니다.

그리고 합계 금액을 알려달라고 부탁했을 뿐인데 제대로 된 계산 과정을 밟아 합계 금액을 보여줍니다. 이것은 필자가 ChatGPT에게 부탁한 질문의 '의미'를 이해한다는 뜻입니다. 질문의 의미를 이해하고, 데이터를 분해하여, 계산하고, 결과를 회신한다고 하는 과정을 아주 쉽게 해냈습니다. 정말 똑똑하지 않습니까?

답변 과정 같은 것은 필요 없으니 더 보기 쉬운 형식이 필요하다면 그것도 문제없습니다. 다음과 같이 질문을 바꿔보겠습니다.

> ✎ 아래 데이터의 전체 합계 금액을 테이블 형식으로 표시해주세요.
>
> 사과 2000원, 수량 5개, 세율은 10%입니다.
> 라디오 2만 원, 수량 1, 세율 0.1
> 연필삼천원,수량5,세율0.08

그림 1.3 **출력 형식 변경 요청하기**

다음과 같은 답변이 돌아옵니다.

아래는 각 항목의 계산 결과를 포함한 테이블입니다:

품목	단가	수량	세율	총 금액 (세금 제외)	세금	총 금액 (세금 포함)
사과	2000원	5	10% (0.10)	10,000원	1,000원	11,000원
라디오	20,000원	1	10% (0.10)	20,000원	2,000원	22,000원
연필	3,000원	5	8% (0.08)	15,000원	1,200원	16,200원

전체 합계 금액 (세금 포함): 11,000원 + 22,000원 + 16,200원 = **49,200원**

그림 1.4 **테이블 형식의 답변**

상당히 보기 편해졌습니다. 추가로 부탁한 것은 '테이블 형식으로 출력'해달라고 한 것뿐입니다. 놀랍게도 ChatGPT는 그 의미를 이해하고 **마크다운**Markdown 형식 기반의 테이블로 정리했습니다.

덧붙이자면 합계 금액이 한눈에 들어오지 않기 때문에 추가로 부탁해봅니다.

> 아래 데이터의 각 항목의 합계 금액을 테이블 형식으로 표시해주세요.
> 전체 합계 금액은 별도의 행으로 표시해주세요.
>
> 사과 2000원, 수량 5개, 세율은 10%입니다.
> 라디오 2만 원, 수량 1, 세율 0.1
> 연필삼천원,수량5,세율0.08

그림 1.5 **합계 금액을 별도 행으로 요청하기**

결과는 다음과 같습니다.

다음은 각 항목의 합계 금액을 테이블 형식으로 나타낸 것입니다:

품목	단가	수량	세율	총 금액 (세금 제외)	세금	총 금액 (세금 포함)
사과	2000원	5	10%	10,000원	1,000원	11,000원
라디오	20,000원	1	10%	20,000원	2,000원	22,000원
연필	3,000원	5	8%	15,000원	1,200원	16,200원
전체 합계 금액 (세금 포함)						49,200원

그림 1.6 **합계 금액을 별도 행으로 표시**

'합계 금액을 별도 행으로'라는 부탁을 통해 충분히 보기 편한 형태가 되었습니다. 사실 '별도 행'이라는 표현은 상당히 애매하기 때문에, 상세 데이터와는 다른 새로운 테이블을 만들 가능성도 있습니다. 하지만 여기에서는 별도 행이라는 의미를 같은 표에 넣되, 상세 데이터와는 다른 행에 쓰는 것이라고 이해한 것이겠죠.

1.1.1 ChatGPT를 비서로

애매한 지시를 내려도 마치 인간처럼 생각해보고 가장 올바르다고 생각하는 답변을 합니다. 확실히 겉모습만 보면 '문장으로 지시할 수 있는 계산기'로 정의할 수도 있겠지만 그 안에 숨어 있는 논리는 엄청나게 뛰어나다는 것을 알 수 있습니다.

웬만한 것은 다 가능할 것 같은 느낌이 들겠지만, 실제로 엔지니어도 사용할 수 있을까요?

완전히 핵심을 찌른 질문입니다. 지금부터 여러분과 함께 고민할 주제입니다.

이 주제에 대한 내용이 너무 복잡하다고 여겨 더 이상 읽고 싶지 않아 할 수도 있겠습니다만, 그렇기에 책을 덮기 전에 당장 사용할 수 있는 내용을 소개하겠습니다. 이것만 있어도 현장에서 지금 당장 사용할 수 있을 것입니다.

여러분은 리눅스나 윈도우와 같은 시스템에서 작업을 하고 있을 것이라 생각합니다. 매일 깃 명령이나 도커 명령을 입력하고 있을 것이고, 그렇기에 평상시 사용하고 있는 명령은 머릿속에 들어 있을 겁니다. 하지만 자주 사용하지 않는 명령어의 인수는 기억하고 있지 않거나 희미하게 기억합니다. 그때는 인터넷 검색을 하지만 시간이 걸립니다. 하지만 ChatGPT가 있으면 그럴 걱정이 없습니다.

파일 검색을 예로 들어보겠습니다. 특정 문자열을 포함한 파일을 검색하는 경우를 상정하고 다음과 같이 질문합니다.

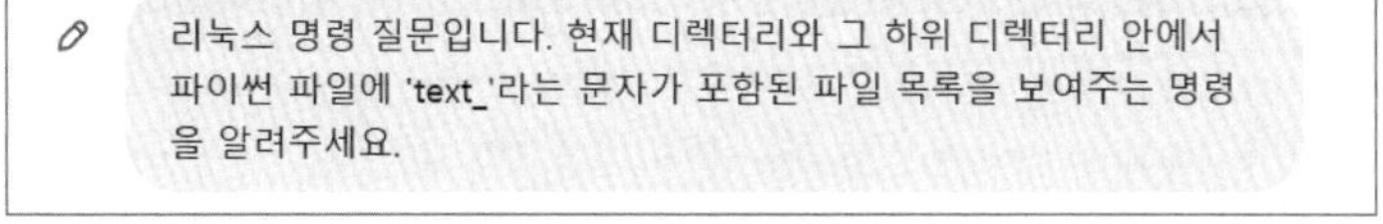

> 리눅스 명령 질문입니다. 현재 디렉터리와 그 하위 디렉터리 안에서 파이썬 파일에 'text_'라는 문자가 포함된 파일 목록을 보여주는 명령을 알려주세요.

그림 1.7 리눅스 명령 질문하기

답은 다음과 같습니다.

리눅스에서 현재 디렉토리와 그 하위 디렉토리 안의 파이썬 파일 중에서 파일 이름에 'text_'라는 문자가 포함된 파일 목록을 보여주기 위해 `find` 명령어를 사용할 수 있습니다. 다음 명령어를 사용하세요:

```bash
find . -type f -name '*text_*.py'
```

여기서 각 옵션의 의미는 다음과 같습니다:

- `.`: 현재 디렉토리에서 검색을 시작합니다.
- `-type f`: 파일만 검색합니다 (디렉토리는 제외).
- `-name '*text_*.py'`: 파일 이름이 'text_'를 포함하고, 확장자가 `.py`인 파일을 찾습니다.

이 명령어를 실행하면 현재 디렉토리와 그 하위 디렉토리에서 'text_'를 포함하는 `.py` 파일의 목록이 출력됩니다.

그림 1.8 **리눅스 명령에 대한 상세한 설명**

세상에! 그대로 복사해서 붙여 넣을 수 있는 상태로 알려주었을 뿐만 아니라 자세한 설명까지 합니다. 리눅스가 아니어도 괜찮습니다. **파워셸**PowerShell에 대해서도 물어봅시다.

파워셸 명령 질문입니다. 현재 디렉터리와 그 하위 디렉터리 안에서 파이썬 파일에 'text_'라는 문자가 포함된 파일 목록을 보여주는 명령을 알려주세요.

그림 1.9 **파워셸 명령 질문하기**

ChatGPT가 다음과 같은 답을 주네요.

PowerShell에서 현재 디렉토리와 그 하위 디렉토리 내에서 파이썬 파일 중 파일 이름에 `'text_'`라는 문자열이 포함된 파일을 찾으려면, `Get-ChildItem` 명령어와 `Where-Object` 필터를 사용할 수 있습니다. 다음 명령어를 입력하면 됩니다:

```powershell
Get-ChildItem -Recurse -Filter '*text_*.py' -File
```

여기서 각 옵션의 의미는 다음과 같습니다:

- `Get-ChildItem`: 파일 및 디렉토리 목록을 가져오는 명령어입니다.
- `-Recurse`: 현재 디렉토리와 모든 하위 디렉토리를 재귀적으로 검색합니다.
- `-Filter '*text_*.py'`: 파일 이름에 `'text_'`가 포함되고 `.py` 확장자로 끝나는 파일만 검색합니다.
- `-File`: 디렉토리가 아닌 파일만 표시합니다.

이 명령어를 실행하면 현재 디렉토리와 그 하위 디렉토리에서 `'text_'`가 포함된 모든 파이썬 파일 목록이 표시됩니다.

그림 1.10 **파워셸 명령에 대한 상세한 설명**

너무 편리하지 않습니까? 필자는 파워셸을 사용할 기회가 거의 없기 때문에, 갑자기 사용해야 할 경우 인터넷을 검색하고 조사하는 데 적지 않은 시간을 쓰게 됩니다. 하지만 ChatGPT라는 비서가 생긴 후에는 이러한 고민이 없어졌고, 파워셸을 좋아하게 되었습니다. ChatGPT에 물어보면서 사용하면, 윈도우에서 **텍스트 사용자 인터페이스**character-based user interface, CUI, 즉 명령어 입력만으로 거의 대부분의 처리가 가능합니다. 이는 시간 단축의 차원을 뛰어넘은 것입니다.

1.1.2 ChatGPT를 내 동료로

지금까지 내용을 통해 아직 ChatGPT를 사용하지 않았어도 ChatGPT가 현명하다는 것을 조금은 이해할 수 있을 겁니다. 또한 이미 충분히 활용하고 있는 분들은 그 대단함을 다시 한번 확인할 수 있었을 것입니다. ChatGPT는 OpenAI사가 개발한 GPT-3.5 또는 GPT-4 기반의 **대형 언어 모델**large language model, LLM로서 문장을 이해해 답변해주는 기술입니다. 상상력이나 창의성을 가진 **문맥 엔진**context engine이라고 말해도 과언이 아니며, 그렇기에 발표되자마자 순식간에 전 세계를 매료시킨 것이겠지요.

여기서 필자와 ChatGPT와의 만남을 약간 소개해보겠습니다. 필자는 모 중소기업에서 시스템을 개발 및 운용합니다. 이른바 1인 시스템 통합 관리자로서, 시스템의 설계, 데이터베이스 구축, 프로그래밍, 테스트, 운용을 전부 혼자서 맡고 있기에 항상 만성적으로 일손이 부족한 상태입니다. 태생적으로 머리가 그리 좋지 않기 때문에 체력 외엔 믿을 구석이 없지만 환갑을 넘기고 나니 이제 체력에도 기댈 수 없는 상태가 되었습니다. 그런 와중에 ChatGPT와 만나게 되었습니다.

처음에는 장난삼아 점을 치거나 고전 같은 화제로 ChatGPT와 대화를 나누었지만, 어느 날 갑작스럽게 사양을 변경해야 해 새로운 파이썬 함수를 코딩해야 했을 때, 밑져야 본전이라는 생각으로 사양을 정확하게 알려주고 코드 작성을 요구했습니다. 그러자 정말 몇 초 만에 목적에 맞는 함수를 작성해주었습니다. 실제로도 문제없이 작동했기에 하루 이상 걸릴 작업이 대략 30분 만에 끝났습니다.

그날 이후로 필자는 ChatGPT와 함께하는 방법이 완전히 바뀌었습니다. ChatGPT를 비서로 맞아 현장에서의 어려운 난제들을 하나씩 해결했습니다. 개발 현장에서 만날 수 있는 여러 가지 사용 방법을 시험해보았습니다. 그 결과 예상 밖으로 잘 작동한 것은 물론 개발 작업의 효율이 이전과는 비교할 수 없을 정도로 향상된 것을 실감할 수 있었습니다. 그리고 지금은 완전히 제 동료로 인정하게 되었습니다.

ChatGPT는 다양한 업계와 애플리케이션에 대응하기 위해 설계되었기 때문에, 그 활용 방법에는 끝이 없습니다. 아이디어 생성이나 브레인스토밍brainstorming, 문서 작성, 자동 코드 생성 등 말하자면 인간 외에는 할 수 없었던 비즈니스 영역을 지원할 수 있습니다.

또한 고객 지원, 업무 효율화, 프로세스 자동화 등 기업 운용 면에서 큰 효과를 발휘할 것으로 기대됩니다. 뿐만 아니라 ChatGPT는 API를 이용해 독자적인 애플리케이션이나 서비스에 결합하는 것도 가능합니다. 이로 인해 각자의 요구 사항에 맞춘 시스템을 구축하여 효과적인 자연어 처리를 실현할 수 있습니다. 실제로 API가 공개되었을 때는 전 세계의 개발자가 AI 챗봇이나 대화형 애플리케이션과 같은 독자적인 애플리케이션을 공개하면서 단 1개월 만에 수천 개의 애플리케이션이 출시되었다는 사실이 큰 화제가 되기도 했습니다.

필자의 경험에서 비롯된 깨달음을 비롯해 세상의 구현 움직임, ChatGPT에 거는 기대라는 혼돈의 전제를 바탕으로 이 책의 주제를 생각해봅시다.

ChatGPT를 소프트웨어 개발에 사용할 수 있을까?

다시 말해 '개발 현장'에서 ChatGPT를 어떻게 사용할 것인지 그리고 잘 사용할 수 있을 것인지 또는 내 동료로 삼을 수 있을 것인지에 대한 힌트를 찾는 것이 바로 이 책의 의도이자 목적입니다. 이를 위해 개발 과정의 각 과정에서 몇 가지 고민해볼 만한 지점과 지침을 짚어보았습니다. 다음 내용이 지금부터 여러분이 만나게 될 로드맵입니다.

1.1.3 개발 프로세스에서 ChatGPT 활용하기

1 프로그래밍

개발 과정에 있어 ChatGPT가 가장 잘 해낼 수 있는 부분일 것입니다. 당연하게도 프로그래머라면 각자 나름대로 활용하고 있을 것이고, 어쩌면 효율적인 코드 작성이나 생각지도 못한 비기 같은 것도 있을 것입니다. 디버깅을 효율적으로 하기 위해 발생한 오류를 ChatGPT에게 물어보면 정확한 답이 돌아와 놀란 적도 많습니다. 코드 생성과 오류 대책은 서로 대척점에 있는 것입니다. 2장에서는 프로그래밍의 던전을 탐험해보겠습니다.

2 리팩터링

프로그래머라면 모두 작성한 코드를 손질하여 최적화하고 싶어합니다. 하지만 리팩터링이라는 개발 과정은 **공수工數[1]를 확보하기 어려운 필수 공정**이기에 개발 현장에서 종종 문제가 됩니다. 하지만 ChatGPT는 코드의 개선이나 최적화를 순식간에 해줍니다. 따라서 만약 이 과정에서 ChatGPT를 활용할 수 있다면 공수를 필요로 하지 않는 필수 공정으로서 일상의 개발 흐름에 흡수될 가능성도 있습니다. 3장에서 그 가능성을 찾아봅시다.

3 문서 작성

문서 작성의 예를 들어보면, 함수의 설명이나 매개변수의 설명이 필요할 때 ChatGPT에게 함수의 이름과 파라미터를 입력하면 적절한 설명문을 생성해줍니다. 이것은 프로그래머 관점의 문서지만 문서 작성은 각각의 입장에 따라 결과물이 달라질 수 있습니다. 모든 문서에 대해 이야기하는 것은 불가능할지 모르지만, ChatGPT는 여러 가지 방법을 구사하여 문서를 작성할 수 있습니다. 4장에서 몇 가지 문서 작성 방법에 대해 자세히 알아보겠습니다.

4 개발 방법의 제안

도메인 주도 설계나 테스트 주도 개발 등은 이제 당연시되는 설계 방법이자 개발 방법입니다. 도메인 주도 설계는 인간 중심의 설계 방법이지만 ChatGPT가 그것을 이해할 수 있고 도메인 주도 설계의 보편적 언어로 정보를 교환할 수 있다고 하면 벌써 두근거리지 않습니까? 5장에서는 그런 사고 실험을 해보겠습니다.

5 학습 과정에 대한 제안

IT 엔지니어에게는 언제나 수많은 학습이 필연적으로 따라옵니다. 항상 새로운 것을 익히지 않으면 순식간에 세계의 흐름에 뒤처지고 맙니다. 학습 방법은 무수히 많이 존재하기에 각각 자신에게 맞는 학습 방법을 골라 새로운 것을 이해하기 위해 매일 노력합니다. 만약 ChatGPT가 그 학습 과정에 한 획을 그을 수 있다면 지금까지의 학습 방법에 더욱 속도를 낼 수 있을 것입니다. 6장에서는 그런 가속 장치를 머릿속에 넣기 위한 방법을 살펴봅시다. 실제로 필자가 경험했던 학습 흐름을 따라 체험해보게 될 것입니다.

---

[1] 맨-먼스(man-month) 또는 퍼슨-먼스(person-month)라고도 하며, 특정 작업을 위해 특정 기간동안 필요한 인원을 산정하는 것을 의미합니다.

API의 활용과 외부 데이터 연계, 과정 자동화

API의 발표 이후 수천 개의 애플리케이션이 만들어졌습니다. 이것은 AI 애플리케이션의 캄브리아기 폭발Cambrian explosion[2]이라고 해도 좋을 것입니다. 그만큼 전 세계의 엔지니어가 열광했다는 의미입니다. 그도 그럴 것이 ChatGPT의 기능을 자신의 애플리케이션에 넣을 수 있다고 생각하면 역시 흥분됩니다. 말보다 증거라고 실제로 간단한 애플리케이션을 직접 만들어볼 것입니다. 7장에서 기본적인 사용 방법을 설명합니다.

그리고 ChatGPT에서 받아들이지 못하는 긴 문장을 처리하는 문제는 사용자 지원이나 기술 문서의 Q&A와 같은 시스템을 만들 때 반드시 만나게 되는 장벽입니다. 8장에서는 이 장벽을 부수기 위한 힌트를 설명하기 위해 LlamaIndex와 랭체인을 사용해보겠습니다.

마지막으로, ChatGPT를 사용해 문의 프로세스를 자동화하거나 결과물을 생성하기 위한 **배치** batch 처리를 ChatGPT에게 부탁하고, 로봇처럼 자신의 질문에 대해 적절한 리소스를 탐색해 답변하는 등 애플리케이션으로 구현하고 싶은 것은 아주 많습니다. 9장에서는 랭체인을 사용해 이러한 사용 사례use case를 순서대로 구현해보겠습니다.

ChatGPT를 동료로 삼아 이 로드맵을 따라 앞으로 나아가겠습니다. 여러분도 준비됐나요?

아, 잠시 기다려주세요. 죄송합니다. 정작 중요한 동료인 ChatGPT 그 자체에 대해서는 설명하지 않았었네요. 함께 여행하는 동료의 프로필 정도는 알고 있는 것이 좋다고 생각하는 분들은 조금만 더 함께해주기를 바랍니다. 다음 절에서 ChatGPT에 대해 '왜 그것이 가능한 것인지' 설명하겠습니다. 물론 이미 알고 계신 분이나 그 구조 등에 흥미가 없다면 다음 절로 넘어가도 됩니다.

1.2 어떻게 가능할까?

1.2.1 트랜스포머의 탄생

ChatGPT의 똑똑한 대화가 가능한 이유를 한마디로 설명하면, **트랜스포머(변환기)**Transformer라는 구조를 사용해 대량으로 학습된 데이터를 기반으로 문맥을 이해하고 생성하기 때문입니다.

---

2 5억 4200만 년 전, 고생대 캄브리아기가 시작되는 시기에 약 35개의 생물문이 갑작스럽게 출현한 지질학, 고생물학적 사건입니다.

트랜스포머는 자연어 처리 작업, 특히 기계 번역을 위해 고안된 알고리즘입니다.

기존의 **합성곱 신경망**convolutional neural network, CNN이나 **순환 신경망**recurrent neural network, RNN에서는 긴 문장이나 단어와 단어의 거리가 긴 경우 번역의 정밀도가 떨어지고 처리 비용이 늘어나는 문제가 있었습니다.

이를 한꺼번에 해결하는 알고리즘이 바로 트랜스포머입니다. 주의 집중이라는 구조를 사용하여 토큰이라는 번역 대상의 전체 단어를 병렬적으로 한꺼번에 처리 가능하다는 특징이 있습니다. 합성곱 신경망이나 순환 신경망도 주의 집중을 보조적으로 사용하는 경우가 있지만 트랜스포머는 주로 **주의 집중 하나만 사용**하여 작업을 진행합니다. 이로 인해 각 단어가 문맥 전체와 연관된 정도를 효과적으로 확인할 수 있습니다.

1.2.2 간단하게 살펴볼까요?

주의 집중을 이해하면 트랜스포머도 이해할 수 있지만, 먼저 트랜스포머의 기본 구조를 설명하겠습니다. 매우 간단한 그림으로 설명하자면 다음과 같은 구조를 가집니다.

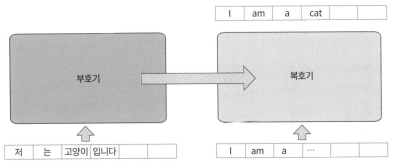

그림 1.11 **트랜스포머의 기본 구조**

부호기(인코더)encoder는 전달받은 문장을 단어 단위의 토큰으로 분해해, 그것을 임베딩이라는 처리를 거쳐 각각의 토큰을 **벡터**vector로 변환합니다. 이렇게 벡터화된 것들에 주의 집중과 그 외의 **기제**mechanism를 이용하여 의미를 부여하는데 이것이 문맥 이해에 해당합니다. 이 처리는 여러 개의 **층**layer을 통과하면서 반복됩니다.

이어서, 부호기에서 출력된 것을 **복호기(디코더)**decoder의 입력으로 사용합니다.

복호기는 첫 단어(위의 예에서 영어 'I')가 결정된 시점에 그다음에 올 토큰을 이미 학습된 데이터에서 찾습니다. 부호기에서 얻은 문맥에 가장 알맞은 토큰을 주의 집중 기제를 사용해 선택하고 이 작업을 문장이 끝날 때까지 반복합니다. 이것이 트랜스포머가 하는 일을 대략적으로 형상화한 것입니다.

빨리 ChatGPT를 활용하고 싶다면 여기까지 이해하신 것만으로도 문제없을 테니 2장으로 건너뛰기 바랍니다. 일단 트랜스포머가 어떻게 작동하는지는 알게 되었지만, 주의 집중과 그 외의 기제가 하는 일에 흥미가 있다면 다음 설명을 계속해서 읽으면 됩니다.

1.2.3 토큰의 분해와 순서 부여

일단 말을 컴퓨터가 이해할 수 있는 형태로 바꾸려면 수치적인 표현으로 변환해야 합니다. '저는 고양이입니다.'라는 문장이 있을 때, 인간은 이 문장을 이해하는 것이 가능하지만 컴퓨터는 이해할 수 없습니다. 따라서 먼저 문장을 **토큰**token이라는 단위로 쪼갭니다. '저', '는', '고양이', '입니다'가 이에 해당합니다. 하지만 아직 단지 쪼갰을 뿐, 컴퓨터는 아직 각 단어의 연관성과 의미를 이해하지 못합니다.

여기서 각 단어를 수학적으로 표현하는 방법을 사용하는데, 이를 **임베딩(매장)**embedding이라고 합니다. 이 과정을 통해 각 단어가 수치의 목록에 해당하는 벡터로 표현되어 여러 가지 수학적 처리가 가능해지는데, 이를 단어의 **벡터화**vectorization라고 합니다.

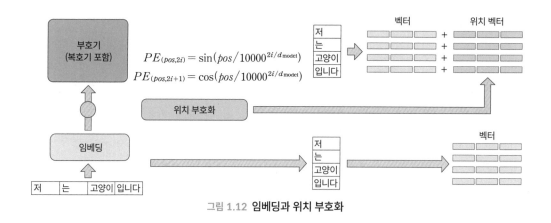

그림 1.12 **임베딩과 위치 부호화**

하지만 이 상태로는 단어의 순서, 다시 말해 문장 안에서의 단어가 가지는 위치가 사라집니다.

말의 의미는 그 순서에 의해서도 크게 달라지기 때문에 이대로는 문제가 있습니다. 따라서 각각의 단어 벡터에 위치 정보를 추가하여 단어의 위치를 유지하는데, 이를 **위치 부호화**positional encoding라고 합니다. 고등학교에서 배웠던 sin, cos과 같은 삼각함수의 수식을 사용하여, 각각의 단어 위치를 **부호화(인코딩)**encoding합니다. 이 작업을 통해 단어의 위치 정보가 유지되어 문장 전체의 의미를 보다 정확하게 표현해야 합니다.

1.2.4 주의 집중이란?

지금까지의 설명으로 트랜스포머라는 것은 입력된 문장을 단어 기준의 토큰으로 분해하고 그것을 벡터로 변환하는 임베딩 과정을 거쳐 위치 부호화를 통해 각 단어의 위치 정보를 추가하는 것이라는 것을 알 수 있었습니다. 여기에 단어의 문맥 이해를 좀 더 깊게 해주는 방법이 바로 **주의 집중 기제**attention mechanism입니다.

주의 집중(어텐션)attention은 말 그대로 주목注目이라는 뜻입니다. 트랜스포머가 문맥을 이해하기 위해서는 어떤 하나의 단어가 다른 단어들과 연관된 정도를 이해해야 합니다. 주의 집중은 이를 위해 각 단어가 다른 모든 단어로부터 얼마나 **주목받고 있는가**를 계산합니다.

'저는 고양이입니다'라는 문장이 있다고 가정해봅시다. 주의 집중 기제는 '고양이'라는 단어를 기준으로 각각 '저', '는', '입니다'라는 단어와 '고양이'라는 단어가 얼마나 연관되어 있는지 계산합니다. 이 계산 결과를 기반으로 각 단어의 벡터에 가중치를 부여해 '고양이'의 새로운 벡터를 생성하는데, 이것이 '고양이'의 새로운 문맥을 반영한 벡터 표현이 됩니다.

그림 1.13을 통해 조금 더 자세히 알아보겠습니다. 앞에서 벡터화된 데이터가 주의 집중 기제에 전달될 때 **선형 행렬 변환**linear matrix transformation을 통해 Q_{query}, K_{key}, V_{value}의 세 부분으로 나뉩니다.

그리고 Q 벡터와 K 벡터마다 **전치**transpose[3]와 **내적**inner product[4]을 계산하는데, 이를 통해 각 토큰 간의 연관성 또는 유사도를 표현하는 행렬이 생성됩니다. 한 마디로 말하면 내적은 **유사도**similarity를 의미합니다. 그런데 벡터의 곱셈에 해당하는 내적이 왜 유사도에 해당하는 것일까

---

3 전치(轉置)는 행렬의 행(row)과 열(column)을 서로 바꾸는 것을 의미합니다.

4 내적(內積)은 벡터의 쌍(vector pair)에 스칼라(scalar)를 대응시키는 함수가 제공되는 주어진 벡터 공간인 내적 공간에서 사용되는 함수로서, 내적 공간 위에서는 벡터의 길이나 각도 등의 개념을 다룰 수 있습니다.

요? 그것이 바로 벡터의 성질이기 때문입니다. 같은 방향을 향하는 벡터는 플러스 방향으로 값이 커지고, 직각으로 교차하면 0에 가까워지며, 반대 방향이 되면 마이너스 방향으로 서로 잡아당기기 때문에 값이 작아집니다. 결국 서로 유사하면 유사할수록 벡터의 방향이 같다는 성질을 이용해 유사도가 산출되는 원리입니다.

다만 이대로는 토큰의 수, 다시 말해 차원의 수가 너무 커져 계산 결과에 편차가 발생하기 쉽기 때문에(차원에 따라서는 계산 결과의 길이가 달라집니다) 차원 수의 제곱근square root으로 나누어 값을 반올림하여, 정규화scaling를 실행합니다.

하지만 그 결괏값은 질량weight에 불과하며 아직 **확률분포**probability distribution로서의 성질은 갖지 않습니다. 따라서 정규화한 행렬에 대해 **소프트맥스 함수**softmax function[5]를 적용해 각 행의 확률 분포를 형성하는 형태로 다시 한번 정규화합니다(이에 더해, 각 행의 모든 값을 더한 값이 1이 됩니다).

이어서 이 확률 분포와 V 벡터를 곱하면 각 토큰에 연관성의 질량이 더해져 주의 집중 기제의 최종 결과가 산출됩니다. 각각의 토큰이 다른 토큰과 '연관'된 정도를 보여주는 확률 분포를 생성하고 이를 통해 정보를 집약합니다. 이 작업을 극단적으로 요약하면 **단어끼리 리그전을 치러 단어끼리 얼마나 연관되었는지 득점으로 산출**하는 것이 주의 집중의 역할입니다. 물론 누구나 할 수 있는 간단한 일은 아닙니다.

그리고 이 결과는 다음 단계로 계속 이어집니다. 이 기본적인 주의 집중 기제는 **정규화된 점곱 주의 집중**scaled dot-product attention이라고 하며, 단일 주의 집중의 최소 단위에 해당합니다. 그리고 이번 설명처럼 같은 벡터 데이터에서 변환된 Q, K, V의 행렬을 입력으로 받는 경우를 **자기 주의 집중**self-attention이라고 합니다.

---

5 다중 클래스 분류를 만들 때 사용하는 함수로, 입력값을 0에서 1 사이의 값으로 정규화하고, 모든 출력의 합을 1로 만들어 확률 분포를 얻기 위한 마지막 활성함수로 사용되는 함수입니다.

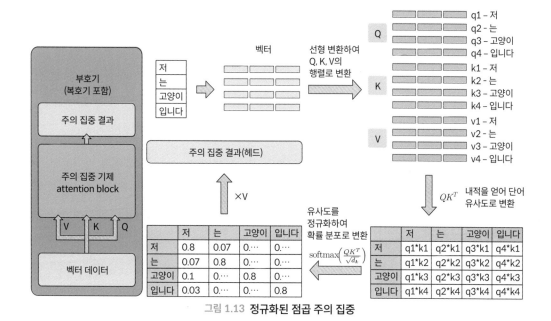

그림 1.13 정규화된 점곱 주의 집중

1.2.5 단일 주의 집중과 복수의 주의 집중

지금까지 주의 집중 기제의 기본적인 원리에 대해서 설명했습니다. 하지만 실제 트랜스포머 모델에서는 이 설명처럼 주의 집중 기제를 하나만 사용하는 경우는 없으며, 복수의 주의 집중 기제를 동시에 사용합니다. 이것이 **다중 헤드 주의 집중**multi-head attention입니다.

'저는 고양이입니다'라는 문장에서 '고양이'라는 단어는 '저'와의 연관성뿐만 아니라, '는'과 '입니다'와도 각각 독특한 연관성을 가집니다. 그리고 '저'와 '입니다'의 연관성도 마찬가지입니다. 각 단어 사이의 관계는 다른 관점에서 바라볼 수 있는데, 관점마다 다른 정보를 제공합니다. 이때 복수의 주의 집중 기제를 사용하면 각 단어가 가진 복수의 관점에서 연관성을 동시에 얻을 수 있으며 더 풍부하게 문맥을 이해할 수 있게 되는데, 이것이 다중 헤드 주의 집중을 사용하는 이유입니다.

구체적으로 말하면 다중 헤드 주의 집중에서는 입력된 단어 벡터가 복수의 서로 다른 **헤드**head[6]에 각각 투입되어 헤드마다 독자적으로 새로운 벡터를 생성하고 그것들을 결합하여 하나의 벡터를 만듭니다. 이를 통해 하나의 헤드로는 파악할 수 없는 다양한 관점으로부터의 정보를 통합하여 단어의 표현을 풍부하게 할 수 있습니다.

---

6 주의 집중 기제의 일종입니다.

다중 헤드 주의 집중에 의해 단일 주의 집중보다도 광범위하고 깊게 문맥을 이해할 수 있으며 결과적으로 더 나은 번역과 문장을 생성하게 됩니다.

이 개념을 구체적으로 시각화한 것이 그림 1.14입니다. 왼쪽의 그림은 한 개의 정규화된 점 곱 주의 집중이 존재하는 기본적인 형태이며, 이를 일반적으로 **단일 헤드 주의 집중**single-head attention이라고 합니다.

반면 오른쪽 그림에는 복수의 정규화된 점곱 주의 집중이 있으며, 이를 통해 여러 관점에서 주 의 집중을 얻을 수 있습니다. 예를 들면 '저'에 초점을 맞춘 주의 집중, '고양이'에 초점을 맞춘 주의 집중처럼 다각적인 관점을 얻을 수 있습니다. 하지만 이 주의 집중들은 서로 독립되어 있 기 때문에 응집성이 없습니다. 이를 통일시키기 위해 **Concat**[7]이라는 방법을 사용해 연결된 것 들을 하나의 일반적인 벡터로 변환해 최종적으로 출력합니다. 이것이 바로 다중 헤드 주의 집 중의 전체적인 모습입니다. 그림의 수식은 논문이나 인터넷 등에 설명되어 있으며 얼핏 매우 복잡해보일 수도 있으나, 사실 그 본질은 **단어끼리 치른 리그의 모든 득점표를 하나의 책으로 묶 은 득점 모음집**에 해당합니다. 그림과 함께 생각하면 더 이해가 잘 될 것입니다. 지금까지 설명 한 기본적인 구조를 파악할 수 있다면, 트랜스포머에 대한 기술 자료나 논문 같은 것을 읽는 데 필요한 최소한의 지식을 얻은 것입니다.

$$\text{MultiHead}(Q, K, V) = \text{Concat}(\text{head}_1, ..., \text{head}_h)\, W^o$$
$$\text{where head}_1 = \text{Attention}(QW_i^Q, KW_i^K, VW_i^V)$$

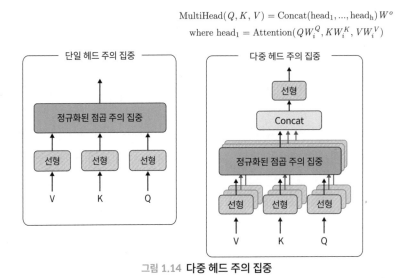

그림 1.14 다중 헤드 주의 집중

---

7 '연결'이라는 뜻의 concatenate를 줄인 이름입니다.

1.2.6 부호기에 의해 생성된 문맥을 복호기에 연결하기

지금까지 부호기가 문장의 문맥을 이해하는 방법에 대해 설명했습니다. 그렇다면 이 부호기가 생성한 문맥은 어떻게 복호기에 전달되는 것일까요?

사실 복호기는 부호기와 비슷한 구조를 가지고 있어 부호기와 마찬가지로 주의 집중 기제와 다중 헤드 주의 집중을 사용합니다. 하지만 둘 사이에는 큰 차이점이 하나 있는데 복호기는 부호기에서 받은 문맥 정보와 자기 자신이 지금까지 생성했던 토큰 정보 두 가지를 모두 참조합니다. 다시 말해 의미는 부호기 쪽에서 처리하고 단어는 복호기 쪽에서 처리한다고 이해할 수 있습니다.

구체적으로 설명하면 부호기는 각 단어의 문맥을 얻어 생성한 벡터 정보를 복호기에 전달하며, 복호기에서는 이 정보와 자신이 지금까지 생성했던 토큰의 정보를 하나로 합쳐 새로운 주의 집중을 계산합니다. 이를 통해 복호기는 부호기가 이해한 문맥을 유지하면서 새로운 토큰을 생성해가는 것입니다.

예를 들어 '저는 고양이입니다'를 영어로 번역할 때, 부호기가 '저는 고양이입니다'의 문맥을 이해해 'I am a cat'이라는 영어 번역을 생성하는 과정에서 복호기는 부호기로부터 받은 정보와 자신이 지금까지 생성했던 'I am a'의 정보를 참조합니다. 그리고 그 문맥에 가장 적합한 다음 토큰 'cat'을 선택합니다. 여기에서 일어나는 작업이 단어의 대응matching입니다.

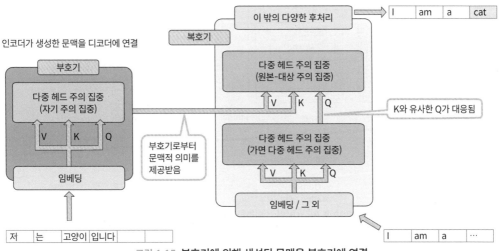

그림 1.15 **부호기에 의해 생성된 문맥을 복호기에 연결**

이와 같이, 부호기에 의해 생성된 문맥을 복호기에 연결함으로써, 트랜스포머는 정밀하게 자연스러운 번역과 문장을 생성할 수 있게 됩니다.

1.2.7 더 이상 두렵지 않다! Attention Is All You Need

이것으로 트랜스포머의 기초를 마무리하겠습니다. 여기까지 문제없이 이해할 수 있었다면 매우 기쁜 일이지만, 설명이 부족하다고 느낄 수도 있습니다. 그림에서 임베딩과 함께 묶인 그 외에 해당하는 부분인 순방향 신경망feedforward neural network이나 ReLUrectified linear unit activation function, 층 정규화layer normalization 등은 여기서 설명하지 않았습니다. 이제 할 일은 여러분이 직접 트랜스포머에 대한 논문 등을 읽고 식견을 넓히는 일일 것입니다. 여기서 얻은 지식을 기반으로 트랜스포머의 출발점이라 할 수 있는 <Attention Is All You Need>라는 논문[8]을 읽어보길 바랍니다.

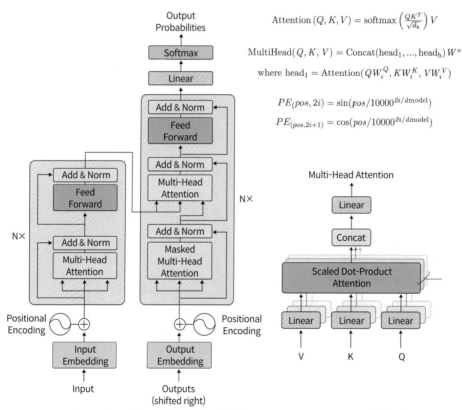

그림 1.16 **Attention Is All You Need**(논문 <Attention Is All You Need>에서 인용)

---

8 https://arxiv.org/pdf/1706.03762.pdf에서 볼 수 있습니다.

그림 1.16에 모델을 표현한 그림과 수식이 있습니다. 무슨 소린지 전혀 모르는 상황은 벗어났을 겁니다. 하지만 여전히 의미를 모를 수도 있습니다. '잘 모르겠지만 주의 집중이네' 정도의 느낌이면 충분합니다. 여러분은 전문 연구자가 아니므로, 수식을 건드릴 것이 아니라 프로그램 코드를 작성하는 게 중요하니까요.

1.2.8 GPT는 어떻게 문장을 생성하는 것일까?

막연하게나마 지금까지 설명했던 내용이 어느 정도 이해가 되었다면 이제 거의 끝난 것입니다.

여기서 마지막으로 기계 번역을 위해 만들어진 트랜스포머가 왜 ChatGPT처럼 문장 생성이 가능한 것인가라는 의문이 떠오를 것입니다. 사실 지금까지의 내용을 이해했다면 이 구조를 이해하는 것은 간단합니다. 간단히 말하면 **GPT는 트랜스포머의 복호기 부분만 사용**하기 때문입니다.

그림 1.17의 왼쪽을 봅시다. <Attention Is All You Need>에 있던 트랜스포머의 그림입니다. 여기서 복호기 부분만 분리하겠습니다. 이때 부호기에서의 입력 부분은 필요 없으므로 제거합니다. 이제 남은 것은 가운데 그림처럼 다중 헤드 주의 집중 하나로 구성된 간단한 형태입니다. 그리고 더 나아가 추상화를 더해 필자가 다시 그린 그림이 오른쪽입니다. 더 간단한 형태가 되었습니다. 이것이 바로 GPT의 본질입니다. 다중 헤드 주의 집중이 얼마나 중요한지 다시금 확인할 수 있었습니다. 수수께끼는 모두 풀렸습니다.

GPTgenerative pretrained transformer는 앞에서 설명한 트랜스포머의 복호기 부분을 기반으로 합니다. 일반적으로 GPT는 대량의 텍스트 데이터를 사전에 학습하여 특정 입력에 대응하는 출력을 생성하는 모델을 의미합니다.

GPT의 가장 큰 특징은 트랜스포머 기반의 기제를 사용하여 일련의 단어 또는 토큰이 주어지면 다음에 올 가능성이 가장 높은 단어를 예측하는 것입니다. 이 능력은 복호기가 자신이 지금까지 생성했던 토큰의 정보를 참고하여 새로운 토큰을 생성하는 것을 이용합니다.

예를 들어 '저는 고양이로, 좋아하는 음식은'이라는 문장이 주어지면, GPT는 이미 학습된 데이터를 기반으로 다음 부분을 '생선입니다'로 생성합니다. 이것은 모델이 '고양이'와 '좋아하는 음식'의 연관성과 한국어의 문법 등을 학습하기 때문입니다.

또한 GPT는 한 번에 하나의 단어가 아닌 전체 문장을 생성하는 능력을 가지고 있습니다. 이를 **자기 회귀성**autoregressive이라고 하며, 모델이 새로운 단어를 생성하는 동시에 그 단어를 다시 입력으로 사용하여 다음 단어를 생성하는 것을 의미합니다. 자신이 생성한 문장을 다시 반영하면서 문장을 생성하는 구조입니다.[9] 이를 통해 이리저리 문맥이 완성될 때까지 생성을 계속하는 것입니다. 이것도 역시 대규모로 학습된 언어 모델이기 때문에 얻을 수 있는 다음 단어 예측 효과입니다. 즉 **인류가 생성한 대규모 텍스트 데이터에서 학습한 정보를 기반으로 다음 단어를 예측**하는 것입니다. 초대규모 지식을 기반으로 예측하는, 다시 말해 창의성을 가지고 문장을 생성하게 되는 것입니다. 마치 철학이나 공상 과학의 세계에 해당하는 것처럼 느껴지지만 대형 언어 모델이기에 가능한 것입니다.

GPT는 이러한 구조를 통해 주어진 입력에 대해 자연스럽게 문맥을 더한 문장을 생성할 수 있으며, 여러분의 고민에 대한 해답도 이렇게 생성되는 것입니다.

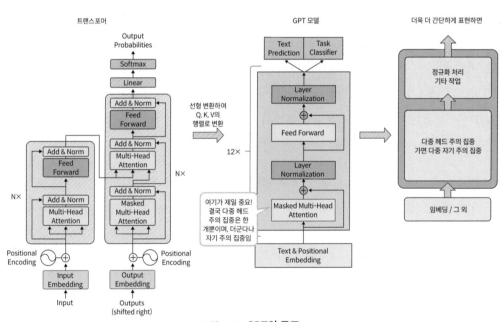

그림 1.17 **GPT의 구조**

지금까지 GPT는 어떻게 효과적으로 문장을 생성할 수 있는지, 그리고 어떻게 여러분의 질문

---

9   https://s3-us-west-2.amazonaws.com/openai-assets/research-covers/language-unsupervised/language_understanding_paper.pdf

에 적절한 답변을 만들어내는 것인지 살펴보았습니다. 하지만 의문이 하나 더 남아 있을 것입니다. 바로 '다음 단어를 예측하는 것뿐인데 GPT 버전이 업그레이드되면 왜 그 성능이 비약적으로 향상되는 것인가?'라는 것입니다.

비약적인 진화의 뒤에는 크게 세 요소가 있습니다. 다음은 ChatGPT에게 물어본 결과입니다.

- 모델 사이즈 증가

  GPT의 버전이 올라감에 따라 모델의 파라미터 수, 다시 말해 모델 사이즈_{model size}도 함께 증가합니다. 파라미터 수의 증가는 모델이 학습 가능한 정보량을 늘려줍니다. 다시 말해 더 많은 파라미터를 가진 모델은 더 복잡한 패턴이나 관계성을 학습하며 이를 통해 높은 수준의 예측을 할 수 있게 됩니다.

- 훈련 데이터 증가

  이 밖에도 버전이 올라감에 따라 모델의 훈련에 사용되는 데이터 양도 증가합니다. 대량의 데이터로 학습하게 되면 모델은 더 다양한 텍스트 패턴이나 언어 구조를 파악하게 되고 그 결과 더욱 세련된 문장을 생성할 수 있게 됩니다.

- 훈련 기술과 하드웨어의 발전

  마지막으로 AI 기술의 진화와 하드웨어의 발전도 이 비약적인 성능 향상에 기여합니다. 새로운 훈련 방법이나 최적화 알고리즘의 개발, 계산 능력의 증가 등으로 대규모 모델을 더 효율적으로 훈련시킬 수 있게 되어 그 결과 GPT의 능력이 향상되는 것입니다.

각 버전의 진화에 이러한 요소가 조합되어 GPT 능력이 비약적으로 향상되는 것입니다. 이것이 바로 여러분의 질문에 대해 더 적절하게 자연스러운 답변을 생성할 수 있게 된 배경입니다. 그중에서도 모델 사이즈 증가는 특히 중요합니다. 모델 사이즈 증가 과정에서 갑자기 성능이 올라가기 때문입니다. 마치 철학자 헤겔이 이야기한 '양질전화_{量質轉化}'[10]가 일어난 것이라고 말할 수 있습니다. 이와 같은 발전이 계속되는 한 GPT는 더 현명해지고 더욱 더 사람에 가까운 대화 능력을 갖추게 될 것입니다.

---

10 이는 사실 헤겔이 아닌 이오시프 스탈린(Iosif Vissarionovich Stalin)이 《변증법적 유물론(dialectical materialism)》 6장에서 설명한 개념으로, 양적인 증가가 이루어지면 결국 그것이 질적인 향상으로 변화한다는 이론입니다.

## CHAPTER 2

프로그래밍에서의 활용

A ship in port is safe,

but that's not what ships are built for.

Sail out to sea and do new things.

항구에 있는 배는 안전하지만,

배는 정박하기 위해 만들어진 것이 아니다.

망망대해를 향해 나아가 새로운 것들을 하기 위해 항해하는 것이다.

그레이스 호퍼Grace Hopper, 코볼COBOL 개발자, 미합중국 해군 제독

'ChatGPT 때문에 프로그래머가 필요 없게 된다?'

ChatGPT가 선풍적인 데뷔를 했을 당시 이런 제목의 기사를 소셜 네트워크에서 본 적이 있습니다.

현역 프로그래머나 프로그래밍을 조금이나마 접해본 적이 있는 분들이 각자 ChatGPT에게 프로그램을 자동 생성시켜보고 그 대단함에 놀람과 동시에 낙담을 동시에 경험했을 것입니다. 그리고 지금 자신이 몸담고 있는 프로젝트가 ChatGPT로 완전히 대체되지 않을지 혼자 자문 자답해본 적도 있을 것입니다.

어떻습니까? 지금 여러분이 하고 있는 일을 ChatGPT가 완전히 대체했습니까? 그렇지 않을 것입니다. 적어도 지금은 그 정도 수준까지는 도달하지 못했습니다. 물론 앞으로 어떻게 될지 는 아무도 모릅니다.

그렇다면 지금 시점에서는 ChatGPT를 비서이자 동료로 대하면서 개발에 도움을 받는 것이 최적의 답일 것입니다. 필자도 개발 과정에서 매일 ChatGPT에게 도움을 받는 일이 늘어났습니다. ChatGPT는 **페어 프로그래밍**pair programming의 동료가 되기도 하고, 버그의 원인과 대책을 물어보는 믿음직한 선배가 되기도 하며, 모르는 것을 지도해주는 멘토가 되기도 하는 등 여러 가지 모습으로 필자를 도와줍니다. 때로는 제멋대로 엉뚱한 답변을 해서 실소를 하게 만들기 도 하지만 그건 사람도 마찬가지 아닌가요? 멍청한 동료나 선배는 지금도 여러분 근처에 앉아 무지성으로 키보드를 두드리고 있을 것이고, 그와 동시에 그들도 여러분의 멍청함을 눈감아 주고 있을 것이 뻔합니다.

ChatGPT는 주인공인 당신의 곁에서 프로그래밍의 트릭스터trickster[1]이면서도 동시에 예상치 못한 곳에서 당신의 약점을 보완해줄지도 모릅니다.

2.1 자동 코드 작성

ChatGPT에게 '…라는 코드를 생성해주세요'라는 질문을 했더니 거침없이 술술 목적에 맞는 코드를 자동으로 생성해주었을 때 놀랄 수밖에 없었습니다. 여러 가지 코드를 출력해보면서

---

1   도덕과 관습을 무시하고 사회 질서를 어지럽히는 장난꾸러기 같은 존재를 의미하지만, 대형 사고를 칠 정도로 지적 능력이 매 우 우수하기 때문에 그 행동의 결과가 좋은 방향으로 흐르는 경우가 많습니다.

흥미를 느낀 분도 많을 것입니다. 하지만 현장에서 필요한 수준의 거대한 프로그램은 작성해주지 않는다는 것도 금방 알게 됩니다. 설계서를 그대로 주고 부탁하기만 하면 완성되는 그런 일은 없는 것이지요.

ChatGPT에게는 걸맞은 요청 방식이 존재하기 때문에, 약간의 요령을 더하면 큰 효과를 얻을 수 있습니다(앞으로 특별한 언급이 없는 경우에는 ChatGPT 3.5를 사용합니다).

2.1.1 이해는 하지만 잘하지 못하는 것을 맡기기

필자가 가장 많이 사용하는 패턴이자 효과가 있는 사용 방법은 '**이해는 하지만 잘하지 못하는 것을 ChatGPT에게 맡긴다**'라는 것입니다.

간단한 예를 통해 설명해보겠습니다.

여러분은 정규표현식을 능숙하게 다룰 수 있나요? 필자는 금방 잊기 때문에 그다지 능숙하지 않습니다. 하지만 현장에서 사용할 기회가 의외로 많은 것도 사실입니다. 예를 들어 다음과 같은 정규표현식을 생각해봅시다. 이를 파이썬으로 코드를 작성해달라고 부탁하겠습니다.

파이썬3로 정규표현식을 사용하여 비밀번호를 검증하는 코드를 작성해주세요. 비밀번호의 조건은 영문 소문자, 영문 대문자, 숫자, 기호가 섞여 있는 것입니다.

다음은 파이썬으로 정규표현식을 사용하여 비밀번호를 검증하는 코드의 예입니다. 비밀번호는 영문 소문자, 영문 대문자, 숫자, 기호가 모두 포함되어 있어야 합니다.

```
import re

def validate_password(password):
    # 정규표현식 패턴
    pattern = r'^(?=.*[a-z])(?=.*[A-Z])(?=.*\d)(?=.*[@$!%*?&])[A-Za-z\d@$!%*?&]+$'

    # 정규표현식 패턴과 비밀번호의 일치를 확인
    if re.match(pattern, password):
        print("비밀번호가 올바릅니다.")
```

```
    else:
        print("비밀번호가 올바르지 않습니다.")

# 비밀번호 입력
password = input("비밀번호를 입력해주세요:")
validate_password(password)
```

이 코드에서는 `validate_password` 함수가 주어진 비밀번호를 검증합니다. `re.match` 함수를 사용하여 정규표현식 패턴과 비밀번호가 일치하는지 여부를 확인합니다.

정규표현식 패턴의 상세 설명:

- `^`은 문자열의 처음을 의미합니다.
- `(?=.*[a-z])`는 적어도 한 개의 영문 소문자가 있는지 확인합니다.
- `(?=.*[A-Z])`는 적어도 한 개의 영문 대문자가 있는지 확인합니다.
- `(?=.*\d)`는 적어도 한 개의 숫자가 있는지 확인합니다.
- `(?=.*[@$!%*?&])`는 적어도 한 개의 기호(@, $, !, %, *, ?, &)가 있는지 확인합니다.
- `[A-Za-z\d@$!%*?&]+`는 영문 소문자, 영문 대문자, 숫자, 기호가 한 개 이상 연속되는 것을 의미합니다.
- `$`는 문자열의 끝을 의미합니다.

정규표현식 패턴과 일치하는 비밀번호가 입력된 경우에는 '비밀번호가 올바릅니다.'라고 출력됩니다. 일치하지 않는 경우에는 '비밀번호가 올바르지 않습니다.'라고 출력됩니다.

정규표현식을 살펴봅시다.

```
pattern = r'^(?=.*[a-z])(?=.*[A-Z])(?=.*\d)(?=.*[@$!%*?&])[A-Za-z\d@$!%*?&]+$'
```

정규표현식을 파이썬에서 직접 작성하고 테스트까지 완료하려면 분명히 한나절 내내 붙잡고 있어야 했을 것입니다. 이와 같이 **이해는 하지만 잘하지 못하는 것을 ChatGPT에 맡긴다**는 것이 효율화를 위한 첫걸음입니다.

간단한 예로서 잘하지 못하는 것 중 하나에는 **알고는 있지만 찾아보기에는 귀찮은 것**이 있습니다. 예를 들면 텍스트 파일을 읽어들이는 코드를 작성한다고 가정해보겠습니다. '잠깐만, 인수에 뭐가 들어가더라?', '문자 부호화character encoding은 어떻게 처리해야 되는 거였지?', '잘못된 코드가 입력되면 어떻게 해야 하더라?' 같은 사소한 것들을 일일이 다 찾아봐야 하는 상황을 만나게 됩니다. 그때 ChatGPT에 물어보면 순식간에 필요한 코드를 생성해줍니다.

파이썬으로 텍스트 파일을 읽는 예제 코드를 작성해주세요. 단, 읽기 전용으로 문자 코드는 cp932로 하고 잘못된 코드인 경우에는 무시하고 계속 읽어들이게 해주세요.

다음은 파이썬으로 텍스트 파일을 읽는 예제 코드입니다. 코드는 읽기 전용으로서 텍스트 파일의 인코딩은 cp932(윈도우의 표준 인코딩)로 처리합니다. 잘못된 코드가 있는 경우에도 무시하고 계속 읽어들입니다.

```python
import codecs

def read_text_file(file_path):
    try:
        with codecs.open(file_path, 'r', encoding='cp932', errors='ignore')
as file:
            content = file.read()
            print(content)
    except FileNotFoundError:
        print('파일을 찾을 수 없습니다')
    except PermissionError:
        print('파일에 접근할 권한이 없습니다')
    except UnicodeDecodeError:
        print('파일의 인코딩이 올바르지 않습니다')

# 텍스트 파일의 경로
file_path = 'path/to/your/file.txt'

# 텍스트 파일 읽기
read_text_file(file_path)
```

이 코드에서는 `codecs.open` 함수를 사용하여 텍스트 파일을 엽니다. `encoding` 매개변수를 cp932로 설정하고 `errors` 매개변수를 `ignore`로 설정하여, 잘못된 코드가 있는 경우에도 무시하고 계속 읽어들이도록 합니다.

파일이 존재하지 않는 경우에는 '파일을 찾을 수 없습니다'가 출력됩니다. 파일에 접근할 권한이 없는 경우에는 '파일에 접근할 권한이 없습니다'가 출력됩니다. 파일의 인코딩이 올바르지 않은 경우에는 '파일의 인코딩이 올바르지 않습니다'가 출력됩니다.

정상적으로 파일을 읽어 들인 경우에는 그 내용이 표시됩니다.

ChatGPT는 기분이 좋으면 오류 처리 코드도 추가로 작성해주기도 합니다. 꽤 자세하게 써 주는 건 덤입니다.

2.1.2 작게 쪼개서 요청하기

대규모 프로그램의 구축에는 한계가 있는데, 이것은 ChatGPT에게 질문을 던지는 쪽에서 자신이 무엇을 원하고 있는지 정확하게 인지하지 못하기 때문입니다. 질문 내용이 거대해지면 의미가 애매해지기에 ChatGPT의 특징을 살릴 수 없게 됩니다. 작게 쪼개서 질문하고 그 답변을 조언 삼아 앞으로 나아가는 것이 요령입니다.

함수를 작성하고 싶을 때 정확한 사양을 전달할 수 있다면 정확한 답변을 얻을 수 있습니다. 함수 생성은 ChatGPT에 요청하기에 가장 적합한 분야입니다.

 매개변수로 깃허브 계정 이름(예: Choonholic)을 지정하면 그 정보를 반환하는 파이썬 함수를 작성해주세요.

 다음은 깃허브의 계정 이름을 지정하면 그 사용자의 정보를 반환하는 파이썬 함수입니다. 이 함수는 `requests` 라이브러리를 사용하여 깃허브의 공개 API를 호출합니다.

```python
import requests

def get_github_user_info(username):
    url = f"https://api.github.com/users/{username}"
    response = requests.get(url)
```

```
        if response.status_code == 200:
            return response.json()
        else:
            return None
```

이 함수는 깃허브의 사용자 이름을 매개변수로 받아 그 사용자의 정보를 JSON 형식으로 반환합니다. 깃허브 API의 반환값이 200(정상 종료)이 아닌 경우, 함수는 None을 반환합니다.

예를 들어 다음과 같이 이 함수를 사용할 수 있습니다.

```
username = "Choonholic"

user_info = get_github_user_info(username)

if user_info is not None:
    print(user_info)
else:
    print(f"User {username} not found.")
```

이 코드는 깃허브 사용자 "Choonholic"의 정보를 얻어 콘솔에 출력합니다. 만약 사용자가 존재하지 않거나 API 요청에 문제가 발생한 경우 "User Choonholic not found."를 출력합니다.

이 밖에도 예제 프로그램이나 **코드 조각**code snippet의 생성을 요청하는 것도 좋습니다. 예를 들면 '~에 대한 예제 코드를 작성해주세요'와 같이 요청하는 것입니다.

이 경우에는 앞에서 요청했던 함수와 같은 작업을 하지만, 예제 코드를 요청했기 때문에 함수화되지 않은 코드가 반환됩니다. 때로는 이쪽이 이해하기 쉬울 때도 있으니 여러 가지 방법으로 시도해봅시다.

 매개변수로 깃허브 계정 이름(예: Choonholic)을 지정하면 그 정보를 반환하는 파이썬 '예제 코드'를 작성해주세요.

지정된 요건에 따라 깃허브 계정 이름을 매개변수로 지정하면 그 정보를 반환하는 파이썬 코드는 다음과 같습니다.

```python
import requests

# 정보를 얻을 GitHub 사용자 이름을 문자열로 설정합니다.
username = "Choonholic"

# GitHub API 엔드포인트를 지정합니다. {username}은 위에서 설정한 사용자
이름으로 대체됩니다.
url = f"https://api.github.com/users/{username}"

# 설정한 URL에 GET 요청을 보내, 결과를 response 변수에 저장합니다.
response = requests.get(url)

# 다음 코드에서 요청이 성공했는지 여부를 판단합니다.
# HTTP 상태 코드가 200인 경우에는 성공을 의미합니다.
if response.status_code == 200:
    # 요청이 성공한 경우, 결과를 JSON 형태로 해석합니다.
    user_info = response.json()

    # 사용자 정보를 출력합니다.
    print(user_info)
else:
    # 요청이 실패한 경우, 오류 메시지를 출력합니다.
    print(f"User {username} not found.")
```

이 코드는 깃허브의 공개 API를 사용하여 지정한 사용자의 정보를 얻습니다. 얻은 정보는 JSON 형식으로 반환됩니다. API의 응답이 200(정상 종료)인 경우 그 정보를 출력합니다. 응답이 200 외(즉 지정한 사용자가 존재하지 않는 경우 등)인 경우 "User not found" 메시지를 출력합니다.

함수, 코드 조각, 예제 프로그램의 생성을 잘게 쪼개서 성공했다면, 그 결과를 ChatGPT에 알려주는 것이 좋습니다. '정상적으로 작동했다' 또는 '작동했다'로 충분하니 그 결과를 전달해줍니다. 코드를 주고받는 문맥이 계속 이어지면 이후의 흐름을 더 좋게 이끌어갈 수 있게 됩니다.

2.1.3 함수에 대한 테스트 코드도 함께 생성하기

함수 생성을 높은 효율로 이끌어내기 위해 함수의 테스트 코드도 동시에 생성하는 것이 좋습니다. 테스트 코드를 포함하면 생성할 함수의 목적이 명확해지기 때문에 그 결과가 개선되어 코드 검증도 쉬워집니다.

 매개변수로 깃허브 계정 이름(예: Choonholic)을 지정하면 그 정보를 반환하는 파이썬 함수와 그 테스트 코드를 정상 상태와 비정상 상태도 포함하여 작성해주세요.

```python
import requests

def get_github_account_info(username):
    url = f"https://api.github.com/users/{username}"
    response = requests.get(url)

    if response.status_code == 200:
        return response.json()
    elif response.status_code == 404:
        raise Exception("지정한 GitHub 계정이 존재하지 않습니다.")
    else:
        raise Exception("GitHub API에 대한 요청이 실패하였습니다.")

# 테스트 코드
try:
    # 정상 상태 테스트: 존재하는 계정 이름을 지정
    username = "Choonholic"
    account_info = get_github_account_info(username)
    print(f"{username}의 정보:")
    print(f"이름: {account_info['name']}")
    print(f"팔로워 수: {account_info['followers']}")
    print(f"저장소 수: {account_info['public_repos']}")
    print(f"블로그: {account_info['blog']}")
    print(f"회사: {account_info['company']}")
    print(f"위치: {account_info['location']}")
except Exception as e:
    print(f"오류: {str(e)}")
```

단위 테스트 코드를 더 선호한다면, unittest 또는 pytest와 같은 라이브러리 가운데 어떤 것을 사용할지 지정하면 됩니다.

 위의 코드에서 테스트 코드 부분을 unittest로 다시 작성해주세요.

```python
import unittest
import requests

class GitHubAccountInfoTest(unittest.TestCase):
    def test_get_github_account_info_valid_username(self):
        # 정상 상태 테스트: 존재하는 계정 이름을 지정
        username = "Choonholic"
        account_info = get_github_account_info(username)
        self.assertIsNotNone(account_info)
        self.assertEqual(account_info['name'], "Your Name")
        self.assertIsInstance(account_info['followers'], int)
        self.assertIsInstance(account_info['public_repos'], int)
        self.assertIsInstance(account_info['blog'], str)
        self.assertIsInstance(account_info['company'], str)
        self.assertIsInstance(account_info['location'], str)

    def test_get_github_account_info_invalid_username(self):
        # 비정상 상태 테스트: 존재하지 않는 계정 이름을 지정
        username = "nonexistent_user"
        with self.assertRaises(Exception):
            get_github_account_info(username)
```

이와 같이 정상 상태뿐만 아니라 비정상 상태까지 테스트하는 코드를 요구하면 자동적으로 테스트 코드가 생성되기 때문에, 이를 통해 더 견고한 코드를 생성할 수 있을뿐만 아니라 함수의 사용 방법도 상세하게 검증할 수 있습니다.

앞의 예에서 테스트 코드 없이 요청한 코드와 이번 예처럼 테스트 코드를 포함하여 요청한 코드의 내용이 확실히 서로 다르다는 것에 주목해야 합니다. 특히 오류 처리 부분을 살펴보면 훨씬 확실하게 구현된 것을 확인할 수 있습니다. 테스트 코드에 의해 정상 상태와 비정상 상태를 모두 처리할 수 있어야 함을 이해하고, 그에 따라 비정상 상태에 대한 처리가 늘어난 것입니다. 이와 같이 테스트 코드를 요구하여 코드의 품질을 향상시킬 수 있습니다. 또한 테스트 코드를 자동으로 생성하는 것은 개발 과정에서 자동화하고 싶은 요소이기에 개발 효율을 향상시키는 데도 도움이 됩니다.

2.1.4 단계별로 쌓아 올리기

처음에는 간단한 예제 같은 것을 생성해 정상적으로 작동하는 것을 확인한 후, 그것을 기반으로 최종 형태를 향해 프롬프트를 쌓아 올려가는 방법이 의외로 효과적입니다. 상세한 내용은 2.7절에서 설명하겠습니다.

2.2 오류 대책

2.2.1 오류 대책의 기본

ChatGPT가 작성해준 코드를 실행했을 때 오류가 발생하는 경우가 있는데, 이때 곧바로 '이건 못 쓰겠다'고 판단하는 것은 섣부른 행동입니다. ChatGPT이 작성한 코드는 실제로 작동이 확인된 것이 아니기 때문에 오류가 발생하는 것은 당연합니다.

오류가 발생하더라도 걱정하는 대신 오류의 내용을 ChatGPT에 물어보는 것만으로도 해결책이 발견되는 경우가 있습니다.

다음과 같이 생성된 코드가 있다고 가정해봅시다. 이 코드를 실행하면 오류가 발생합니다.

```python
def calculate_sum(numbers):
    total = 0
    for i in range(len(numbers) + 1): # 일부러 범위를 넘어서는 첨자에 접근합니다.
        total += numbers[i]
    return total

numbers = [1, 2, 3, 4, 5]
result = calculate_sum(numbers)
print("Result: ", result)
```

다음과 같이 오류가 발생했습니다.

```
IndexError                           Traceback (most recent call last)
<ipython-input-1-347387f26d30> in <cell line: 8>()
      6
      7 numbers = [1, 2, 3, 4, 5]
----> 8 result = calculate_sum(numbers)
      9 print("Result: ", result)

<ipython-input-1-347387f26d30> in calculate_sum(numbers)
      2     total = 0
      3     for i in range(len(numbers) + 1):  # 일부러 범위를 넘어서는 첨자에 접근합니다.
----> 4         total += numbers[i]
      5     return total
      6

IndexError: list index out of range
```

이 오류 내용을 그대로 복사하여 ChatGPT의 프롬프트에 붙여 넣습니다.

ChatGPT는 다음과 같이 답변했습니다.

오류가 발생한 이유는 for 반복문의 범위 지정에서 목록의 길이에 1을 추가했기 때문입니다. 이로 인해 목록의 범위 바깥에 있는 색인에 접근하게 되어 오류가 발생합니다.

수정한 코드에서는 for 반복문의 범위 지정을 numbers의 길이에 맞추어 올바른 범위 내에서 순환되도록 수정합니다.

수정한 코드의 예는 다음과 같습니다.

```python
def calculate_sum(numbers):
    total = 0
    for num in numbers:
        total += num
    return total

numbers = [1, 2, 3, 4, 5]
result = calculate_sum(numbers)
```

```
print("Result: ", result)
```

수정 후의 코드에서는 `for` 반복문에서 직접 `numbers`의 요소를 가져와 `total`에 더합니다. 이를 통해 목록 내의 요소를 올바르게 더할 수 있습니다.

수정 후의 코드에서는 정상적으로 합계 결과가 계산되어 "Result: 15"라는 출력이 표시됩니다.

물론 오류가 또 다시 발생하는 경우에도 몇 번이고 ChatGPT에게 질문하면 해결책을 찾을 수 있을 것입니다. 경험에 따르면 기계 학습에 관련된 예제 코드는 세 번 이상 재시도하게 되는 경우가 많습니다. 포기하지 말고 오류 대책을 몇 번이고 계속 물어봅시다.

2.2.2 오류가 계속 반복되는 경우에 대한 대응 방법

하지만 때로는 몇 번이나 시도해도 문제가 반복될 때가 있는데, 이때는 다음과 같이 **프롬프트**prompt를 다시 정리하는 것이 좋습니다.

 지금까지의 대화를 바탕으로 처음부터 전체 코드를 생성해주세요.

ChatGPT에게 전체 코드를 다시 생성하게 함으로써, 반복되는 문제에서 벗어나 해결책을 발견하게 되는 경우가 적지 않습니다. 그 이유는 아마도 오류를 해결하기 위해 대화하는 과정에서 ChatGPT가 최초의 원본 코드에 대한 정보를 놓치기 때문이 아닐까라고 생각합니다. 위의 프롬프트로 전체 코드를 다시 출력할 수 있다면 괜찮지만, 완전히 다른 코드를 출력한다면 '아, 이 친구가 다 잊어버렸네'라고 생각합시다. 이 경우, 새 대화를 시작하여 원본 코드를 다시 복사하여 붙여 넣거나 질문을 다시 정리합니다. 원래 코드와 동일한 것을 생성하지 않는 경우도 있지만, 대화 상황이 바뀌고 문맥이 재설정되어 답변이 제대로 돌아오는 경우가 있습니다.

2.2.3 그래도 오류가 해결되지 않는다면

사용하고 있는 라이브러리나 그 버전이 다른 경우와 같이 질문 자체에 문제가 있는 경우도 있을 수 있고, ChatGPT가 잘못 생각하고 있는 등 여러 가지 이유로 잘 진행되지 않는 경우도 있습니다. 다음과 같이 질문 방향을 바꿔서 다르게 접근해보기를 바랍니다.

■ 다른 라이브러리를 사용하는 것이 더 나을 때

 이 기능을 구현하기 위해 다른 라이브러리를 사용한다면 어떤 것들을 사용할 수 있을까요?

ChatGPT가 추천하는 것과 다른 라이브러리를 사용하면 의외로 수월하게 성공할 때가 있습니다. 라이브러리를 바꾸면 완전히 다른 코드가 될뿐만 아니라 결과적으로 더 사용하기 편한 경우도 있습니다.

■ 암중모색 상태에 빠진 경우

 이 문제는 일단 다른 관점에서 생각해볼 필요가 있다고 생각합니다. 당신은 이 문제를 해결하기 위한 토론의 의장입니다. 여기서 두 명의 다른 의견이 있다고 가정하겠습니다. 먼저 각각의 의견을 들어보죠

위와 같이 ChatGPT를 메타적[2]인 입장에서 현재 관점으로 문제에 대해 A와 B로 각각 나누어 논의하게 합니다. 양쪽의 의견이 모두 제시되면 이제 의장으로서 의견을 말하게 합니다. 이러한 논의 과정에서 ChatGPT가 문제를 어떻게 바라보고 있는지 객관적으로 판단할 수 있으며, 결과가 완전히 잘못되어 있다면 대부분 여러분의 질문이 처음부터 잘못된 것입니다. 필자는 이 방법을 여러 가지 상황에서 **변증법적 접근으로 사용**합니다. 아이디어 제시나 토론의 의견 정리와 같이 그 응용 분야는 무궁무진합니다.

2.3 클래스화에 대하여

현대적인 프로그래밍 스타일은 **객체지향**object-oriented 중심입니다. **객체지향 프로그래밍**object-oriented programming, OOP에는 재사용성reusability, 확장성extensibility, 유지보수성maintainability의 향상과 같은 장점이 있습니다.

---

2   어떤 것의 범위나 경계를 초월하거나 아우르는 것을 의미합니다.

객체지향에서 **클래스화**는 함수를 메서드method로 정의하고 데이터를 속성property으로 구분하여 하나의 클래스로 묶는 것이지만, 모든 경우에 반드시 클래스를 사용할 필요는 없습니다. 실제 업무에서 사용되는 간단한 작업은 함수만으로 구현되는 경우도 적지 않습니다. 특히 **스크레이핑**scraping[3] 작업에 사용되는 코드는 위에서 아래로 시냇물이 흐르는 듯한 코드가 많은 것도 사실입니다. 하지만 현실의 IT 업계는 그렇게 단순하지 않기에 클래스를 사용한 결과물을 요구하는 경우가 많습니다(이는 대금을 지불하는 고객의 요구 사항이기 때문에 어쩔 수 없습니다).

클래스화에 어려움을 느끼거나 처음부터 클래스로 설계해 프로그래밍하는 것이 당연하다고 생각할 수도 있습니다. 필자가 자주 사용하는 ChatGPT를 사용한 객체지향 프로그래밍 방법을 소개하겠습니다.

현실에서는 거의 볼 일이 없겠지만, 설명을 위해 다음과 같이 개의 정보를 관리하는 간단한 프로그램이 있다고 가정해보겠습니다.

```python
def create_dog(name, age, breed):
    return {
        'name': name,
        'age': age,
        'breed': breed
    }

def set_name(dog, name):
    dog['name'] = name

def set_age(dog, age):
    dog['age'] = age

def set_breed(dog, breed):
    dog['breed'] = breed

def bark(dog):
    print(f"{dog['name']} says 'Woof!'")

dog1 = create_dog("Max", 3, "Labrador")
dog2 = create_dog("Buddy", 1, "Golden Retriever")
```

---

3 시스템이나 웹사이트의 데이터 중에 필요한 정보를 추출 및 가공하여 제공하는 소프트웨어 기술을 말합니다.

```
bark(dog1)
bark(dog2)

set_name(dog1, "Milo")
bark(dog1)
```

언뜻 보더라도 이 코드는 클래스화를 하는 것이 적당하다는 것을 알 수 있습니다. 클래스화하는 방법은 ChatGPT에 물어봅니다.

함수를 사용하여 개의 정보를 관리하는 파이썬 코드가 있습니다. 이 코드를 클래스를 사용한 형태로 리팩터링하고 싶습니다. 원본 코드는 다음과 같습니다.

(위의 코드를 복사하여 여기에 붙여 넣습니다.)

이 코드를 클래스를 사용하여 리팩터링하고, 변경된 부분에 대해 설명해주세요.

결과는 다음과 같습니다.

다음은 클래스를 사용하여 리팩터링한 코드입니다. 이 코드에서는 개를 표현하는 Dog라는 클래스를 작성하여 클래스 안에 속성과 메서드를 정의합니다.

```python
class Dog:
    def __init__(self, name, age, breed):
        self.name = name
        self.age = age
        self.breed = breed

    def bark(self):
        print(f"{self.name} says 'Woof!'")

    def set_name(self, name):
        self.name = name

    def set_age(self, age):
        self.age = age

    def set_breed(self, breed):
```

```
        self.breed = breed
```

Dog 클래스는 `__init__()` 메서드로 개의 속성(name, age, breed)를 설정합니다. bark() 메서드는 개가 짖는 기능을 가집니다. set_name(), set_age(), set_breed() 메서드는 각각 이름, 나이, 품종을 변경하는 기능을 가집니다.

다음은 클래스를 사용하여 리팩터링한 코드를 실행하는 예입니다.

```
dog1 = Dog("Max", 3, "Labrador")
dog2 = Dog("Buddy", 1, "Golden Retriever")

dog1.bark()
dog2.bark()

dog1.set_name("Milo")
dog1.bark()
```

변경된 부분에 대해 설명하자면 원본 코드는 함수를 사용하여 개의 정보를 관리하고 있었지만, 리팩터링 후의 코드는 클래스를 사용하여 개의 정보를 관리합니다. 클래스를 사용함으로써 개의 속성과 기능을 하나의 객체(Dog)에 모으는 것이 가능해져 좀 더 객체지향적인 코드로 작성할 수 있습니다. 또한 클래스를 사용함으로써 속성과 메서드의 이름이 좀 더 자연스럽고 이해하기 편해집니다.

이 Dog 클래스로는 현실적인 느낌이 약간 부족하기 때문에 클래스에 대해 알기 쉬운 예를 하나 들어보겠습니다. 다음 예제는 장바구니 클래스입니다.

```
class Item:
    def __init__(self, name, price):
        self.name = name
        self.price = price

class ShoppingCart:
    def __init__(self):
        self.items = []

    def add_item(self, item):
        self.items.append(item)
```

```
    def remove_item(self, item_name):
        for item in self.items:
            if item.name == item_name:
                self.items.remove(item)
                break

    def total_price(self):
        return sum(item.price for item in self.items)
```

ShoppingCart라는 클래스에는 상품(Item)을 장바구니에 추가하는 메서드인 add(), 장바구니에 담았던 상품을 제거하는 메서드 remove(), 장바구니 상품의 합계 금액을 계산하는 메서드 total_price()가 있습니다. cart = ShoppingCart()에서 장바구니의 인스턴스가 생성되며 앞에서 설명한 메서드를 사용할 수 있게 됩니다. 당연한 이야기지만 여러 개의 인스턴스를 생성할 수 있으므로 사용자마다 별도의 장바구니를 할당할 수도 있습니다. 갑자기 현실감이 느껴지네요.

일반적인 함수만 사용하여 구현하면 상품과 사용자를 연결할 데이터 구조 처리나 여러 개의 장바구니 처리 그리고 각각의 장바구니와 상품의 관계, 상태 관리 등의 이유로 다소 번거로워집니다. 또한 애플리케이션이 커지면 그에 비례해서 관리가 어렵습니다. 반면 클래스로 작성하면 새로운 기능도 쉽게 추가할 수 있을뿐만 아니라 가독성과 유지보수성도 향상됩니다. 이런 이유로 대규모 개발에서는 반드시 클래스 기반의 객체지향이 사용되는 것입니다.

이와 같이 ChatGPT를 통해 이미 작성된 코드를 클래스화하는 방향으로 조언을 받으면서 리팩터링할 수 있기 때문에, 클래스화에 어려움을 느끼더라도 안심하고 도전할 수 있을 것입니다.

물론 처음부터 객체지향으로 설계해 프로그래밍하는 것이 좋지 않을까라고 생각할 수도 있습니다. 당연히 그 생각이 맞습니다. 처음부터 작성할 클래스의 이미지가 확실하다면 처음부터 간단한 클래스 설계를 진행해 ChatGPT에게 코드 작성을 요청하는 것도 좋은 방법입니다.

2.3.1 클래스 구성도로부터 코드 생성 접근하기

잘 알려지지 않은 방법이지만, ChatGPT를 활용한 객체지향 프로그래밍 접근법으로 매우 효과적입니다.

가장 먼저 할 일은 코드를 바로 생성하는 대신 텍스트 기반 표현 형식으로 **클래스 구성도**class diagram를 생성하는 것이며, 이를 위해 **Mermaid 표기법**을 사용합니다. 물론 Mermaid 표기법 외에도 PlantUML과 같은 **통합 모델링 언어**unified modeling language, UML 도구를 사용한 독자적인 표기법도 있으므로 익숙한 것을 사용하시면 됩니다. 여기서는 Mermaid 표기법으로 클래스 구성도를 작성해달라고 요청하겠습니다. 앞에서 작성했던 예제를 참고하여 진행해봅시다.

Mermaid 표기법으로 클래스 구성도를 작성해주세요. 사양은 다음과 같습니다.
클래스 사양
클래스 이름: Dog
목적: 개에 관련된 정보 관리
속성: 이름, 나이, 품종
메서드: 짖는다, 달린다

결과는 다음과 같이 출력됩니다.

다음은 클래스 구성도를 Mermaid 표기법으로 표현한 것입니다.

```
classDiagram
    class Dog {
        -name: string
        -age: int
        -breed: string
        +bark()
        +run(speed: int)
    }
```

클래스 구성도에서는 클래스 이름을 `class`로 선언하고 속성을 `-`로 표현하며 메서드를 `+`로 표현합니다. `Dog` 클래스에는 이름, 나이, 품종의 세 개의 속성이 있으며 각각의 접근 수준은 `-`로 표현되어 있습니다. 또한 `bark()` 메서드와 `run()` 메서드가 있으며, `bark()` 메서드에는 매개변수가 없고, `run()` 메서드에는 `speed` 매개변수가 있습니다.

코드 부분은 Mermaid 표기법으로 작성된 코드입니다. 이 코드를 복사해 노션Notion이나 깃허브_{GitHub} 등의 웹 서비스에 붙여 넣으면 다음과 같이 멋진 구성도가 됩니다.

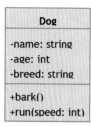

그림 2.1 **Mermaid 표기법으로 작성한 구성도**

Mermaid 표기법으로 생성된 구성도를 기반으로 실제 코드를 생성해달라고 부탁해보겠습니다.

 다음 코드는 Mermaid 표기법으로 작성된 클래스 구성도입니다. 이를 기반으로 파이썬 코드를 생성해주세요. 추가로 테스트 코드도 부탁합니다.

```
classDiagram
    class Dog {
        -name: string
        -age: int
        -breed: string
        +bark()
        +run(speed: int)
    }
```

다음과 같이 코드와 테스트 코드가 생성됩니다.

 다음은 주어진 클래스 구성도에 대응하는 파이썬 코드입니다. 또한 Dog 클래스를 테스트하기 위한 테스트 코드도 포함되어 있습니다.

```
class Dog:
    def __init__(self, name, age, breed):
        self.name = name
        self.age = age
        self.breed = breed
```

```
        def bark(self):
            print(f"{self.name} says 'Woof!'")

        def run(self, speed):
            print(f"{self.name} runs at {speed} mph")

# 테스트 코드
dog1 = Dog("Max", 3, "Labrador")
dog2 = Dog("Buddy", 1, "Golden Retriever")

dog1.bark()  # 출력: Max says 'Woof!'
dog2.bark()  # 출력: Buddy says 'Woof!'

dog1.run(5)  # 출력: Max runs at 5 mph
dog2.run(8)  # 출력: Buddy runs at 8 mph
```

이 코드에서는 Dog 클래스를 정의하여 __init__() 메서드로 개의 이름, 나이, 품종을 초기화합니다. bark() 메서드는 개가 짖는 작동을 표현하며, run() 메서드는 개가 달리는 작동을 표현합니다. 테스트 코드에서는 두 마리의 개를 생성하여 bark() 메서드와 run() 메서드를 호출합니다.

이와 같이 통합 모델링 언어의 클래스 구성도는 이미 단순한 문서가 아닙니다. ChatGPT 시대에 클래스 구성도를 작성하는 것은 실제로 프로그래밍하는 것과 동일한 수준의 구현성을 가지며, 추상화된 문맥으로 본다면 클래스 구성도는 우수한 지시 언어입니다. 이 방법을 통해 ChatGPT를 현장에서 활용하는 것도 의외로 쓸모 있지 않을까요?

이번에는 교과서에나 실려 있을 것 같은 평범한 Dog 클래스를 예로 설명했지만, 현실의 클래스는 훨씬 더 복잡한 사양으로 설계됩니다. 그것을 ChatGPT에 제대로 전달할 수 있을지, 충분히 사용 가능한 코드를 생성할 수 있을 것인지라는 과제가 남습니다.

2.4 상태전이표로 코드 생성하기

클래스 구성도를 기반으로 프로그램 코드를 작성할 수 있다면, '표에서도'라는 발상이 떠오를 것입니다. 표에서 생성하고 싶은 코드는 의외로 한정적입니다. 그런데 개발 현장에서는 예외적으로 표에 대응해 코드를 작성하는 분야가 있습니다. 바로 **기계 제어**mechanical control의 세계입니다.

2.4.1 상태전이표로부터 코드 생성 접근하기

자동판매기의 **상태전이표**state transition table를 구체적인 예로 들어보겠습니다. 상태전이표는 일반적으로 상태와 사건을 행row과 열column로 구분하지만, 여기서는 상태와 사건을 기반 조건으로 작동을 결정하고 다음 상태로 전환하는 표를 사용하겠습니다. 이와 같이 표를 이용하여 프로그램을 설계하는 것도 자주 있는 일입니다.

표 2.1 **자동판매기의 상태전이표**

상태	사건	다음 상태	작동
초기 상태	동전 투입	금액 받는 중	동전을 받고, 합계 금액을 갱신
금액 받는 중	동전 투입	금액 받는 중	동전을 받고, 합계 금액을 갱신
금액 받는 중	상품 선택(금액이 충족된 경우)	상품 제공	상품을 제공하고, 재고에서 감소
상품 제공	상품 받기	거스름돈 반환	상품을 전달
거스름돈 반환	거스름돈받기	초기 상태	거스름돈을 전달, 합계 금액을 갱신
금액 받는 중	상품 선택(금액이 부족한 경우)	금액 받는 중	오류 메시지 표시
금액 받는 중	반환 버튼 누르기	반환금 처리	반환금 계산
반환금 처리	반환된 금액 받기	초기 상태	반환금을 전달, 합계 금액을 갱신

표 2.1을 기반으로 ChatGPT에 코드 생성을 요청합니다.

다음은 파이썬으로 자동판매기의 상태전이를 구현하는 코드의 예입니다. 이 코드에서는 위의 상태전이표를 따라 상태를 변경하고 대응하는 작동을 실행합니다.

```python
# 초기 상태를 설정
state = "초기 상태"
total_amount = 0
price = 1200
stock = 5

# 상태전이 함수 정의
def transition(event):
    global state, total_amount, price, stock
```

```python
    if state == "초기 상태":
        if event == "동전 투입":
            coin = int(input("동전을 투입해주세요: "))
            total_amount += coin
            state = "금액 받는 중"
            print(f"합계 금액은 {total_amount}원입니다.")
    elif state == "금액 받는 중":
        if event == "동전 투입":
            coin = int(input("동전을 투입해주세요: "))
            total_amount += coin
            print(f"합계 금액은 {total_amount}원입니다.")
        elif event == "상품 선택" and total_amount >= price and stock > 0:
            state = "상품 제공"
            total_amount -= price
            stock -= 1
            print("상품을 제공합니다.")
        elif event == "상품 선택":
            print("금액이 부족합니다.")
        elif event == "반환 버튼 누르기":
            state = "반환금 처리"
            print(f"반환 금액은 {total_amount}원입니다.")
            total_amount = 0
    elif state == "상품 제공":
        if event == "상품 받기":
            state = "거스름돈 반환"
            print("상품을 받아 주기를 바랍니다.")
    elif state == "거스름돈 반환":
        if event == "거스름돈 받기":
            state = "초기 상태"
            print(f"거스름돈은 {total_amount}원입니다.")
            total_amount = 0
    elif state == "반환금 처리":
        if event == "반환된 금액 받기":
            state = "초기 상태"
            print(f"거스름돈은 {total_amount}원입니다.")
            total_amount = 0
    else:
        print("오류가 발생했습니다.")


# 주 처리 실행
while True:
```

```
        event = input("처리를 선택해주세요 (동전 투입/상품 선택/상품 받기/거스
  름돈 받기/반환된 금액 받기): ")

        transition(event)
```

상태와 사건을 구분하여 작동을 판정하는 것을 알 수 있습니다. 표 '상태'를 기반으로 코드가 생성되는 것입니다. 표도 하나의 문맥에 해당하니까요.

물론 이대로도 나쁘지 않지만 현실적으로 `if` 문의 분기가 너무 많기 때문에 개발 환경에서 사용하기에는 문제가 있습니다. 이와 같은 코드는 수정을 하게 되면 디버깅에 많은 시간을 쏟게 됩니다. 일반적으로 상태와 사건을 취급하는 경우에는 디자인 패턴의 **상태 패턴**state pattern을 사용하게 됩니다. 디자인 패턴은 뒤에서 설명하겠지만 여기서는 먼저 상태 디자인 패턴을 사용하여 코드를 다시 생성하도록 요청하겠습니다.

 이 프로그램은 `if` 문이 너무 많으므로 상태 디자인 패턴으로 리팩터링해주세요. 단계별로 출력해주세요.

 네. 다음은 단계별로 출력하면서 `if` 문을 상태 디자인 패턴으로 리팩터링한 코드입니다.

```
# 상태 클래스 정의
class VendingMachineState:
    def coin_inserted(self, vm, coin):
        pass

    def select_product(self, vm):
        pass

    def dispense_product(self, vm):
        pass

    def return_change(self, vm):
        pass

    def refund(self, vm):
```

```python
        pass

# 초기 상태 클래스 정의
class InitialState(VendingMachineState):
    def coin_inserted(self, vm, coin):
        vm.total_amount += coin
        vm.state = vm.amount_received_state
        print(f"합계 금액은 {vm.total_amount}원입니다.")

# 금액 받는 중 상태 클래스 정의
class AmountReceivedState(VendingMachineState):
    def coin_inserted(self, vm, coin):
        vm.total_amount += coin
        print(f"합계 금액은 {vm.total_amount}원입니다.")

    def select_product(self, vm):
        if vm.total_amount >= vm.price and vm.stock > 0:
            vm.state = vm.product_dispensed_state
            vm.total_amount -= vm.price
            vm.stock -= 1
            print("상품을 제공합니다.")
        else:
            print("금액이 부족합니다.")

    def refund(self, vm):
        vm.state = vm.refunding_state
        print(f"반환 금액은 {vm.total_amount}원입니다.")
        vm.total_amount = 0

# 상품 제공 상태 클래스 정의
class ProductDispensedState(VendingMachineState):
    def dispense_product(self, vm):
        vm.state = vm.change_returned_state
        print("상품을 받아주기를 바랍니다.")

# 거스름돈 반환 상태 클래스 정의
class ChangeReturnedState(VendingMachineState):
    def return_change(self, vm):
        vm.state = vm.initial_state
        print(f"거스름돈은 {vm.total_amount}원입니다.")
        vm.total_amount = 0

# 반환금 처리 상태 클래스 정의
```

```
class RefundingState(VendingMachineState):
    def refund(self, vm):
        vm.state = vm.initial_state
        print(f"거스름돈은 {vm.total_amount}원입니다.")
        vm.total_amount = 0

# 자동판매기 클래스 정의
class VendingMachine:
    def __init__(self):
        self.initial_state = InitialState()
        self.amount_received_state = AmountReceivedState()
        self.product_dispensed_state = ProductDispensedState()
        self.change_returned_state = ChangeReturnedState()
        self.refunding_state = RefundingState()
        self.state = self.initial_state
        self.total_amount = 0
        self.price = 1200
        self.stock = 5

    def coin_inserted(self, coin):
        self.state.coin_inserted(self, coin)

    def select_product(self):
        self.state.select_product(self)

    def dispense_product(self):
        self.state.dispense_product(self)

    def return_change(self):
        self.state.return_change(self)

    def refund(self):
        self.state.refund(self)
```

위의 코드에서는 각 상태를 표시하는 클래스를 정의하고 각각이 `VendingMachineState` 클래스를 상속받음으로써 `coin_inserted()`, `select_product()`, `dispense_product()`, `return_change()`, `refund()`를 구현합니다. 각 상태마다 실행되는 작동은 상태 객체가 대응하는 메서드를 호출해 실현합니다.

이어서 이 클래스들을 이용하여 자동판매기의 처리를 실현하는 코드를 작성하겠습니다.

```
# 자동판매기 생성
vm = VendingMachine()

# 초기 상태에서의 처리
vm.coin_inserted(1000) # 합계 금액은 ___원입니다.

# 금액받는 중 상태에서의 처리
vm.coin_inserted(500) # 합계 금액은 ___원입니다.
vm.select_product() # 금액이 부족합니다.
vm.coin_inserted(1000) # 합계 금액은 ___원입니다.
vm.select_product() # 상품을 제공합니다.
vm.dispense_product() # 상품을 받아주기를 바랍니다.

# 거스름돈 반환 상태에서의 처리
vm.return_change() # 거스름돈은 ___원입니다.

# 반환금 처리 상태에서의 처리
vm.coin_inserted(500) # 합계 금액은 ___원입니다.
vm.refund() # 거스름돈은 ___원입니다.
```

이 코드에서는 자동판매기를 생성하고 초기 상태에서 동전을 투입합니다. 그 이후 금액 받는 중 상태에서는 동전을 투입하고 상품을 선택합니다. 상품 제공 상태에서는 상품을 받습니다. 거스름돈 반환 상태에서는 거스름돈을 받고, 반환금 처리 상태에서는 반환금을 받습니다.

이 코드에서는 if 문을 사용하지 않고 상태 클래스의 메서드를 호출하여 상태를 관리합니다. 이를 통해 코드가 간단해지고 확장성이 높아집니다. 또한 각각의 상태 구현이 독립적이기 때문에 새로운 상태를 추가하기 쉽게 되어 있습니다.

상태 패턴을 적용하자 코드를 뒤덮었던 if 문이 놀랍게도 한 개로 줄어들었습니다. 디자인 패턴을 이용할 때 패턴 이름을 구체적으로 지정하면 목적하는 코드를 효율적으로 생성할 수 있습니다.

디자인 패턴의 위력을 살짝 맛보았으니, 지금부터 디자인 패턴에 대해 본격적으로 이야기해보겠습니다.

2.5 디자인 패턴 제안받기

디자인 패턴design pattern은 많은 엔지니어가 의식적으로 받아들이는 프로그래밍의 정석에 해당합니다. 프로그래밍 현장에서 많은 기술자가 시행착오를 반복하면서 성장해온 역사입니다. ChatGPT에 물어보니 다음과 같이 답했습니다.

> ······ 소프트웨어 설계 도중에 자주 만나는 문제나 과제에 대해 재사용 가능하면서 효과적인 해결책을 제공하는 설계에 있어 가장 최상의 예제입니다. 디자인 패턴은 객체지향 프로그래밍의 원칙을 기초로 하여 설계되었기 때문에 코드의 가독성, 유지보수성, 확장성을 향상시키는 것을 목적으로 합니다.
>
> 크게 세 개의 카테고리로 분류됩니다.
>
> 1. 생성 패턴(Creation Patterns):
>   이 패턴들은 객체의 생성과 초기화에 관련된 문제를 해결하는 것을 목적으로 합니다. 예를 들면, Singleton, Factory Method, Abstract Factory, Builder, Prototype 등이 여기에 해당합니다.
> 2. 구조 패턴(Structural Patterns):
>   이 패턴들은 클래스나 객체의 구성과 조합에 관련된 문제를 해결하는 것을 목적으로 합니다. 예를 들면, Adapter, Bridge, Composite, Decorator, Facade, Flyweight, Proxy 등이 여기에 해당합니다.
> 3. 행동 패턴(Behavioral Patterns):
>   이 패턴들은 객체 사이의 상호작용이나 협력에 관련된 문제를 해결하는 것을 목적으로 합니다. 예를 들면 Chain of Responsibility, Command, Interpreter, Iterator, Mediator, Memento, Observer, State, Strategy, Template Method, Visitor 등이 여기에 해당합니다.
>
> 디자인 패턴을 이해하고 적절한 상황에 적절한 패턴을 적용하면 효율적이고 유연성을 갖춘 소프트웨어 설계가 가능하게 됩니다.

네, 너무나도 당연한 이야기이긴 합니다. 하지만 이 모든 패턴이 머릿속에 다 있는 사람이 과연 몇 명이나 될까요? 능력이 뛰어난 엔지니어들은 이 모든 패턴을 알고 있을까요?

전부 알고 있을 리가 없잖아요!

그렇습니다. 전문 분야에 따라 당연히 사용하는 패턴도 달라지는 데다가 단순한 프로그래밍이라면 이런 패턴을 알고 있을 필요가 없다는 게 솔직한 마음이 아닐까요?

앞의 예제로 돌아가보면 `if` 문으로 가득했던 코드에 상태 디자인 패턴을 적용한 결과, 깔끔한 코드가 되어 가독성과 유지보수성을 높일 수 있었습니다. 하지만 이것은 디자인 패턴을 알고 있을 때의 이야기입니다.

그렇다면 이렇게 많은 무기를 다 알지 못하면 안 되는 것일까요? 그렇지 않습니다.

여기서 ChatGPT가 등장할 차례입니다. 코드를 리팩터링하는 데 무엇이 가장 적절한지 ChatGPT에게 물어보면 됩니다. 앞서 예로 들었던 `if` 문으로 가득했던 코드를 다시 사용하겠습니다.

> 다음 코드를 리팩터링하는 데 최적의 디자인 패턴이 있다면 알려주세요.
>
> (코드를 복사해 여기에 붙여 넣습니다.)

다음과 같은 조언을 받을 수 있습니다.

> 이 코드는 유한 상태 기계[4]를 구현하기 위해 `if/else` 문을 사용합니다. 이 경우 상태 패턴을 사용할 수 있습니다. 상태 패턴에서는 상태를 클래스로 작성하고 각 상태에 관련된 처리를 그 클래스에서 구현할 수 있습니다.
>
> 또한 상태 사이의 전이를 제어하기 위해서 `Context` 클래스를 작성하여 상태 객체를 보존해야 합니다. `Context` 클래스에는 상태 객체를 전환하기 위한 메서드를 정의할 수 있습니다.
>
> 다음은 상태 패턴을 사용하여 리팩터링한 코드의 예입니다.
>
> ```
> class VendingMachine:
>     def __init__(self, price, stock):
>         self.price = price
> ```

---

4 **유한 상태 기계**(finite state machine)란 상태(state)를 가지고, 사건(event)에 의해 두 개의 상태 사이에서 변화하는 전이(transition)를 유발하는 조건들의 집합으로서 정의됩니다.

```
        self.stock = stock
        self.total_amount = 0
        self.state = InitialState()

    def insert_coin(self, coin):
        self.total_amount += coin
        self.state.insert_coin(self)

…생략…
```

ChatGPT는 상태 패턴을 사용하면 된다고 확실히 알려줍니다. 너무나 친절하게도 그 패턴으로 리팩터링해주기까지 합니다. 얼마나 감사한 일인가요.

2.5.1 적합한 디자인 패턴 찾기

'코드로부터 어떤 디자인 패턴이 가장 적합한가'라는 문제 외에도 여러 가지 질문 방법이 있지만, 결국에는 자신이 작성하려는 프로그램이 어떤 디자인 패턴에 가까운지 물어보는 것이 쉽고 빠른 방법입니다.

 온도를 감시하여 그 상태 변화에 따라 다른 처리를 하는 프로그램을 작성하고 싶은데 어떤 디자인 패턴이 적합할까요?

단번에 답을 받았습니다.

 온도의 상태 변화에 따라 다른 처리를 하는 경우 옵서버 패턴(observer pattern)이 적합합니다. 옵서버 패턴은 객체의 상태가 변경될 때 자동적으로 알림을 보내는 디자인 패턴으로 객체의 상태를 감시하는 객체를 관찰자(observer)라고 부릅니다.

구체적으로는 다음과 같이 옵서버 패턴을 구현할 수 있습니다.

```
class TemperatureSensor:
    def __init__(self):
```

```python
        self._observers = []
        self._temperature = 0

    def attach(self, observer):
        self._observers.append(observer)

    def detach(self, observer):
        self._observers.remove(observer)

    def set_temperature(self, temperature):
        self._temperature = temperature
        self.notify()

    def notify(self):
        for observer in self._observers:
            observer.update(self._temperature)

class Observer:
    def update(self, temperature):
        pass

class Heater(Observer):
    def update(self, temperature):
        if temperature < 0:
            print("Heater turned on")

class Cooler(Observer):
    def update(self, temperature):
        if temperature > 30:
            print("Cooler turned on")

class Display(Observer):
    def update(self, temperature):
        print("Current temperature is: ", temperature)

sensor = TemperatureSensor()

sensor.attach(Heater())
sensor.attach(Cooler())
sensor.attach(Display())

sensor.set_temperature(20)
```

```
sensor.set_temperature(-5)
sensor.set_temperature(40)
```

이 프로그램에서는 `TemperatureSensor` 클래스가 온도를 감시하며 온도가 변화할 때 등록된 관찰자(`Observer` 객체)가 알림을 보냅니다. `Observer` 클래스는 관찰자를 뜻하며 `update()` 메서드의 구현을 통해 알림을 받았을 때 실행될 처리를 정의합니다. `Heater` 클래스와 `Cooler` 클래스는 각각 온도가 0도 미만 또는 30도 이상이 되는 경우에 온열기나 냉방기를 작동시키는 관찰자입니다. `Display` 클래스는 온도를 표시하기 위한 관찰자입니다.

이 프로그램을 실행하면 처음에 온도가 20도로 설정되어 `Display` 클래스가 온도를 표시합니다. 이후 온도가 영하5도가 되면 `Heater` 클래스가 온열기를 작동 시키고, 온도가 40도가 되면 `Cooler` 클래스가 냉방기를 작동 시킵니다. 이와 같이 옵서버 패턴을 사용하면 온도의 상태 변화에 따라 다른 처리를 구현할 수 있습니다.

이 패턴이라면 이해하기 어렵지 않습니다. 여기에 코드를 추가해나가면 그대로 사용할 수 있습니다.

이와 같이 개발해야 할 대상에 대해 어떤 디자인 패턴이 적합할지 미리 전략을 결정할 수 있다면 부담을 줄이고 개발할 수 있습니다. ChatGPT는 현장의 강력한 동료가 되어줍니다.

2.6 알고리즘 제안받기

알고리즘algorithm이란 '사고 방법과 작업 순서'를 뜻합니다. 여러분이 코드를 작성할 때도 알고리즘을 생각해 코드로 작성하는 것입니다. 매일 하는 일이지만 알고리즘이라는 단어에는 특별한 느낌이 있습니다. 특별한 이름이 붙은 알고리즘이 잔뜩 있기 때문은 아닐까요?

특별한 이름의 알고리즘이라 할지라도 매일 사용합니다. 예를 들면, 구글Google의 검색은 **PageRank 알고리즘**을 사용합니다. 구글의 설립자인 래리 페이지Larry Page의 이름과 웹페이지webpage를 넣어 이름을 붙였다고 합니다. 데이터의 정렬 알고리즘도 '퀵 정렬quick sort', '버블 정렬bubble sort', '힙 정렬heap sort' 등의 이름이 있고, 차량용 내비게이션에서 목적지 검색에 사용되는 것은 '데이크스트라 알고리즘Dijkstra algorithm'이라는 이름이 있는 등 특별한 알고리즘에는 특별한 이름이 있습니다. 마치 중2병 애니메이션에서 히어로가 외치는 기술 이름 같아서 멋지지 않습니까?

'알고리즘 호흡의 제1형'[5] 같이 도깨비(문제)라는 상대에 대해 어떤 기술로 대항할 것인지 고민하는 것이니 매한가지일지도 모르겠습니다. '데이터를 정렬한다'고 하는 문제에 대해 '전집중호흡全集中の呼吸 제3형, 힙 정렬!'과 같은 느낌 말이지요.

해결하고 싶은 문제에는 당연히 알고리즘이 존재하지만, 알고리즘 형식을 어떻게 적용할 것인지 선택하는 것이 중요합니다. 또한, 이미 존재하는 형식을 조사하여 문제에 적합한 것을 선택해야 합니다.

경험이 풍부한 엔지니어는 적절한 알고리즘 형식을 정확하게 선택할 수 있지만, 지식이 부족한 경우에는 너무 어렵습니다. 반면 현실에서는 알고리즘 형식이 일반적으로 사용하는 라이브러리에 있기 때문에 그 형식을 갖춘 바퀴를 다시 발명[6]할 필요가 없습니다. 너무 친숙하다 보니 눈치채지 못했을 뿐입니다. 케이팝의 가사처럼 말이지요.

그렇다면 모르고 있어도 괜찮을까요? 아닙니다. 알고 있으면 문제 해결의 수준이 높아집니다.

ChatGPT 등장으로 우리는 중2병 애니메이션의 히어로가 될 수 있는 시대가 되었습니다. 당면한 문제에 대해 어떤 것을 해결하고 싶은가 정확히 이해하면서 알고리즘의 형식 이름만 지정하면 문제를 해결할 수 있는 시대입니다. 설령 알고리즘 이름을 모른다 해도 가장 적합한 형식을 물어보기만 하면 됩니다.

이번 절에서는 ChatGPT에 사양과 목적을 전달하여 가장 적합한 알고리즘의 형식을 제안하고, 이를 기반으로 한 코드도 함께 요청하겠습니다. 먼저 그 요령은 다음과 같습니다.

1. 무엇을 하고 싶은가(하게 하고 싶은가), 그 사양을 확실히 정합니다.
2. ChatGPT에게 그 사양에 적합한 알고리즘을 제안하도록 합니다.
3. 코드를 실행하여 이런저런 주문을 하거나 오류 해결을 하면서 최종 코드를 생성하게 합니다.

실제 예를 들어 설명하겠습니다.

---

5 《귀멸의 칼날》의 귀살대(鬼殺隊)가 사용하는 기술에서 따온 말로 아가쓰마 젠이쓰(我妻 善逸)가 사용하는 '번개의 호흡 제1형, 벽력일섬(雷の呼吸壱ノ型「霹靂一閃」)'이 가장 유명합니다.

6 Don't reinvent the wheel. 이미 타인이 라이브러리 등을 통해 잘 구현한 기능을 굳이 다시 개발하는 것은 좋지 않다는 개념입니다.

직원 일정표[7]를 작성해본 적이 있습니까? 원하는 휴가 일정을 포함해 확실히 근무하고 싶은 날을 미리 작성합니다. 여러 가지 시행착오를 거쳐 근무일을 확정하고 최종적으로 휴가를 적당히 분배한 후 마지막으로 검토하여 확정하는 형태입니다.

이와 같은 작업은 기계적으로 결정하는 것이 더 낫다는 생각이 들지 않나요? 일정을 작성하는 사람의 편들기, 괴롭힘, 작성자 자신의 사정과 같은 사적인 감정이 들어가지 않는 것이 좋겠지요. 여기에서 ChatGPT에 일정 작성 문제를 해결하는 알고리즘은 없는지 물어보았습니다(이번 절에서는 GPT-4를 사용합니다).

	A	B	C	D	E	F	G	H
1	주간 일정표							
2	직원	1	2	3	4	5	6	7
3	윤태진	휴가						
4	김은미		휴가			휴가		
5	권유라	●				●		
6								

그림 2.2 **엑셀로 작성한 주간 일정표**

일정 작성 시의 조건(제약 조건)을 명확히 합니다.

- 직원의 최저 근무일 수는 3일, 최대 근무일 수는 5일로 합니다.
- 연속 근무는 최대 5일로 합니다.
- 최소한 두 명은 근무하는 것으로 합니다.
- 초기 상태에 확정된 일정은 변경하지 않습니다.

다음과 같은 일정표와 계약 조건이 있다고 가정하겠습니다. 자동으로 일정을 작성하고 싶습니다. 이와 같은 사양을 구현하는 알고리즘을 제안해주세요.

제약 조건:
- 직원의 최저 근무일 수는 3일, 최대 근무일 수는 5일로 합니다.
- 연속 근무는 최대 5일로 합니다.
- 최소한 두 명은 근무하는 것으로 합니다.

---

7 일본에서는 스태프 시프트 표(staff shift table)라고 하며, 주로 시간별 교대 근무를 지정할 때 사용합니다. 이 예제에서는 근무 여부만 지정하므로 교대 근무 표 대신 일정표로 번역하였습니다.

- 초기 상태에 확정된 일정은 변경하지 않습니다.

일정표:

직원	1	2	3	4	5	6	7
윤태진	휴가						
김은미			휴가			휴가	
권유라	●					●	

그러자 다음과 같은 제안을 답해주었습니다.

이 문제를 해결하기 위해 제약 충족 문제(constraint satisfaction problem, CSP) 알고리즘을 사용할 수 있습니다. CSP는 변수와 제약의 관계를 다루는 문제로서, 이 경우에는 직원의 일정이 변수, 제약 조건이 제약이 됩니다. 퇴각검색(backtracking algorithm)을 기반으로 다음 순서로 일정을 자동으로 작성할 수 있습니다.

각 직원의 근무일 수를 초기화합니다. 근무일 수는 제약 조건에 기반하여 3~5 사이의 범위 내에서 무작위로 선택합니다.

일정표의 마지막 할당일에 대해 다음 단계를 반복합니다.

a. 마지막 할당일에 근무 가능한 직원을 결정합니다. 이때 제약 조건(최저 근무일 수, 최고 근무일 수, 연속 근무일 수)을 만족하는 직원을 선택합니다.

b. 근무 가능한 직원 중에 최소 두 명을 무작위로 선택해 근무 상태로 만듭니다. 이때 초기 상태에 확정된 일정은 변경하지 않도록 합니다.

c. 근무 상태인 직원의 근무일 수를 갱신하고 연속 근무일 수도 갱신합니다.

모든 날짜에 대해 일정이 할당되면 일정 생성이 완료됩니다.

이 알고리즘을 실행하면 제약 조건을 만족하는 일정이 자동적으로 생성됩니다. 단, 해(solution)를 구하지 못하는 경우나 효율적인 해를 구하지 못하는 경우가 있습니다. 그런 경우에는 퇴각검색 알고리즘을 개선하거나 유전 알고리즘(genetic algorithm)과 같은 다른 알고리즘을 시도해볼 수 있습니다.

ChatGPT는 자신이 제안한 알고리즘으로 코드를 작성합니다. 처음에는 코드 오류와 잘못 이해한 내용이 있었지만, 코드 오류를 수정하고, 잘못 이해한 내용을 바로잡아 최종적으로 다음 코드가 작성되었습니다.

```python
import random
import itertools

def generate_schedule(initial_schedule, min_work_days=3, max_work_days=5,
max_consecutive_work_days=5, num_solutions=1):
    solutions = []

    for _ in range(num_solutions):
        num_days = len(initial_schedule[0])
        num_staff = len(initial_schedule)

        schedule = [[None for _ in range(num_days)] for _ in range(num_
staff)]

        work_days = [0 for _ in range(num_staff)]
        consecutive_work_days = [0 for _ in range(num_staff)]

        for staff_idx, staff_schedule in enumerate(initial_schedule):
            for day_idx, day_status in enumerate(staff_schedule):
                if day_status == "●":
                    schedule[staff_idx][day_idx] = "●"
                    work_days[staff_idx] += 1
                    consecutive_work_days[staff_idx] = 0 if day_status ==
"휴가" else consecutive_work_days[staff_idx] + 1
                elif day_status == "휴가":
                    schedule[staff_idx][day_idx] = "휴가"
                    consecutive_work_days[staff_idx] = 0

        for day_idx in range(num_days):
            available_staff = []

            for staff_idx in range(num_staff):
```

```
                    if initial_schedule[staff_idx][day_idx] is None and work_
days[staff_idx] < max_work_days and consecutive_work_days[staff_idx] <
max_consecutive_work_days:
                        available_staff.append(staff_idx)

                if len(available_staff) >= 2:
                    possible_combinations = list(itertools.combinations
(available_staff, 2))
                    working_staff_combination = random.choice(possible_
combinations)
                else:
                    working_staff_combination = tuple(available_staff)

                for staff_idx in working_staff_combination:
                    schedule[staff_idx][day_idx] = "●"
                    work_days[staff_idx] += 1
                    consecutive_work_days[staff_idx] = 0 if initial_
schedule[staff_idx][day_idx] == "휴가" else consecutive_work_days[staff_
idx] + 1

        solutions.append(schedule)

    return solutions

# 테스트 코드
initial_schedule = [
    ["휴가", None, None, None, None, None, None],
    [None, None, "휴가", None, None, "휴가", None],
    ["●", None, None, None, None, "●", None]
]

num_solutions = 5
generated_schedules = generate_schedule(initial_schedule, num_
solutions=num_solutions)

for i, schedule in enumerate(generated_schedules):
    print(f"Solution {i+1}: ")
    for row in schedule:
        print(row)
    print()
```

결과는 다음과 같습니다. 테스트 코드에서는 다섯 번 시도한 결과 제약 조건이 확실히 충족되었습니다. 또한, 생성된 코드를 살펴보면 **퇴각검색 알고리즘**backtracking algorithm(**재귀 호출**recursive call)은 사용되지 않았습니다. ChatGPT가 보기에 퇴각검색 알고리즘을 사용하지 않아도 문제가 없었기에 이 알고리즘의 효율이 더 높다고 판단한 것입니다. 제약 조건을 충족하기 때문에 이 결과에는 전혀 문제가 없으며, None 부분은 사람이 적당히 휴가를 사용하거나 근무하면 됩니다.

```
Solution 1:
['휴가', '●', '●', None, None, '●', '●']
['●', '●', '휴가', '●', '●', '휴가', '●']
['●', None, '●', '●', '●', '●', None]

Solution 2:
['휴가', '●', '●', None, '●', '●', '●']
['●', None, '휴가', '●', '●', '휴가', '●']
['●', '●', '●', '●', None, '●', None]

Solution 3:
['휴가', '●', '●', '●', '●', '●', None]
['●', None, '휴가', None, '●', '휴가', '●']
['●', '●', '●', '●', None, '●', None]

Solution 4:
['휴가', None, '●', None, '●', '●', '●']
['●', '●', '휴가', '●', '●', '휴가', '●']
['●', '●', '●', '●', None, '●', None]

Solution 5:
['휴가', '●', '●', '●', '●', '●', None]
['●', '●', '휴가', '●', None, '휴가', '●']
['●', None, '●', None, '●', '●', '●']
```

이로서 처음 목적은 이미 달성했지만, 코드가 무엇을 하는지 더욱 깊게 이해하기 위해서 코드 설명을 부탁하는 것이 좋습니다. 이때 '코드 리뷰code review처럼'이라는 말을 추가하면, 이 프롬프트에 의해 함수와 변수를 포함해 설명해줍니다.

지금까지의 시행착오로 인해 ChatGPT가 혼란스러워하지 않도록 하기 위해 마음을 가다듬고 새로운 대화를 열어 다음과 같이 물어보았습니다.

다음 코드의 알고리즘을 설명해주세요. 설명할 때 어떤 함수에서 무엇을 하는지 코드 리뷰하듯이 설명해주세요. 설명이 끝나면 그 알고리즘을 퇴각검색 알고리즘으로 바꾸는 것이 좋을지 검토해서 답해주세요.

(앞서 생성된 코드를 여기에 복사해 붙여 넣습니다.)

이 코드는 직원의 일정을 생성하는 알고리즘입니다. 다음에 함수별로 상세를 설명합니다.

`generate_schedule()` 함수는 초기 일정, 최소 근무일 수, 최대 근무일 수, 최대 연속 근무일 수, 해의 수를 매개변수로 입력 받습니다. 이 함수는 일정의 목록을 반환합니다.

1   가장 먼저 해의 목록과 필요한 데이터 구조를 초기화합니다.
2   `initial_schedule`에서 근무일 수와 연속 근무일 수의 계산을 시작합니다. 이 작업을 모든 직원에 대해 진행합니다.
3   일정의 각각의 날짜에 대해 근무 가능한 직원을 찾습니다. 그 직원은 최대 근무일 수와 최대 연속 근무일 수의 제약을 만족할 필요가 있습니다.
4   근무 가능한 직원이 두 명 이상 있을 경우, 그중에서 2명의 직원을 무작위로 선택하여 그 조합을 `working_staff_combination`으로 선택합니다.
5   선택된 직원의 근무일 수와 연속 근무일 수를 갱신하고 일정에 추가합니다.
6   생성된 일정을 해의 목록에 추가하고 모든 해가 생성될 때까지 이를 반복합니다.
7   해의 목록을 반환합니다.

이 알고리즘은 근무 가능한 직원 내에서 무작위로 선택하기 때문에 반드시 최적해를 생성한다고 할 수 없습니다. 퇴각검색 알고리즘을 사용하면 최적해를 찾을 가능성이 높아집니다.

퇴각검색 알고리즘은 실현 가능 영역[8]을 탐색해 부적절한 해가 발견되면 이전 상태로 되돌아갈 수 있습니다. 이를 통해 모든 가능한 해를 효율적으로 조사할 수 있습니다.

이 문제에 퇴각검색 알고리즘을 적용하면 최적의 직원 배치를 구하는 것이 가능할 것입니다. 하지만 퇴각검색 알고리즘은 재귀를 사용하는 것이 일반적이며 구현이 현재 알고리즘에 비해

---

8   실현 가능 영역(feasible region)이란 최댓값 또는 최솟값을 구하기 위해 붙여진 제약 조건을 만족하는 영역으로서, 해 공간 (solution space)이라고도 합니다.

복잡하기 때문에 주의해야 합니다. 최적해가 필요한 것이 아니라 어느 정도의 무작위성이 허용 범위에 들어간다면 현재 알고리즘으로도 충분히 사용 가능합니다. 하지만 최적해가 필요한 경우 퇴각검색 알고리즘의 사용을 검토할 필요가 있습니다.

…생략…

ChatGPT는 퇴각검색 알고리즘을 추천하는 것 같습니다. 이번에는 퇴각검색 알고리즘으로 제안하도록 요청해봅시다.

그렇다면 퇴각검색 알고리즘을 사용한 코드를 작성해주세요.

여러 가지 오류를 해결하고 제약을 무시하는 코드를 지적한 후 최종적으로 다음과 같은 코드를 얻었습니다.

```python
import itertools

def is_valid_schedule(schedule, staff_idx, day_idx, min_work_days, max_work_
days, max_consecutive_work_days):
    work_days = sum(1 for day in schedule[staff_idx] if day == "●")

    if work_days > max_work_days:
        return False

    consecutive_work_days = 0

    for d in range(day_idx, -1, -1):
        if schedule[staff_idx][d] == "●":
            consecutive_work_days += 1
        else:
            break

    if consecutive_work_days > max_consecutive_work_days:
        return False

    if day_idx == len(schedule[0]) - 1 and work_days < min_work_days:
```

```
        return False

    return True

def backtrack_schedule(schedule, day_idx, min_work_days, max_work_days, max_
consecutive_work_days):
    if day_idx == len(schedule[0]):
        return [schedule.copy()]

    num_staff = len(schedule)
    solutions = []
    available_staff = [s for s in range(num_staff) if schedule[s][day_idx]
is None]

    if len(available_staff) >= 2:
        for staff_combination in itertools.combinations(available_staff, 2):
            new_schedule = [row.copy() for row in schedule]

            for staff_idx in staff_combination:
                new_schedule[staff_idx][day_idx] = "●"

                if not is_valid_schedule(new_schedule, staff_idx, day_idx,
min_work_days, max_work_days, max_consecutive_work_days):
                    break
                else:
                    solutions.extend(backtrack_schedule(new_schedule, day_
idx + 1, min_work_days, max_work_days, max_consecutive_work_days))

    return solutions

def generate_schedule(initial_schedule, min_work_days=3, max_work_days=5,
max_consecutive_work_days=5):
    num_days = len(initial_schedule[0])
    num_staff = len(initial_schedule)

    schedule = [["휴가" if day_status == "휴가" else None for day_status in
staff_schedule] for staff_schedule in initial_schedule]

    return backtrack_schedule(schedule, 0, min_work_days, max_work_days,
max_consecutive_work_days)

initial_schedule = [
```

```
    ["휴가", None, None, None, None, None, None],
    [None, None, "휴가", None, None, "휴가", None],
    ["●", None, None, None, None, "●", None]
]

generated_schedules = generate_schedule(initial_schedule)

for i, schedule in enumerate(generated_schedules):
    print(f"Solution {i+1}: ")
    for row in schedule:
        print(row)
    print()
```

결과는 다음과 같았습니다. 놀랍게도 22가지의 해결 패턴을 출력했습니다.

```
Solution 1:
['휴가', '●', '●', '●', '●', '●', None]
['●', '●', '휴가', '●', '●', '휴가', '●']
['●', None, '●', None, None, '●', '●']

Solution 2:
['휴가', '●', '●', '●', '●', '●', None]
['●', '●', '휴가', '●', None, '휴가', '●']
['●', None, '●', None, '●', '●', '●']

…생략…

Solution 22:
['휴가', None, '●', None, '●', '●', '●']
['●', '●', '휴가', '●', '●', '휴가', '●']
['●', '●', '●', '●', None, '●', None]
```

알고리즘 설명을 요청하면 싫어하는 표정이나 기색 하나 없이(얼굴이 있는 건 아니지만) 답해줍
니다.

잘 작동합니다. 감동했습니다. 그럼 전체 코드의 설명을 부탁합니다. 코드 리뷰하듯이 설명해주세요.

다음은 퇴각검색 알고리즘을 사용한 일정 생성 코드의 설명입니다.

1. `is_valid_schedule()` 함수:

…생략…

2. `backtrack_schedule()` 함수:

이 함수는 퇴각검색 알고리즘을 구현하여 주어진 일정표에서 퇴각검색을 진행합니다. 일정표, 날짜 색인, 최소 근무일 수, 최대 근무일 수, 최대 연속 근무일 수가 입력으로 주어집니다. 이 함수는 다음과 같은 순서로 퇴각검색을 진행합니다.

- 주어진 일정표에서 근무 가능한 직원을 찾습니다.
- 근무 가능한 직원끼리 조합을 시험해보고, 각각에 대해 일정표가 제약 조건을 만족하는지 여부를 확인합니다.
- 일정표가 제약 조건을 만족하는 경우, 다음 날짜의 일정을 시험합니다.
- 모든 일정을 시험이 끝났을 때, 해가 생성된 경우 그 해를 해 목록에 추가합니다.

3. `generate_schedule()` 함수:

…생략…

이것으로 완전히 처음의 목적을 달성했습니다.

이제 해당 알고리즘을 사용하여 웹 애플리케이션을 만들면 됩니다. 파이썬으로 엑셀을 실행시켜 셀에 조건을 입력시키고 최종적으로 다른 시트에 출력해주는 애플리케이션도 괜찮을 것 같네요. 일련의 대화를 통해 지금까지 친숙하지 않았던 알고리즘의 낙원이 눈앞에 펼쳐질 것입니다.

하지만 약간의 껄끄러움이 남아 있습니다. 무엇일까요? 처음에 물어보았던 알고리즘 제안에서 '유전 알고리즘이라는 방법도 있다'고 했습니다. **유전 알고리즘**genetic algorithm은 자주 들어봤지만 일정 관리 문제에도 적용할 수 있을까요? 인터넷을 검색해보니 '유전 알고리즘을 탑재한 혁신적인 소프트웨어 작성!' 같은 것이 꽤 많았습니다. 유전 알고리즘이 정말 소프트웨어 작성에 사용될 수 있는지 흥미가 생기지 않습니까? ChatGPT에게 물어보겠습니다.

 참고로 이 코드 구조에서 유전 알고리즘을 사용하면 얻는 장점이 있을까요?

 유전 알고리즘은 최적화와 탐색 문제에 대해 광범위하게 사용되고 있는 메타휴리스틱(metaheuristic)[9] 접근 방법으로서 자연계의 진화 기제(evolution mechanism)에 기초합니다. 이 접근 방법의 장점으로는 대규모의 복잡한 문제에도 적용이 가능하다는 점이 있습니다. 하지만 유전 알고리즘은 근사해를 구하는 것이 일반적으로서 반드시 최적해를 구한다고 할 수 없습니다.

이 문제에서는 제약이 엄격한 문제의 최적해를 구하기 위해 퇴각검색 알고리즘이 사용되었지만, 일정표의 크기와 제약이 커지면 퇴각검색 알고리즘의 탐색 공간(search space)이 급격하게 커집니다. 이 경우에는 유전 알고리즘의 사용을 검토할 수 있습니다.

유전 알고리즘을 사용할 때의 장점은 다음과 같습니다.

- 확장성(scalability): 유전 알고리즘은 대규모의 문제에 대해서도 비교적 효율적으로 탐색해야 합니다.
- 유연성(flexibility): 다양한 제약과 목적 함수를 쉽게 조합해야 합니다.

다양한 해의 생성: 유전 알고리즘은 여러 가지 해를 생성해야 합니다. 이를 통해 해의 다양성을 고려해야 합니다.

…생략…

강력해보입니다. 사용해보고 싶은 충동이 들지 않나요? 그래서 ChatGPT에 코드를 요청했습니다.

---

9   최적화나 탐색 문제에 충분한 수준의 결과를 제공하는 부분 검색 알고리즘인 휴리스틱(heuristic)을 찾거나 생성, 조정, 선택하도록 설계된 상위 수준의 절차(procedure)를 의미합니다.

참고할 수 있도록 현재까지의 내용을 기반으로 유전 알고리즘을 이용한 코드를 작성해주세요.

지금까지와 마찬가지로 오류와 제약 조건 설정으로 인해 조금 애를 먹었지만 최종적으로 다음과 같은 코드를 작성했습니다. `fitness()`, `crossover()`, `mutate()`, `generic_algorithm()`······. 어떤 함수를 보아도 강한 느낌의 이름뿐입니다.

```python
import random

def fitness(schedule, initial_schedule, min_work_days, max_work_days, max_
consecutive_work_days):
    score = 0
    num_staff = len(schedule)
    num_days = len(schedule[0])

    for staff_idx in range(num_staff):
        work_days = sum(schedule[staff_idx])

        if min_work_days <= work_days <= max_work_days:
            score += work_days
        else:
            score -= abs(work_days - min_work_days)

        for day_idx in range(num_days):
            if initial_schedule[staff_idx][day_idx] is not None and
schedule[staff_idx][day_idx] != initial_schedule[staff_idx][day_idx]:
                score -= 1

        for day_idx in range(num_days - max_consecutive_work_days):
            if sum(schedule[staff_idx][day_idx:day_idx + max_consecutive_
work_days]) > max_consecutive_work_days:
                score -= 1

    return max(score, 0.1) # 적합도가 양수인지 확인

def crossover(parent1, parent2):
    num_staff = len(parent1)
    num_days = len(parent1[0])
    crossover_point = random.randint(0, num_staff * num_days)
```

```
        offspring1 = [row.copy() for row in parent1]
        offspring2 = [row.copy() for row in parent2]

        for idx in range(crossover_point, num_staff * num_days):
            row = idx // num_days
            col = idx % num_days

            if initial_schedule[row][col] is None:
                offspring1[row][col], offspring2[row][col] = offspring2[row][col],
offspring1[row][col]

        return offspring1, offspring2

def mutate(schedule, mutation_rate):
    num_staff = len(schedule)
    num_days = len(schedule[0])

    for staff_idx in range(num_staff):
        for day_idx in range(num_days):
            if random.random() < mutation_rate and initial_schedule[staff_
idx][day_idx] is None:
                schedule[staff_idx][day_idx] = 1 - schedule[staff_idx][day_idx]

    return schedule

def genetic_algorithm(initial_schedule, population_size=100, generations=100,
mutation_rate=0.1):
    min_work_days = 3
    max_work_days = 5
    max_consecutive_work_days = 5

    num_staff = len(initial_schedule)
    num_days =len(initial_schedule[0])

    # 초기 인구 생성
    population = []

    for _ in range(population_size):
        individual = [[random.randint(0, 1) if initial_schedule[staff_idx]
[day_idx] is None else initial_schedule[staff_idx][day_idx] for day_idx in
range(num_days)] for staff_idx in range(num_staff)]
        population.append(individual)
```

```python
    # 주 반복 구문
    for _ in range(generations):
        # 각 개인의 적합도 계산
        fitness_values = [fitness(individual, initial_schedule, min_work_
days, max_work_days, max_consecutive_work_days) for individual in population]

        # 재생성을 위한 부모 선택
        parents = random.choices(population, weights=fitness_values,
k=population_size)

        # 교차 혼합과 돌연변이를 적용하여 자손 생성
        offspring = []

        for p1, p2 in zip(parents[::2], parents[1::2]):
            offspring1, offspring2 = crossover(p1, p2)
            offspring.append(mutate(offspring1, mutation_rate))
            offspring.append(mutate(offspring2, mutation_rate))

        # 인구를 자손으로 교체
        population = offspring

    # 최종 인구에서 최적 개인 찾기
    best_individual = max(population, key=lambda x: fitness(x, initial_
schedule, min_work_days, max_work_days, max_consecutive_work_days))

    return best_individual

# 테스트 코드
initial_schedule = [
    [0, None, None, None, None, None, None],
    [None, None, 0, None, None, 0, None],
    [1, None, None, None, None, 1, None]
]

def convert_schedule_to_symbols(schedule):
    return [["●" if day == 1 else "휴가" for day in row] for row in schedule]

best_schedule = genetic_algorithm(initial_schedule)
best_schedule_symbols = convert_schedule_to_symbols(best_schedule)
print("Best Schedule:")

for row in best_schedule_symbols:
    print(row)
```

실행시켜보았습니다. 세상에, 이게 무슨 일이죠?

```
Best Schedule:
['휴가', '휴가', '●', '●', '휴가', '●', '●']
['●', '●', '휴가', '●', '●', '휴가', '●']
['●', '●', '●', '휴가', '●', '●', '휴가']
```

단번에 답변이 날아왔습니다. 유전 알고리즘은 몇 번이고 시도하면서 해에 도달하기 때문에 시간이 걸릴 것이라고 생각했지만, 굉장히 빠른 답변이었습니다.

유전 알고리즘에 흥미가 있다면 ChatGPT에 질문해 뿌리까지 철저하게 파헤쳐보는 것도 좋은 방법입니다. 퇴각검색 알고리즘을 사용하건 유전 알고리즘을 사용하건 간에 현실의 과제에 적용하는 것에는 그만큼 나름대로 지식과 경험이 필요합니다. 이번처럼 간단한 과제라도 ChatGPT 도움 없이는 하루 만에 구현하는 것은 무리였습니다(사흘 이상이 걸릴 것입니다). 하지만 ChatGPT를 비서로 맞이한 것만으로 반나절도 걸리지 않아 이해부터 구현까지 가능했습니다.

2.7 단계별로 쌓아 올리기

한 번에 목적에 맞는 코드를 생성하기 위해 긴 프롬프트를 작성하는 것은 어리석은 방식이라고 앞서 설명했습니다. 따라서 ChatGPT에게 전달할 요청을 단계별로 쌓는 것이 하나의 요령입니다. 여기서는 현장의 장인 정신이 돋보이는 스크레이핑을 예로 들어 설명하겠습니다.

스크레이핑은 요구 사양에 따라 천차만별이기 때문에 그때그때 매번 프로그래밍이 필요한 분야이며, 꾸준한 요소의 해석이 필요합니다. 따라서 ChatGPT로 자동 작성하는 코드도 하나씩 쌓아 올라가듯이 프로그램을 완성해가는 형태가 됩니다. 스크레이핑은 해석하고자 하는 페이지의 HTML 소스 내 요소를 기준으로 어느 정도 범위를 좁힌 HTML 코드를 해석하는 방법이 적절합니다.

예로서 '제이펍'의 출간 전 책 소식 목록[10]을 가져와보겠습니다.

---

10 https://jpub.tistory.com/category/출간 전 책 소식

그림 2.3 **제이펍 출간 전 책 소식 페이지**

'출간 전 책 소식' 목록을 스크레이핑해보겠습니다.

먼저 페이지 위에서 마우스 오른쪽 버튼을 클릭하여, 소스를 열어봅니다. 이를 통해 스크레이핑에서 추출하고 싶은 부분의 기준을 정해보겠습니다.

```
390  </header>
391  <hr>
392  <section class="container">
393    <article id="content">
394
395
396
397
398
399
400
401
402        <div class="post-header">
403          <h2>출간 전 책 소식</h2>
404          <div class="list-type">
405            <button type="button" class="thum">썸네일형</button>
406            <button type="button" class="list">리스트형</button>
407          </div>
408        </div>
409
410
411        <div class="inner">
412
413
414
415
416
417    <div class="post-item">
418      <a href="/1484">
419        <span class="thum">
420
421              <img src="//i1.daumcdn.net/thumb/C276x260/?fname=https://blog.kakaocdn.net/dn/rRZBY/btszD3hg206/VHJaXjGWwkkmsEg35vksL1/img.jpg" alt="">
422
423        </span>
424        <span class="title">구글 클라우드 개발자는 참 좋겠다, 이 책이 나와서</span>
425        <span class="excerpt">아마존 웹 서비스(AWS)와 애저(Azure)에 이어 클라우드 업계 3위를 달리고 있는 구글 클라우드는 2023년 1분기 점유율 10%를 달성하면서 사
426        <span class="more">더보기</span>
427      </a>
428    </div>
```

그림 2.4 **스크레이핑할 부분의 소스 코드**

`<article id="content">`[11] 아래에 위치한 `<span class="title">` 요소에서 제목을 추출하면 된다는 것을 알 수 있습니다. 스크레이핑하고 싶은 부분을 부분적으로 복사하는 것이 요령입니다. HTML 전부를 복사하면 ChatGPT의 버퍼 크기를 초과하기 때문에 기준이 되는 부분의 HTML 소스 코드를 복사하는 것입니다. 그리고 다음과 같은 프롬프트를 작성합니다. 일부 코드는 지면 관계상 생략했습니다.

스크레이핑 프로그램을 파이썬으로 작성합니다. URL에서 다음 HTML을 참고로 하여 스크레이핑 프로그램을 작성해주세요. 추출할 데이터는 제목입니다.

```html
<article id="content">
    <div class="post-header">
        <h2>출간 전 책 소식</h2>
            <div class="list-type">
                <button type="button" class="thum">썸네일형</button>
                <button type="button" class="list">리스트형</button>
            </div>
        </div>
        <div class="inner">
            <div class="post-item">
                <a href="/1484">
                    <span class="thum">
                        <img src="... /img.jpg" alt="">
                    </span>
                    <span class="title">구글 클라우드 개발자는 참 좋겠다,
이 책이 나와서</span>
                    <span class="excerpt">…생략…</span>
                    <span class="more">더보기</span>
                </a>
            </div>

…생략…
```

다음은 파이썬으로 스크레이핑 프로그램을 작성하는 예입니다. `BeautifulSoup` 라이브러리를 사용하여 제목을 얻습니다.

---

11 `<div class="inner">` 부분을 기준으로 삼을 수도 있지만, 페이지 전체적으로 다른 영역에도 같은 요소가 있기 때문에, 안전하게 `<article id="content">` 부분을 기준으로 삼는 것이 좋습니다.

```
import requests
from bs4 import BeautifulSoup

url = "https://jpub.tistory.com/category/출간%20전%20책%20소식"

res = requests.get(url)
soup = BeautifulSoup(res.content, "html.parser")
titles = soup.find_all("span", class_="title")

for title in titles:
    print(title.text.strip())
```

위의 프로그램을 실행하면 다음과 같은 결과가 출력됩니다.

> 구글 클라우드 개발자는 참 좋겠다, 이 책이 나와서
> 생성형 인공지능을 잘 쓰는 방법
> 웹 개발을 새로 고친다니? 이게 뭔 소리래
> 모든 것이 마이크로카피였다.

제목만 고려할 경우에는 별도로 `title`과 같은 클래스를 지정하지 않고 '제목'이라고 지정하는 것만으로도 간단히 추출되었습니다. 하지만 실제로는 제목, 설명 발췌 등을 한꺼번에 추출하는 경우가 대부분이므로 다음과 같이 프롬프트를 바꾸어 질문을 계속합니다.

> 스크레이핑 프로그램을 파이썬으로 작성합니다. 'https://jpub.tistory.com/category/출간%20전%20책%20소식'의 URL에서 다음 HTML을 참고로 하여 스크레이핑 프로그램을 작성해주세요. 클래스 이름이 `post-item`인 요소 아래에서 추출할 데이터는 클래스 이름이 `title`, `excerpt`입니다.
> HTML:
> (HTML 코드를 복사해 여기에 붙여 넣습니다.)

다음은 파이썬으로 스크레이핑 프로그램을 작성하는 예입니다. `BeautifulSoup` 라이브러리
를 사용하여 지정한 클래스 이름의 요소를 얻습니다.

```python
import requests
from bs4 import BeautifulSoup

url = "https://jpub.tistory.com/category/출간%20전%20책%20소식"

res = requests.get(url)
soup = BeautifulSoup(res.content, "html.parser")
items = soup.find_all("div", class_="post-item")

for item in items:
    title = item.find("span", class_="title").text.strip()
    excerpt = item.find("span", class_="excerpt").text.strip()
    print("Title: ", title)
    print("Excerpt: ", excerpt)
    print()
```

제대로 추출되는 것을 확인할 수 있습니다. HTML을 복사해 프롬프트에 붙여 넣어 해석을 요
청하면 실행 결과의 이미지도 보여주기 때문에 매우 편리합니다. 이와 같이 프롬프트가 달라
지면 ChatGPT가 어디를, 어떻게 해야 기대한 답변을 얻을 수 있을지 생각합니다.

이제 실제로 프로그램을 실행시켜봅시다. 구글 코랩에서 실행하면 됩니다.

그림 2.5 **코드 실행 결과**

잘 작동하네요.

하지만 지금부터 단계별 쌓아 올리기의 본편입니다. 앞으로 단계별로 코드를 계속 추가하거나 수정할 것입니다.

이때 '프롬프트 + 생성 코드'라는 조합을 사용합니다. 이와 같은 형태로 반복하면 ChatGPT가 도중에 길을 잃고 헤매다가 엉뚱한 코드를 출력하는 문제를 막을 수 있고, GPT의 자기 주의 집중 기제가 코드에 계속 주의를 집중하는 것을 우선시하기 때문입니다. 이를 통해 코드의 완성도가 유지될 가능성이 높아집니다.

그 예로 이 코드를 pandas라는 파이썬 라이브러리를 사용하여 데이터 해석이 용이한 **데이터 프레임**dataframe에 대응되도록 하겠습니다.

다음 코드를 수정해서 스크레이핑된 데이터를 데이터프레임 형태로 반환해주세요. 대상 데이터는 title, excerpt입니다.
코드:

(앞의 코드를 복사해 여기에 붙여 넣습니다.)

다음은 수정한 프로그램입니다. pandas 라이브러리를 사용하여 데이터프레임에 데이터를 넣고 있습니다.

```
import requests
from bs4 import BeautifulSoup
import pandas as pd

url = "https://jpub.tistory.com/category/출간%20전%20책%20소식"

res = requests.get(url)
soup = BeautifulSoup(res.content, "html.parser")

titles = []
excerpts = []
```

```
items = soup.find_all("div", class_="post-item")

for item in items:
    title = item.find("span", class_="title").text.strip()
    excerpt = item.find("span", class_="excerpt").text.strip()

    titles.append(title)
    excerpts.append(excerpt)

df = pd.DataFrame({
    "Title": titles,
    "Excerpt": excerpts
})

print(df)
```

실행 결과에서 df의 내용을 테이블 형식으로 확인해보겠습니다.

그림 2.6 **테이블 형식으로 출력하기**

스크레이핑이 제대로 처리된 것을 확인할 수 있습니다.

다만 발췌 내용이 너무 길어 제대로 보기 어려운 문제가 있습니다. 이대로 두면 데이터베이스
에 저장할 때 필드 크기를 넘길 수 있습니다. 가능하면 길이를 100자 이내로 자르는 것이 좋
아, 수정을 요청해보겠습니다.

다음 코드를 수정해서 스크레이핑된 데이터를 데이터프레임 형태로 반환해주세요. 데이터프레임의 Excerpt의 길이가 100자를 넘을 경우, 뒤에 붙일 말줄임표를 포함해 앞에서 100자만 저장해주세요.

코드:

(앞의 코드를 복사해 여기에 붙여 넣습니다.)

다음은 수정한 프로그램입니다. 정규표현식을 사용하여 Excerpt에서 뒤에 붙일 말줄임표를 포함해 앞에서 100자에 해당하는 부분만 저장합니다.

```python
import re
import requests
from bs4 import BeautifulSoup
import pandas as pd

url = "https://jpub.tistory.com/category/출간%20전%20책%20소식"

res = requests.get(url)
soup = BeautifulSoup(res.content, "html.parser")

titles = []
excerpts = []

items = soup.find_all("div", class_="post-item")

for item in items:
    title = item.find("span", class_="title").text.strip()
    excerpt = item.find("span", class_="excerpt").text.strip()
    # 정규표현식을 이용해 100자가 넘을 경우, 97자만 남기고 뒤에 ...을 붙
입니다.
    pattern = r"^(.{1,97}).*$"
    replacement = r"\1..."
    excerpt = re.sub(pattern, replacement, excerpt)

    titles.append(title)
    excerpts.append(excerpt)
```

```python
df = pd.DataFrame({
    "Title": titles,
    "Excerpt": excerpts
})

print(df)
```

그림 2.7 **실행 결과**

잘 처리되었네요.

그럼 마지막으로 데이터프레임의 내용을 **CSV 파일**로 출력해보겠습니다.

 다음 코드를 수정해서 데이터프레임의 내용을 CSV 파일 jpub_newbooks_list.csv로 출력
해주세요.
코드:

(앞의 코드를 복사해 여기에 붙여 넣습니다.)

 다음은 수정한 프로그램입니다. 데이터프레임을 CSV 파일로 출력하기 위해 `to_csv()` 메서
드를 사용합니다.

```python
import re
import requests
from bs4 import BeautifulSoup
import pandas as pd
```

```python
url = "https://jpub.tistory.com/category/출간%20전%20책%20소식"

res = requests.get(url)
soup = BeautifulSoup(res.content, "html.parser")

titles = []
excerpts = []

items = soup.find_all("div", class_="post-item")

for item in items:
    title = item.find("span", class_="title").text.strip()
    excerpt = item.find("span", class_="excerpt").text.strip()
    # 정규표현식을 이용해 100자가 넘을 경우, 97자만 남기고 뒤에 ...을 붙
입니다.
    pattern = r"^(.{1,97}).*$"
    replacement = r"\1..."
    excerpt = re.sub(pattern, replacement, excerpt)

    titles.append(title)
    excerpts.append(excerpt)

df = pd.DataFrame({
    "Title": titles,
    "Excerpt": excerpts
})

# 데이터프레임을 CSV 파일로 출력합니다.
df.to_csv("jpub_newbooks_list.csv", index=False)
```

위의 프로그램을 실행하면 데이터프레임의 내용이 `jpub_newbooks_list.csv`라는 이름의
CSV 파일로 출력됩니다.

코드를 실행했다면, 구글 코랩의 좌측 아이콘 중에 파일 아이콘을 클릭해주세요. 슬라이더가
열리고 jpub_newbooks_list.csv가 생성된 것을 알 수 있습니다(파일 이름이 나타나지 않는 경우
에는 새로고침 아이콘을 클릭해 다시 확인해보기를 바랍니다). [jpub_newbooks_list.csv]를 더블
클릭해주세요.

그림 2.8 **결과 파일 생성**

오른쪽에 슬라이더가 열리면서 데이터 테이블로 내용을 확인할 수 있습니다.

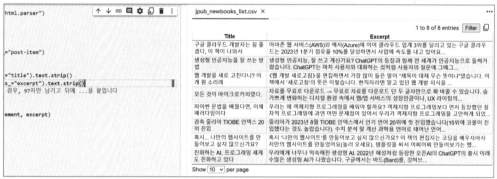

그림 2.9 **CSV 파일 내용 확인하기**

이와 같이 단계별로 쌓아 올리는 방법은 '프롬프트 + 코드' 형태라면 어떤 것에도 응용할 수 있습니다. 사용하기 쉬운 방법이므로 기억해두기를 바랍니다.

2.8 코드 변환

ChatGPT는 구문이 있고 참고 자료가 기존에 이미 존재한다면 대부분 그 내용을 번역할 수 있기 때문에 IT 현장에서 개발에 활용할 수 있습니다. 특히 코드를 번역한다는 의미를 추구한 끝에 서로 다른 프로그래밍 언어로 작성된 코드를 빠르게 전환할 수 있다는 것을 알게 되었습니다. 그 외의 데이터 변환에도 활용이 가능합니다.

2.8.1 SQL 버전이 달라도 두렵지 않다

언어에 따라서는 기본 사양은 같지만 구현에 따라 완전히 작성 방법이 다른 경우가 종종 있습니다. 그 대표적인 것이 바로 **SQL**입니다. **객체 관계 매핑**object-relational mapping, ORM을 통한 개발이 주류로 변하면서 지금은 직접 SQL을 작성하는 경우가 거의 없게 되었다고는 하지만, SQL은 아직 건재한데다 간단한 개발이라면 SQL을 직접 고쳐가며 작성하는 것이 더 효율적인 경우도 있습니다. 하지만 사용하는 데이터베이스 엔진에 따라 같은 처리임에도 구문이 제각기 다르다 보니 생각한 것처럼 잘되지 않았던 경험은 다들 있을 것입니다.

그때 ChatGPT로 코드로 변환하는 방법을 활용하면 편리합니다.

예를 들어 날짜의 연산이야말로 각각의 **데이터베이스 관리 시스템**database management system, DBMS에 따라 정말로 천차만별이어서, 언제나 '오라클Oracle의 경우에는 날짜 취급을 어떻게 했더라'와 같이 생각하는 일이 적지 않게 있습니다. 특히 데이터베이스를 이전하는 경우에는 SQL 구문 변환으로 고생합니다.

ChatGPT로 날짜를 변환해봅시다.

오늘로부터 7일 전 날짜를 구한다고 가정해보겠습니다. 오라클의 경우, 다음과 같이 처리할 수 있습니다.

```
SELECT SYSDATE - 7 FROM DUAL;
```

하지만 SQL 서버의 경우에는 어떨까요? 바로 다음과 같습니다.

```
SELECT DATEADD(DAY, -7, GETDATE());
```

작성 방법이 전혀 다릅니다. 단순히 제주 방언을 서울말씨로 바꾸는 것처럼 바꾸는 것은 불가능합니다. 이와 같이 거의 대부분의 데이터베이스 관리 시스템에는 통일되지 않은 방언이 반드시 사용됩니다.

이를 하나하나 기억하는 것도 큰일이며(만약 기억할 수 있다면 불세출의 천재일 것입니다), 공식 문서를 보고 차이점을 조사하는 것도 쉬운 일이 아닙니다. 그럴 때는 다음과 같은 프롬프트를 통해 일괄적으로 날짜 관련 처리 방법을 알려달라는 것이 좋습니다.

오라클, SQL 서버, MySQL, PostgreSQL, SQLite 등의 데이터베이스 관리 계통에서 각각 사용되는 날짜 연산의 차이점을 알려주세요.

다음과 같이 각각의 데이터베이스에 따른 사용 방법을 알려줍니다.

다음과 같이 오라클, SQL 서버, MySQL, PostgreSQL, SQLite의 날짜 연산에 관련된 차이점을 몇 가지 나열합니다.

날짜 더하기

오라클:

```
SELECT SYSDATE + 7 FROM DUAL;
```

SQL 서버:

```
SELECT DATEADD(DAY, 7, GETDATE());
```

MySQL:

```
SELECT DATE_ADD(NOW(), INTERVAL 7 DAY);
```

PostgreSQL:

```
SELECT CURRENT_DATE + INTERVAL '7 DAY';
```

SQLite:

```
SELECT DATETIME('now', '+7 day');
```

…생략…

주의점:
SQL 문은 데이터베이스에 따라 다르기 때문에 반드시 위의 작성 방법이 최적이라고 할 수는 없습니다.

기간의 산출에 대해 오라클에서는 MONTHS_BETWEEN() 함수를, SQL 서버에서는 DATEDIFF() 함수를, MySQL에서는 PERIOD_DIFF() 함수를, PostgreSQL에서는 DATE_PART() 함수를 사용합니다. SQLite에서는 식을 이용해 계산합니다.

이런 식으로 여러 가지 습관적인 구문을 정리해보면 '모든 데이터베이스 관리 계통에 대응하는 SQL 변환에 참고'할 수 있는 책이 한 권 나올 수도 있겠네요.

2.8.2 다른 프로그래밍 언어(또는 여러 개의 언어)도 쉽게 배울 수 있다

좋은 시대가 되었습니다. 여러분이 프로그래머라면 프로그래밍 언어를 하나 이상 알고 있을 것입니다. '하나가 극에 달하면 모든 곳으로 가는 길이 열린다'는 말은 예전에 고지식한 할아버지들께서 장기판을 둘러싸고 자주 하던 말인데 그 말은 사실입니다. 지금과 같은 시대이기에 그 말이 더더욱 살아 숨쉬는 것입니다. 만약 여러분이 파이썬을 사용할 수 있는 파이써니스타Pythonista라면 광속으로 다른 언어를 배울 수 있습니다. 이는 6장 '학습 과정에서의 활용'에서 다시 설명하겠지만, 가장 손쉬운 방법은 SQL 방언 처리 방법에서 설명했던 것과 마찬가지로 코드 변환과 비교를 하면 됩니다.

여기에 마법의 프롬프트가 있습니다.

저는 파이썬을 알고 있습니다. 책을 읽고 완전히 이해한 수준입니다. 이런 제가 Go를 배워야만 합니다. 여기서 파이썬의 기본 구문을 Go로 변환하여 비교하고 싶습니다. 이런 저에게 힘을 주세요.

이것은 어디까지나 하나의 예에 불과하지만, 요컨대 다음의 내용이 핵심입니다.

- 자신이 알고 있는 것은 무엇이고(파이썬, C 언어, PHP 등), 어느 정도 수준인가(자기 파악)?
- 어떤 것과 비교하고, 어떤 것을 변환하고 싶은가?
- 기본 구문, 응용 기술, 스레드, 웹 접근, 비동기 처리 등 원하는 정보를 확실히 전달하기

이것들을 확실히 정의하고 질문하면 폭포수처럼 다음의 답변이 나옵니다.

당연히 도와드리겠습니다! 파이썬에서 Go로의 전환은 새로운 언어에 익숙해질 필요가 있지만 두 언어가 서로 비슷한 태도를 견지하기 때문에 비교적 쉽게 전환할 수 있을 것입니다. 다음은 파이썬의 기초 구문을 Go 구문으로 전환한 예입니다.

- 변수 선언

파이썬:

```
x = 10
y = "hello"
```

Go:

```
var x int = 10
var y string = "hello"
```

또는 형을 지정하지 않고 선언할 수도 있습니다.

```
x := 10
y := "hello"
```

- 조건 분기

파이썬:

```
if x > 5:
    print("x is greater than 5")
elif x == 5:
    print("x is equal to 5")
else:
    print("x is less than 5")
```

Go:

```
if x > 5 {
    fmt.Println("x is greater than 5")
} else if x == 5 {
    fmt.Println("x is equal to 5")
} else {
    fmt.Println("x is less than 5")
}
```

- 순환문

파이썬:

```
for i in range(10):
    print(i)
```

Go:

```
for i := 0; i < 10; i++ {
    fmt.Println(i)
}
```

• 배열과 슬라이스
파이썬:

```
my_list = [1, 2, 3, 4, 5]
my_slice = my_list[2:4]
```

Go:

```
my_array := [5]int{1, 2, 3, 4, 5}
my_slice := my_array[2:4]
```

• 함수 정의
파이썬:

```
def add_numbers(x, y):
    return x + y
```

Go:

```
func add_numbers(x int, y int) int {
    return x + y
}
```

이것이 예입니다. 파이썬과 Go는 서로 비슷한 태도를 견지하기 때문에 파이썬의 기본 구문을 Go로 변환하는 것은 비교적 쉽습니다. 하지만 두 언어에는 몇 가지 차이점이 있기 때문에 자세한 내용은 공식 문서를 참조하는 것을 추천합니다.

이와 같이 기본 구문이라면 한 번에 비교하고 전환하여 설명해줍니다.

만약에 이상의 답변을 원한다면 다음과 같이 부탁하면 됩니다.

좀 더 예를 들어주세요.

이 '좀 더 예를 들어주세요'라는 마법의 주문을 입력하는 것만으로도, 마르지 않는 샘물처럼 계속 코드가 솟아 나옵니다. 이를 통해 언어 학습의 허들이 내려가고 학습 속도도 매우 빨라집니다. 마지막에 모아서 잘 정리하면 '파이써니스타를 위한 Go 언어 속성 학습 참고서'라는 제목으로 책을 한 권 쓸 수 있을지도 모릅니다. 따라서 프로그래밍 언어의 코드 변환은 지금 당장이라도 현장에서 큰 도움이 되는 수단 중 하나가 될 것입니다.

2.8.3 다른 언어에서도 작동하는 코드로 변환하기

파이썬에서 작동하는 코드가 있다고 가정해보겠습니다. 파이썬은 번역기interpreter라는 숙명으로 인해 파이썬이 설치된 환경이 아니면 코드가 작동하지 않습니다. 실행 방식으로 변환해주는 라이브러리도 있지만 실행 환경runtime environment도 포함해야 하기 때문에 그만큼 큰 파일이 생성됩니다. 그렇다고 해서 실행 형식이 생성되는 컴파일러 언어로 전환하려고 하면 새로 학습을 해야 할 뿐만 아니라 변경에 드는 비용이 너무 많이 들기 때문에 현실적이지 않습니다. 처음부터 다시 작성해가며 바꾸는 것도 가능한 방법 중 하나이긴 하지만 역시 비용 면에서 단점이 너무 많습니다.

코드 변환을 ChatGPT에 맡겨보겠습니다. 실제 예를 살펴봅시다. 모처럼의 기회이니 앞서 작성했던 스크레이핑 결과를 보여주는 파이썬 코드를 사용합니다.

 다음 코드는 어떤 사이트에서 정보를 스크레이핑하는 파이썬 코드입니다. 같은 기능을 가진 Go 언어의 코드로 변환해주세요.

(단계별로 쌓아 올리기 방식으로 생성한 코드를 복사해 여기에 붙여 넣습니다.)

다음과 같이 변환하여 코드를 생성했습니다.

 다음은 같은 기능을 가진 Go 언어의 코드입니다.

```go
package main

import (
    "fmt"
    "net/http"
    "regexp"
    "strings"

    "github.com/PuerkitoBio/goquery"
)

func main() {
    url := "https://jpub.tistory.com/category/출간%20전%20책%20소식"

    response, err := http.Get(url)

    if err != nil {
        fmt.Println("Error: ", err)
        return
    }

    defer response.Body.Close()

    document, err := goquery.NewDocumentFromReader(response.Body)

    if err != nil {
        fmt.Println("Error: ", err)
        return
    }

    titles := []string{}
    excerpts := []string{}

    document.Find(".post-item").Each(func(i int, s *goquery.Selection) {
        title := s.Find(".title").Text()
        excerpt := s.Find(".excerpt").Text()

        // 정규표현식을 이용해 100자가 넘을 경우, 97자만 남기고 뒤에
...을 붙입니다.
        re := regexp.MustCompile("^(.{97}).*")
        excerpt_new := re.ReplaceAllString(excerpt, "$1...")
```

```
        titles = append(titles, strings.TrimSpace(title))
        excerpts = append(excerpts, strings.TrimSpace(excerpt_new))
    })

    fmt.Println("Title\tExcerpt")

    for i := 0; i < len(titles); i++ {
        fmt.Printf("%s\t%s\n", titles[i], excerpts[i])
    }
}
```

이 Go 코드는 파이썬 코드와 동일하게 작동할 수 있도록, 파이썬 코드에서 사용하던 `requests` 라이브러리와 `BeautifulSoup` 라이브러리 대신에, `net/http` 패키지와 `goquery` 패키지를 사용합니다. Go의 경우, 슬라이스는 `append()` 함수를 사용해 확장됩니다. 또한 정규표현식을 사용하기 위해서는 `regexp` 패키지를 사용할 필요가 있습니다. 마지막으로, `Pandas` 대신에 `fmt` 패키지를 사용하여 `Tab` 구분 형식으로 데이터를 출력합니다.

이 코드를 gotest.go라는 파일로 저장합니다. 모듈이 필요하므로, `go mod init` 명령을 실행합니다. 필자는 `go mod init chgo`로 실행하였습니다. 이를 통해 `chgo`라는 이름의 새로운 go.mod 파일이 생성됩니다.

이어서 필요한 패키지를 설치합니다. `go get github.com/PuerkitoBio/goquery` 명령을 실행하면 `goquery` 패키지가 다운로드됩니다. 이로써 환경 설정의 준비가 끝났으므로 실행시켜봅시다.

```
go run gotest.go
```

결과는 다음과 같습니다.

```go
1   package main
2
3   import (
4       "fmt"
5       "net/http"
6       "regexp"
7       "strings"
8
9       "github.com/PuerkitoBio/goquery"
10  )
11
12  func main() {
13      url := "https://jpub.tistory.com/category/출간%20전%20책%20소식"
14
15      response, err := http.Get(url)
16
17      if err != nil {
18          fmt.Println("Error: ", err)
19          return
20      }
21
22      defer response.Body.Close()
23
24      document, err := goquery.NewDocumentFromReader(response.Body)
25
26      if err != nil {
27          fmt.Println("Error: ", err)
28          return
29      }
30
31      titles := []string{}
32      excerpts := []string{}
33
34      document.Find(".post-item").Each(func(i int, s *goquery.Selection) {
35          title := s.Find(".title").Text()
36          excerpt := s.Find(".excerpt").Text()
37
38          // 정규표현식을 이용해 100자가 넘을 경우, 97자만 남기고 뒤에 ...을 붙입니다.
39          re := regexp.MustCompile("^(.{97}).*")
40          excerpt_new := re.ReplaceAllString(excerpt, "$1...")
41
42          titles = append(titles, strings.TrimSpace(title))
43          excerpts = append(excerpts, strings.TrimSpace(excerpt_new))
44      })
45
46      fmt.Println("Title\tExcerpt")
47
48      for i := 0; i < len(titles); i++ {
49          fmt.Printf("%s\t%s\n", titles[i], excerpts[i])
50      }
51  }
52
```

```
PS D:\제이펍\Chat GPT> go run gotest.go
Title    Excerpt
개인 업무 자동화의 핵심, UiPath를 배워 보자      나만의 업무 자동화 프로세스 구축실무 밀착 업
예제를 담은 유아이패스 입문 & 활용마우스 클릭 한 번으로 펼쳐지는 업무 자동화 단순 반복 업무는
Path에 맡기고, 여러...
뛰어난 데이터 분석가가 되기 위해서       여러분이 온라인 음반 회사에 데이터 분석가로 취직했다
생각해봅시다. 상품 정보, 고객 정보, 직원 정보, 판매 데이터 등을 이용해 회사의 매출, 고객 통계
관리함은 물론 ...
러스트 봄이 오나 봄이 왔나 봄 봄이 왔나 봐  개발자들에게 사랑받는 러스트의 인기가 계속되
있습니다. 러스트는 처음에는 시스템 프로그래밍 언어로 설계되었다지만, 인간의 욕심은 끝이 없고
여기저기 러스트를 쓰는 시도가...
개발자에게 가장 중요한 코드 독해력을 올리는 프로파일링, 디버깅, 로깅 기법        소프트웨어 개
자가 실제로 하는 일이 무엇인지 생각해봅시다. 당연히 소프트웨어 구현이고, 따라서 코드를 작성하
일이라고 흔히 생각할 수 있습니다. 하지만 실제로 코딩은 개발...
자바스크립트 웹 개발 프레임워크의 스타, 스벨트 불과 2년 만에 인지도를 75%에서 94%로 끌어올린
픈 소스 프레임워크 스벨트는 많은 MZ 개발자에게 사랑을 받고 있습니다. 만약 아직 스벨트를 접해
트를 접해보지 못했다면 이 책으...
퀴즈로 디자인을 배울 수 있다고? 디자인을 배우면 업무, 취미, 실생활 등 내 삶에 놀라운 변화가 생깁니다.
디자인, 일상과 밀접하게 연결되어 있는 지식이지만 막상 배워야 한다고 하면 그 자체로 스트레스일 것...
서버 구축 없이 사이트를 만드는 방법        만약 온라인 서점 사이트를 만들려면 어떻게 해야 할까요? 자체적
으로 서버 등을 구축해 제공하는 온프레미스 방식, 서버를 빌리고, 호스팅 업체를 통해 운영하는 서드파티
호스팅 ...
자동화면 자동화지 초자동화는 뭐람?        이번에 제이펍에서 출간하는 따끈따끈한 신간을 소개합니다. 바로
〈 초자동화 시대가 온다 〉입니다. '초자동화(hyperautomation)'라니 낯선 단어죠? 이 단어가 널리 쓰...
PS D:\제이펍\Chat GPT>
```

그림 2.10 Go 코드 실행 결과

너무나도 간단하게 작동합니다. 이 코드를 `go build gotest.go`라는 명령으로 빌드하여, 실행 가능한 파일인 gotest.exe를 생성할 수 있습니다.

이와 같이 ChatGPT를 사용하여 다른 언어로 변환하는 것은 비용이 비교적 적게 드는 방법입니다. 얼마 전까지는 '속도 향상을 위해 C, C++로 다시 작성했습니다'라는 다소 콧대 높은 대사를 여기저기서 자주 볼 수 있었지만, 앞으로는 '속도 향상을 위해 ChatGPT가 Go로 변환해 줬어요~' 같은 경쾌한 대사가 많아지지 않을까요?

2.8.4 이것까지 된다고?

살짝 주제를 비껴가는 여담이지만 여러분은 **어셈블리어**assembly language를 사용해본 적이 있습니까? 맞습니다. 세로로 긴 수수께끼의 코드 덩어리를 말하는 것이 맞습니다. 어디서나 눈에 띄는 코드 작성의 선두주자라고 말해도 과언이 아닌 고대 언어입니다.

필자는 언젠가 코드 변환이 불가능할 것이라고 생각하고 취미로 사용했던 Z80이라는 프로세서의 **기계어**machine code를 ChatGPT에 해보았습니다. 그랬더니 코드가 출력되었습니다. 무엇인가 잘못되었다고 생각해, 새로운 대화를 열어서 다시 실행해보았더니 역시 기계어가 코드로 변환되었습니다.

이유를 알 수가 없었습니다(GPT-4를 추천합니다. GPT-4는 주소 변환까지 해줍니다).

> 다음과 같은 Z80 기계어 코드가 있습니다. 이것을 Z80 어셈블리어 코드로 변환해주세요. 또한 CALL28F[13]과 JR[14]은 레이블(label)로 지정해주세요. 만약 주석이 있을 경우, 각 코드의 오른쪽에 배치해주세요. 03F8h는 하나의 문자를 출력하는 주소로 기억합니다.
>
> 0000h: 21 0B 00 CD 0F 00 C9 48 65 6C 6C 6F 2C 20 77 6F

다음과 같이 출력되었습니다. 주소 변환이 제대로 되었습니다.

---

12 함수 호출 명령입니다.
13 Jump to Register를 뜻하며, CPU의 레지스터(register)로 점프하는 명령입니다.

다음은 주어진 Z80 기계어 코드를 Z80 어셈블리어 코드로 변환한 것입니다.

```
0000 210B00    LD HL, 000Bh          ; 메시지의 주소를 HL 레지스터에 적재
0003 CD0F00    CALL PrintMessage     ; 메시지 출력 루틴 호출
0006 C9        RET                   ; 프로그램 종료

; 메시지 데이터
0007 48656C6C6F2C20776F726C642100
               DB "Hello, world", 00h  ; NULL로 끝나는 문자열

; 메시지 출력 루틴
PrintMessage:
000F 7E        LD A, (HL)            ; 메모리에서 문자를 적재
0010 B7        OR A                  ; A = 0 여부 확인
0011 C8        RET Z                 ; A = 0이면 복귀
0012 CD1700    CALL PrintChar        ; 문자열 출력 루틴 호출
0015 23        INC HL                ; 메시지 포인터 증가
0016 18F4      JR PrintMessage       ; 다음 문자로 점프

; 문자 출력 루틴
PrintChar:
0018 32F803    LD (03F8h), A         ; 문자를 출력 포트에 쓰기
001B C9        RET                   ; 복귀
```

이 코드는 "Hello, world!"라는 문자열을 출력하는 짧은 Z80 어셈블리어 프로그램입니다.

역시나 굉장히 놀랐습니다.

이미 놀란 김에 C 언어로 변환하는 것도 할 수 있을 것 같아 다음과 같이 부탁했습니다.

 위의 어셈블리어 코드와 같은 의미의 처리를 C 언어로 다시 작성해주세요.

다음과 같이 C 언어 코드로 변환되었습니다.

다음은 주어진 Z80 어셈블리어 코드와 같은 기능을 가진 C 언어 코드입니다.

```c
#include <stdio.h>

// 문자 출력 함수
void print_char(char c)
{
    putchar(c);
}

// 메시지 출력 함수
void print_message(const char *message)
{
    while (*message != '\0')
    {
        print_char(*message);
        message++;
    }
}

int main()
{
    const char message[] = "Hello, world!";

    print_message(message);
    return 0;
}
```

이 C 언어 프로그램은 "Hello, world!"라는 문자열을 출력하기만 하는 간단한 프로그램입니다. print_char() 함수는 지정된 문자를 출력하며, print_message() 함수는 NULL로 끝나는 문자열을 순서대로 출력합니다. 주 함수 main은 print_message() 함수를 호출하여 메시지를 출력하고, 프로그램을 종료합니다.

잘못 생각한 것이 아니었습니다. 생각해보면 기계어의 연상 기호mnemonic도 설명서 같은 곳에 명기되어 있기 때문에 대형 언어 모델은 당연히 데이터로서 수집했을 것입니다. 그렇기에 기계어에서 **역어셈블**reverse assembling할 수 있는 것입니다.

정말 대단합니다.

이번 절에서 살펴본 것처럼 ChatGPT에 의한 코드 변환은 생각지도 못한 결과물을 기대할 수 있습니다. 여러분도 여러 가지를 시도해보고 새로운 변환 주문을 생각해보기를 바랍니다.

2.9 테스트 케이스에서 주의할 점

앞서 코드의 자동 생성에 대한 이야기를 하면서 테스트 코드도 동시에 생성할 수 있다고 했습니다. 하지만 여러 가지 테스트 방법이 있기 때문에 어떤 것이 좋은가는 말할 수는 없습니다. 만약 특정 개발 프로젝트에 속해 있다면 팀에서 사용하는 테스트를 사용할 수밖에 없습니다.

이 책에서는 `unittest`를 이용해 테스트 코드를 작성합니다.

파이썬에서 테스트 코드를 작성하는 경우 `pytest`가 주류를 형성하지만, **구글 코랩**Google Colab 에서는 이를 사용하기가 불편합니다. `pytest`는 기본적으로 파일을 대상으로 검색한 후 테스트 코드를 찾아 실행하는 것이 주된 사용 방법이기 때문에, 구글 코랩과 같은 셀 단위 실행 환경에는 적합하지 않습니다. 반면 파이썬 표준인 `unittest`는 셀 단위로 실행할 수 있기 때문에 구글 코랩에서 이용하기 편리합니다.

```
unittest.main(argv=['first-arg-is-ignored'], exit=False, verbosity=2)
```

이 코드를 구글 코랩의 셀에서 실행하면 이전에 작성했던 테스트 코드가 자동으로 실행됩니다.

`argv=['first-arg-is-ignored']`는 실제로는 사용되지 않는 가짜 인수dummy parameter입니다. 일반적인 파이썬 스크립트에서 `argv`의 첫 요소는 스크립트 이름이며, 가짜 인수를 통해 동일한 작동을 모방하기 위해 사용됩니다. 즉 주술을 거는 것이라고 생각해주세요.

`exit` 값은 테스트가 완료되더라도 프로세스를 종료하지 않기 위해 `False`를 지정합니다. 구글 코랩에서는 테스트가 완료되더라도 노트북의 세션을 유지해야 하기 때문에 이렇게 지정하는 것이 좋습니다. 이것도 그냥 주술이라고 생각해주세요.

만약 특정 테스트를 실행하고 싶을 경우에는 `argv`의 두 번째 매개변수에 테스트 클래스를 지정합니다. 예를 들어 `TestMyFunction`이라는 테스트만 실행하고 싶다면 다음과 같이 지정합니다.

```
unittest.main(argv=['first-arg-is-ignored', 'TestMyFunction'], exit=False)
```

테스트 메서드까지 지정하고 싶을 경우에는 다음과 같이 지정합니다.

```
unittest.main(argv=['first-arg-is-ignored', 'TestMyFunction.test_addition'],
exit=False)
```

상세 내용을 표시하고 싶은 경우에는 다음과 같이 `verbosity=2`를 지정합니다.

```
unittest.main(argv=['first-arg-is-ignored', 'TestMyFunction'], exit=False,
verbosity=2)
```

이 장에서 다루었던 ChatGPT가 생성한 파이썬 코드는 다음의 깃허브 저장소에 있습니다. 내용을 복사하여 구글 코랩에 붙여 넣거나 가져오기를 실행하면 코드를 실행할 수 있습니다.

- https://github.com/Choonholic/jpub_chatgpt/tree/main/notebooks

3

리팩터링에서의 활용

圖難於其易 爲大於其細

天下難事必作於易 天下大事必作於細。

어려운 것은 쉬운 것부터 시작하고

큰 것은 작은 것부터 대처한다.

큰 문제라는 것은 반드시

쉽고 사소한 것에서 시작되는 것이다.

노자《도덕경》 63장에서)

리팩터링은 잘되고 있나요?

리팩터링refactoring이란 소프트웨어의 코드를 개선하는 과정으로서 코드의 가독성readability, 효율성efficiency, 유지보수성을 향상시키는 것이 목적입니다. 리팩터링을 거치더라도 프로그램의 작동과 기능은 바뀌지 않으며, 내부 구조만 개선하게 됩니다. 결과적으로 다른 개발자가 코드를 이해하기 쉬워지기 때문에 버그를 찾고 수정하기 쉬워집니다. 리팩터링은 소프트웨어 개발 주기에서 연속적으로 진행되는 것입니다. 정기적으로 리팩터링을 하면 프로젝트의 품질을 유지하고 추후 발생할 기술 부채를 방지할 수 있습니다. 장기적인 관점에서 보면 이것은 투자일 뿐만 아니라 개발 효율과 소프트웨어 품질이 향상되면서 결과적으로 이익으로 연결됩니다. 하지만 많은 IT 기업에서는 자원과 시간의 제약으로 리팩터링에 충분한 공수를 할애하지 못합니다. 따라서 '공수를 확보하기 어려운 필수 공정'이라고 할 수 있습니다. 개발자는 버그를 수정하는 짧은 시간에 별도의 시간을 확보하여 리팩터링을 해야 하는 경우가 종종 생깁니다.

결국 개발 현장에서 리팩터링은 '개발자의 선의와 자존심'을 통해 이루어진다고도 할 수 있습니다. 선의의 입장에서는 유지보수성과 품질을 향상시키는 것이 목적이지만, 자존심을 이야기하자면 자신이 작성한 낮은 품질의 코드를 야생으로 내보내고 싶지 않은 건 아닐까요?

지금까지 암묵적인 이해관계로 방치되던 것이 리팩터링이 지닌 문제점이었지만, 여기에 ChatGPT라는 하나의 새로운 기둥을 더하게 되면 상황이 바뀝니다. ChatGPT의 위력을 리팩터링에 활용하면 지금까지 입 밖으로 꺼내지 못했던 것을 해결할 수 있는 실마리가 될 것이라고 생각합니다.

3장에서는 일반적인 리팩터링 방법인 함수의 분할, 변수 이름과 함수 이름의 개선, 코드의 중복 제거와 같은 자주 하는 작업을 시작으로, 주석 작성과 문서화를 충실하게 하는 방법 등을 설명합니다. 이 정도로도 리팩터링으로서 의미가 있지만 시간이 된다면 예외 처리와 논리 완전성의 개선도 하는 것이 좋습니다. ChatGPT로 자주 리팩터링을 진행해 자투리 시간이나 디버깅 시간에 즐겁게 리팩터링하는 방법을 알아봅시다.

3.1 자투리 시간에 가볍게 리팩터링하기

지금부터 설명하는 리팩터링은 자투리 시간에 단계별로 실행하는 것이 좋습니다. 대규모로 변경하는 대신 작은 변경을 반복하는 것입니다. 이를 통해 최소한 코드의 품질을 조금씩 향상시킬 수 있습니다. 지금까지 귀찮고 번거로웠던 작업을 ChatGPT에 대신 맡기면서도 손해 보지 않고 리팩터링이 가능하다는 것을 아는 것이 중요합니다.

먼저 함수를 적절한 크기로 쪼개고, 변수 이름과 함수 이름을 알기 쉽게 개선하는 것부터 시작합시다.

3.1.1 함수 분할

필자는 예전부터 개발할 때 함수 분할을 자주 했지만, ChatGPT가 있다면 아무 때나 적당한 시기에 요청해야 합니다. 함수 분할을 하면 코드의 가독성이 높아질뿐만 아니라 버그 수정에도 효과가 있습니다. 예를 들어 다음과 같은 코드가 있다고 가정해보겠습니다.

```python
def process_data(data):
    # 1단계: 데이터 처리
    cleaned_data = []

    for item in data:
        cleaned_item = item.strip()
        cleaned_data.append(cleaned_item)

    # 2단계: 데이터 필터링
    filtered_data = []

    for item in cleaned_data:
        if len(item) > 5:
            filtered_data.append(item)

    # 3단계: 데이터 변환
    transformed_data = []

    for item in filtered_data:
        transformed_item = item.upper()
```

```
        transformed_data.append(transformed_item)

    return transformed_data

data = ["apple", "banana", "orange", "grape", "kiwi"]
result = process_data(data)
print(result)
```

파이썬으로 함수를 프로그래밍했지만, 그것을 좀 더 작고 좀 더 초점을 맞춘 함수로 리팩터링하고 싶습니다. 다음은 원본 코드입니다.

(앞의 코드를 복사해 여기에 붙여 넣습니다.)

이 코드를 가독성에 중점을 두고 처리하는 함수 안에서 충족시키며 좀 더 작으면서도 초점을 맞춘 함수로 분해해 리팩터링하는 것을 도와주세요.

```
def clean_data(data):
    return [item.strip() for item in data]

def filter_data(data):
    return [item for item in data if len(item) > 5]

def transform_data(data):
    return [item.upper() for item in data]

def process_data(data):
    cleaned_data = clean_data(data)
    filtered_data = filter_data(cleaned_data)
    transformed_data = transform_data(filtered_data)
    return transformed_data

data = ["apple", "banana", "orange", "grape", "kiwi"]
result = process_data(data)
print(result)
```

꽤나 깔끔하게 바뀌어 가독성도 좋아졌습니다. 자동적으로 작성된 함수도 주석조차 필요 없을 정도로 의미가 확실하게 바뀌었습니다. 또한 `for` 문으로 순환하던 부분도 내포(컴프리헨션) comprehension 방식으로 바뀌어 코드의 양도 줄어들었습니다.

3.1.2 변수 이름과 함수 이름의 개선

함수 이름과 변수 이름은 나중에 바꾸려고 하면 큰 작업이 됩니다. 다음 코드를 예로 들겠습니다. ChatGPT는 무엇을 중점으로 둘까요?

```python
def calc(a, b):
    s = a + b
    d = a - b
    m = a * b
    q = a / b
    return s, d, m, q

x = 10
y = 5
result = calc(x, y)
print(result)
```

파이썬으로 작성된 코드로, 함수 이름과 변수 이름이 명확하지 않은 점이 있어 읽기 쉽도록 개선할 필요가 있습니다. 다음은 원본 코드입니다.

(앞의 코드를 복사해 여기에 붙여 넣습니다.)

좀 더 의미 있는 설명적인 함수 이름과 변수 이름을 너무 길지 않도록 변경하여 이 코드를 리팩터링하는 것을 도와주세요.

```python
def calculate_operations(num1, num2):
    sum_result = num1 + num2
    difference_result = num1 - num2
    multiplication_result = num1 * num2
    division_result = num1 / num2
```

```
        return sum_result, difference_result, multiplication_result,
    division_result

    first_number = 10
    second_number = 5
    result = calculate_operations(first_number, second_number)
    print(result)
```

확실히 구체적인 함수 이름과 변수 이름이 되었습니다. 코드를 처음 작성할 때 결과에 집중한 나머지 함수 이름과 변수 이름은 대충 적당한 것으로 할당했다가 테스트를 통과한 시점이 되면 안도감을 느끼며 이름 정리를 잊고 그대로 둔 경우가 많지 않나요? 여기서 한 번 가독성을 높이는 의미로 미리 리팩터링을 하면 나중에 후회할 일이 줄어들 것입니다.

3.1.3 중복 제거

필자는 의도치 않게 중복된 코드를 작성한 적이 있습니다. 다음과 같이 예를 들어보겠습니다. ChatGPT는 중복을 어떻게 처리할까요?

```python
def print_invoice(invoice_data):
    total = 0

    for item in invoice_data:
        total += item['price'] * item['quantity']
        print(f"{item['name']} x {item['quantity']} = {item['name'] * item['quantity']}")

    tax = total * 0.1
    grand_total = total + tax
    print(f"Total: {total}")
    print(f"Tax (10%): {tax}")
    print(f"Grand Total: {grand_total}")

def print_receipt(receipt_data):
    total = 0

    for item in receipt_data:
        total += item['price'] * item['quantity']
        print(f"{item['name']} x {item['quantity']} = {item['name'] * item['quantity']}")
```

```
    tax = total * 0.1
    grand_total = total + tax
    print(f"Total: {total}")
    print(f"Tax (10%): {tax}")
    print(f"Grand Total: {grand_total}")
```

`print_invoice()`와 `print_receipt()`는 같은 형태의 합계 처리를 합니다.

이제 ChatGPT의 프롬프트에 입력해보겠습니다.

다음과 같은 파이썬 코드가 있습니다. 중복된 코드가 있다면 코드를 리팩터링하는 것을 도와
주세요.

(앞의 코드를 복사해 여기에 붙여 넣습니다.)

중복된 영역을 특정하고 가능하다면 그것들을 단일 기능 또는 클래스로 통합하는 방법을 제안
해주세요.

```
def print_order(order_data):
    total = 0

    for item in order_data:
        total += item['price'] * item['quantity']
        print(f"{item['name']} x {item['quantity']} = {item['name'] * item
['quantity']}")

    tax = total * 0.1
    grand_total = total + tax
    print(f"Total: {total}")
    print(f"Tax (10%): {tax}")
    print(f"Grand Total: {grand_total}")

def print_invoice(invoice_data):
    print_order(invoice_data)

def print_receipt(receipt_data):
    print_order(receipt_data)
```

`print_order()` 함수는 항목의 목록을 순환하면서, 가격, 수량, 합계, 세금, 세후 합계 금액을 계산하고, 그 결과를 출력하여 코드 중복을 줄입니다. 따라서 `print_invoice()` 함수와 `print_receipt()` 함수는 `print_order()` 함수를 호출하는 역할로 바뀌어 쓸데없이 길었던 코드가 하나로 통합되고 코드 관리가 편리하게 바뀌었습니다.

3.2 주석과 문서화

주석comment의 존재 여부에 따라 코드의 가독성과 재사용성이 달라집니다. 주석이 하나도 없는 다른 사람의 코드를 디버깅하거나 수정해본 적이 있을 겁니다. 주석을 작성하지 않는다는 것은 그 감각을 다른 사람에게 강요하는 것과 마찬가지입니다. 좋고 나쁨을 떠나서 적어도 주석을 나중에 작성하는 작업이 필요하다면 리팩터링 작업은 빠르게 처리할 수 있을뿐만 아니라 코드 자체가 수정되는 것이 아니므로 부담 없이 시도할 수 있습니다.

코드를 작성하는 동안에는 자신이 알고 있으면 충분하기 때문에 주석에 신경 쓰지 않고 코드를 일사천리로 작성하고, 주석은 마지막에 작성하면 충분합니다. 주석을 과하게 작성하는 것은 오히려 코드를 읽기 힘들어질 수 있으므로 주의해야 합니다.

3.2.1 인라인 주석을 추가해달라고 하기

주석에는 각 행에 추가하는 **블록 주석**block comment과 각 단계에 추가하는 **인라인 주석**inline comment이 있습니다. 코드의 각 부분에 인라인 주석을 추가하는 프롬프트의 예를 들어보겠습니다. 다음과 같은 코드가 있다고 봅시다. 간단한 코드지만 보자마자 무엇을 하는 코드인지 단번에 파악하는 것은 쉽지 않습니다. 그렇다면 ChatGPT는 어디까지 대응할 수 있을까요?

```python
def process_data(data):
    result = []

    for item in data:
        if item % 2 == 0:
            result.append(item * 2)
        else:
            result.append(item * -1)
```

```
    return result

data = [1, 2, 3, 4, 5]
processed_data = process_data(data)
print(processed_data)
```

ChatGPT의 프롬프트에 입력해보겠습니다.

다음 파이썬 코드에 한국어로 인라인 주석을 추가해 코드의 가독성을 향상시켜주세요. 리팩터링을 통해 이해하기 쉽도록 적절한 주석을 제안해주세요.

(앞의 코드를 복사해 여기에 붙여 넣습니다.)

```python
def process_data(data):
    result = []  # 결과를 저장하기 위한 빈 배열을 초기화

    # 입력 데이터의 각 요소에 대해 반복 처리
    for item in data:
        # 요소의 홀짝수를 확인
        if item % 2 == 0:
            # 짝수인 경우, 값을 2배로 바꿔 결과 목록에 추가
            result.append(item * 2)
        else:
            # 홀수인 경우, 값을 음수로 바꿔 결과 목록에 추가
            result.append(item * -1)

    return result  # 처리된 데이터를 반환

# 예제 입력 데이터
data = [1, 2, 3, 4, 5]
# process_data() 함수를 사용하여 입력 데이터 처리
processed_data = process_data(data)
# 처리된 데이터를 출력
print(processed_data)
```

이 정도의 수정만으로도 소스를 보자마자 무엇을 하는 함수인지 알 수 있게 되어 가독성이 좋아졌습니다. ChatGPT는 해당 작업을 순식간에 해주기 때문에 활용하지 않을 이유가 없습니다. 추가로 블록 주석도 함께 추가했는데, ChatGPT에게는 같은 의미인 듯합니다.

3.2.2 함수 문서를 추가해달라고 하기

문서화도 결국 주석의 일종입니다. 대부분 언어에는 주석을 작성하는 수준에 따라 문서화를 지원하는 기능이 있습니다.

파이썬은 문서화를 함수, 클래스, 모듈에 녹여내는 것이 가능한 **독스트링**docstring이라는 특별한 문자열이 있습니다. 함수 정의 바로 아래에 작성하는 **삼중 큰따옴표**(""")로 둘러싸인 문자열입니다. 이 독스트링은 사실 함수의 설명으로 표시되는 기능을 제공합니다.

파이썬의 내장 함수인 `help()`를 사용하면 함수의 독스트링이 표시됩니다. 또한 대화형 셸(REPL)이나 주피터 노트북Jupyter Notebook 등과 같은 통합 개발 환경에서는 `?`를 함수 이름 앞뒤에 붙여서 함수의 독스트링을 표시할 수 있습니다.

이 기능을 이용하면 함수의 설명이나 사용 방법, 매개변수의 지정 방법을 알 수 있기 때문에 매우 편리합니다. 그림 3.1은 구글 코랩에서 설명하는 `open()` 함수입니다. 셀에 `open?`이라고 입력하면 도움말 화면이 열리고 그 안에 설명이 표시됩니다. 반면 `help(open)`이라고 실행하면 결과 셀에 설명이 표시됩니다.

그림 3.1 함수 도움말

독스트링을 이용한 함수 설명을 구현해달라고 요청해보겠습니다. 앞의 코드에서 필요한 함수 부분을 복사해 프롬프트에 붙여 넣습니다.

다음 파이썬 함수에 대해 함수의 작동, 입력 매개변수, 반환값을 설명하는 적절한 독스트링을 작성해주세요.

```python
def process_data(data):
    result = []

    for item in data:
        if item % 2 == 0:
            result.append(item * 2)
        else:
            result.append(item * -1)

    return result
```

 다음과 같이 지정된 파이썬 함수에 대해 적절한 독스트링을 작성했습니다.

```python
def process_data(data):
    """
    주어진 정수 리스트의 각 요소에 대해 처리를 진행해, 새로운 리스트를 생성
    합니다.
    짝수 요소는 2배로 만들고, 홀수 요소는 음수로 반전시킵니다.

    Parameters:
    data (list of int): 처리 대상인 정수 리스트

    Returns:
    list of int: 처리 결과의 정수 리스트
    """
    result = []

    for item in data:
        if item % 2 == 0:
            result.append(item * 2)
        else:
            result.append(item * -1)

    return result
```

이 독스트링에서는 `process_data()` 함수의 작동, 입력 매개변수, 반환값을 설명합니다. 이를 통해 이 함수를 사용하는 다른 개발자가 함수의 목적과 사용 방법을 보다 쉽게 이해할 수 있게 됩니다.

결과 코드를 복사해 구글 코랩에 붙여 넣어 함수를 실행하고, `help(process_data)`를 실행해 보았습니다.

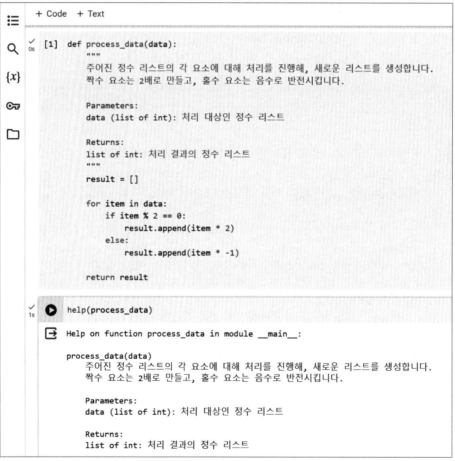

```
[1] def process_data(data):
        """
        주어진 정수 리스트의 각 요소에 대해 처리를 진행해, 새로운 리스트를 생성합니다.
        짝수 요소는 2배로 만들고, 홀수 요소는 음수로 반전시킵니다.

        Parameters:
        data (list of int): 처리 대상인 정수 리스트

        Returns:
        list of int: 처리 결과의 정수 리스트
        """
        result = []

        for item in data:
            if item % 2 == 0:
                result.append(item * 2)
            else:
                result.append(item * -1)

        return result
```

```
help(process_data)
```

```
Help on function process_data in module __main__:

process_data(data)
    주어진 정수 리스트의 각 요소에 대해 처리를 진행해, 새로운 리스트를 생성합니다.
    짝수 요소는 2배로 만들고, 홀수 요소는 음수로 반전시킵니다.

    Parameters:
    data (list of int): 처리 대상인 정수 리스트

    Returns:
    list of int: 처리 결과의 정수 리스트
```

그림 3.2 **작성한 독스트링 확인**

함수 설명이 제대로 출력되었습니다. 독스트링을 작성하면 `help()` 기능을 사용하지 않더라도 함수 정의 바로 아래에 설명 주석이 있기 때문에 함수의 의미와 기능을 알기 쉽습니다. 파이썬뿐만 아니라 다른 언어에도 이와 비슷한 문서화 기능이 있기 때문에 그 사양에 따르면 됩니다.

전문 지식이 없다면 무심코 작성한 코드가 보안적으로 문제가 있는지 바로 파악하기 어렵습니다. 코드 리뷰 시점에 발견되기도 하지만, 그 역시 관련 지식을 가진 사람이 리뷰해야 가능한 것입니다. 그렇다면 관련 지식이 없는 사람들이 코드 리뷰를 하면 어떻게 될까요? 당연히 제대로 된 보안 처리가 어려울 것입니다.

기본적인 보안 점검을 ChatGPT에게 물어보는 것이 좋으며, 어느 정도 수준까지는 취약성을 발견할 수 있습니다. 예를 들어 다음과 같은 코드가 있다고 가정해보겠습니다.

```python
import sqlite3

def get_user(username):
    connection = sqlite3.connect('my_database.db')
    cursor = connection.cursor()

    cursor.execute(f"SELECT * FROM users WHERE username='{username}'")
    user = cursor.fetchone()

    return user
```

데이터베이스를 조회하여 사용자 정보를 가져오는 일반적인 코드입니다. 이 코드의 어디에 취약성이 있는지 아시겠습니까? 이에 대해 알고 있는 개발자라면 코드 리뷰에서 바로 "SQL 주입 공격SQL injection을 받을 수 있잖아요. 이 코드는 엉망이에요"라고 답할 것입니다.

이제 다음과 같은 프롬프트를 통해 ChatGPT에게 질문해보겠습니다(보안은 진지하게 점검해야 하는 사항이기에 GPT-4를 사용하였습니다).

파이썬으로 작성된 다음 코드가 있습니다. 보안 취약성이 없는지 점검하고, 있는 경우에는 그것을 지적하고 가능하다면 수정안을 제안해주세요.

(앞의 코드를 복사해 여기에 붙여 넣습니다.)

ChatGPT는 다음과 같이 답했습니다.

 당신이 제공한 코드는 SQL 주입 공격이라고 불리는 취약성을 포함합니다. 사용자 이름에 SQL 구문을 포함한 문자열(예를 들면 `"admin'; DROP TABLE users; --"`)을 던지면, 의도치 않은 SQL 명령이 실행될 가능성이 있습니다.

이를 해결하기 위해서 SQL 구문을 조합할 때 매개변수화 요청(parameterized query)을 사용하면 될 것입니다. 매개변수화 요청은 SQL 구문과 매개변수를 따로 처리하기 때문에 SQL 주입 공격을 방어하는 것이 가능합니다.

다음은 수정 후의 코드입니다.

```python
import sqlite3

def get_user(username):
    connection = sqlite3.connect('my_database.db')
    cursor = connection.cursor()

    # 문자열 형식 대신 매개 변수화된 요청 사용
    cursor.execute("SELECT * FROM users WHERE username=?", (username,))
    user = cursor.fetchone()

    return user
```

이 코드에서는 `cursor.execute()` 메서드의 두 번째 매개변수에 매개변수의 튜플(tuple)을 전달합니다. 이러한 처리를 통해 `username`의 값이 SQL 구문으로서 해석되는 일을 방지할 수 있습니다.

다음의 예를 소개해보겠습니다. 파이썬의 `eval()` 함수는 텍스트를 실행하고 계산해주기 때문에 자주 활용되는 함수입니다. 하지만 위험한 함수도 걸러지지 않고 바로 실행할 수 있어 애플리케이션을 릴리스release했을 때 그 부분이 그대로 보안 구멍security hole이 됩니다. ChatGPT는 어떻게 점검할까요? 물어보겠습니다.

파이썬으로 작성된 다음 코드가 있습니다. 보안 취약성이 없는지 점검하고, 있는 경우에는 그것을 지적하고 가능하다면 수정안을 제안해주세요.

```python
def calculate(expression):
    return eval(expression)

result = calculate("1 + 2")
print(result)
```

ChatGPT는 다음과 같이 답했습니다.

파이썬의 `eval()` 함수는 문자열로 전달된 파이썬 표현식을 평가하고 실행합니다. 하지만 `eval()` 함수는 잠재적으로 보안 위험(security risk)을 가지고 있기 때문에 주의 깊게 사용하지 않으면 안 되는 함수입니다. 이것은 `eval()`이 전달된 문자열을 그대로 실행하기 때문에 악의가 있는 코드가 실행될 가능성이 있기 때문입니다.

다음은 `eval()`을 사용하는 코드의 예입니다.

```python
def calculate(expression):
    return eval(expression)

result = calculate("1 + 2")
print(result) # Outputs: 3
```

이 코드는 단순한 계산식을 평가할 때는 문제가 없지만 사용자로부터의 입력을 있는 그대로 `eval()`에 전달할 경우 악의를 가진 사용자에 의해 임의의 파이썬 코드가 실행될 가능성이 있습니다. 예를 들면 사용자가 `"__import__('os').system('rm -rf /')"`와 같은 문자열을 전달하면 시스템의 모든 파일이 전부 삭제되어 버릴 위험이 있습니다.

`eval()`을 안전하게 사용하기 위한 리팩터링은 `eval()`의 사용을 피하고 적절한 파싱(parsing) 처리를 하는 것입니다. 계산식을 평가할 필요가 있는 경우에는 전용 수식 파서 라이브러리(예를 들면 `sympy` 등)를 사용하면 될 것입니다.

또한 부득이하게 `eval()`을 사용해야만 하는 경우 `eval()`의 두 번째 매개변수에 사전(dictionary)을 지정하여 사용 가능한 이름 공간(namespace)을 제한하는 것도 하나의 대책이 될 수 있습니다.

```
def calculate(expression):
    return eval(expression, {"__builtins__": None})

result = calculate("1 + 2")
print(result)
```

이 코드에서는 `eval()`의 두 번째 매개변수에 빈 사전을 전달하기 때문에 `eval()` 내에서 내장 함수의 이용이 제한됩니다. 하지만 이 방법으로도 완전한 보안이 보장되는 것은 아니기 때문에 가능하면 `eval()`의 사용은 반드시 피할 수 있습니다.

전적으로 동의하는 바입니다.

한 가지만 더 살펴보겠습니다. 다음은 이름이 주어진 파일의 내용을 읽는 코드로, 고등학생이 작성했다고 해도 무방할 정도로 어디에나 있는 평범한 코드입니다.

```
def read_user_file(filename):
    with open(filename, 'r') as file:
        print(file.read())
```

하지만 다음과 같이 `filename`이 사용자가 직접 입력한 파일 이름이라면 어떨까요?

```
filename = input("파일 이름을 입력해주세요: ")

def read_user_file(filename):
    with open(filename, 'r') as file:
        print(file.read())
```

파일 이름을 직접 입력받는다는 것 하나만으로 상황이 급변합니다. **디렉터리 탐색 접근 공격** directory traversal attask의 먹잇감이 되기 때문인데, 다시 말해 얼마든지 /etc/password라거나 ../.env와 같은 디렉터리의 내용을 읽을 수 있게 됩니다. 상당히 위험하지 않습니까?

이에 대해 ChatGPT가 어떤 조언을 줄지 확인해봅시다.

파이썬으로 작성된 다음 코드가 있습니다. 보안 취약성이 없는지 점검하고, 있는 경우에는 그것을 지적하고 가능하다면 수정안을 제안해주세요.

(앞의 코드를 복사해 여기에 붙여 넣습니다.)

제시된 코드는 사용자로부터 직접 파일 이름을 받아 그 파일을 열기 때문에, 잠재적인 취약성을 가집니다. 특히 디렉터리 탐색 접근 공격의 대상이 될 가능성이 있습니다. 이 공격은 공격자가 악의를 가진 파일 이름을 제공하면, 예상 범위 바깥의 디렉터리에 접근하거나, 중요한 파일을 조작하는 것이 가능합니다.

이 문제를 해결하기 위해서는 파일 이름에서 위험한 부분을 제거(sanitizing)하거나 신뢰할 수 있는 목록에서 선택하게 하는 등의 방법을 통해 사용자가 안전하지 않은 파일 이름을 제공하는 것을 반드시 막아야 합니다. 파이썬의 `os.path` 모듈에 있는 `basename()` 함수는 경로에서 파일 이름을 얻을 때 효과적입니다.

다음은 이 함수를 사용하여 파일 이름에서 위험한 부분을 제거하도록 수정하는 예입니다.

```python
import os

filename = input("파일 이름을 입력해주세요: ")

def read_user_file(filename):
    # 파일 이름에서 위험한 부분 처리
    filename = os.path.basename(filename)
    with open(filename, 'r') as file:
        print(file.read())

# 함수 실행
read_user_file(filename)
```

이 수정을 통해 사용자가 지정 가능한 파일은 현재 디렉터리 내부로 제한됩니다. 이 방법으로 디렉터리 탐색 접근 공격을 막을 수 있습니다.

하지만 가장 안전한 방법은 가능한 한 사용자로부터 직접 파일 이름을 입력받지 않는 것입니다. 사용자로부터의 입력은 신뢰할 수 없기 때문에, 항상 신중하게 처리할 필요가 있습니다.

매우 평범한 코드도 절대 방심할 수 없는 법입니다.

3.4 예외 처리와 논리 완전성 개선

3.4.1 예외 처리 개선

필자는 코드가 완성되기 전까지는 **예외 처리**exception handling에 대해 애초에 없었던 것처럼 관심을 갖지 않습니다. 테스트 코드를 실행했을 때 오류가 발생하면 그때마다 대응해서 최종적으로 오류 처리가 포함된 코드를 만들어낸다는 단계를 밟지만, 오류 처리가 누락되는 경우가 많습니다. 하지만 ChatGPT를 사용하면 오류가 발생할 가능성이 있는 코드를 확인하고 수정할 때 도움을 받을 수 있습니다.

먼저 다음과 같은 코드가 있다고 가정해보겠습니다.

```
def divide_numbers(x, y):
    return x / y
```

다음과 같은 프롬프트로 리팩터링을 요청합니다.

파이썬으로 작성된 코드가 있습니다. 적절하게 오류 처리가 되어 있는지 확인하고, 부적절한 경우에는 그것을 지적하고, 가능하다면 수정안을 제안해주세요. 다음에 코드가 있습니다.

(앞의 코드를 복사해 여기에 붙여 넣습니다.)

이 코드는 두 개의 매개변수를 받아 x를 y로 나누는 간단한 함수입니다. 하지만 이 코드에는 오류 처리가 전혀 되어 있지 않기 때문에 특정 상황에서 오류가 발생합니다.

y가 0인 경우 `ZeroDivisionError`가 발생합니다. x 또는 y가 숫자가 아닌 경우(문자열이나 `None` 등), `TypeError`가 발생합니다.

이러한 문제를 해결하기 위해 적절한 오류 처리를 추가해야 합니다. 다음은 수정 후의 코드입니다.

```python
def divide_numbers(x, y):
    try:
        return x / y
    except ZeroDivisionError:
        print("Error: Cannot divide by zero.")
        return None
    except TypeError:
        print("Error: x and y must be numbers.")
        return None
```

이 수정 버전에서는 예외 처리 구조를 사용하여 오류를 낚아채 적절한 오류 메시지를 출력합니다. 오류가 발생한 경우, 함수는 None을 반환합니다.

다음 질문은 자주 있는 파일 관련 오류 처리입니다. 귀찮아서 오류 처리를 뒤로 미루게 되는 전형적인 예입니다.

파이썬으로 작성된 코드가 있습니다. 적절하게 오류 처리가 되었는지 확인하고 부적절한 경우에는 그것을 지적하고, 가능하다면 수정안을 제안해주세요. 다음에 코드가 있습니다.

```python
def read_file(file_path):
    file = open(file_path, 'r')
    content = file.read()
    file.close()
    return content
```

ChatGPT의 답변은 다음과 같습니다.

이 코드는 지정된 파일 경로에서 파일을 읽어 그 내용을 반환하는 간단한 함수입니다. 하지만 이 코드에는 오류 처리가 전혀 되어 있지 않기 때문에 특정 상황에서 오류가 발생합니다.

1. 파일 경로가 존재하지 않는 경우 FileNotFoundError가 발생합니다.

2. 파일이 읽기 전용 또는 다른 프로세스에 의해 잠겨 있는 경우 `PermissionError`가 발생합니다.

이러한 문제를 해결하기 위해 적절한 오류 처리를 추가해야 합니다. 또한 `with` 문장을 이용하여 파일을 여는 방식으로 오류가 발생한 경우에도 파일이 적절히 닫히도록 하는 것을 추천합니다. 다음은 수정 후의 코드입니다.

```python
def read_file(file_path):
    try:
        with open(file_path, 'r') as file:
            content = file.read()
        return content
    except FileNotFoundError:
        print(f"Error: File not found at {file_path}.")
        return None
    except PermissionError:
        print(f"Error: Permission denied when reading file at {file_path}.")
        return None
```

이 수정 버전에서는 예외 처리 구조를 사용하여 오류를 낚아채 적절한 오류 메시지를 출력합니다. 오류가 발생한 경우, 함수는 `None`을 반환합니다.

이것이라면 부주의한 저라도 확실한 오류 처리를 잊지 않고 구현할 수 있을 것 같습니다.

3.4.2 논리 완전성 확인과 개선

논리 완전성logical completeness이라는 말을 들으면, 상대성 이론theory of relativity 같아서 멋지지 않습니까? 하지만 그리 대단한 것이 아닙니다. 간단히 말하자면 '`if` 문이 완전히 닫혀 있는지'의 여부를 의미합니다. 모든 조건 분기가 고려되었나 확인하고, 그렇지 않다면 '논리 완전성이 확보되어 있지 않다' 같은 멋진 말을 하는 것이 가능한 수준일 뿐입니다.

하지만 의외로 논리 완전성이 확보되지 않은 코드가 적지 않습니다. 당연히 필자가 작성한 코드도 예외는 아닙니다. 테스트 주도 개발도 이를 의식하며 개발을 진행하는 방법이며, 테스트에서 얼마나 논리 완전성을 검증할 수 있는지가 중요하게 여겨집니다.

ChatGPT는 외부인의 관점을 가볍게 도입할 수 있기 때문에 ChatGPT에게 함수 확인을 요청해봅시다.

다음과 같은 코드가 있다고 가정해보겠습니다.

```python
def get_shopping_fee(country):
    if country == "USA":
        return 5
    elif country == "Canada":
        return 10
    elif country == "Australia":
        return 15
```

 파이썬으로 작성된 코드가 있습니다. 논리 완전성을 만족하는지 확인하고, 그렇지 않은 경우에는 그것을 지적하고, 가능하다면 수정안을 제안해주세요. 다음에 코드가 있습니다.

(앞의 코드를 복사해 여기에 붙여 넣습니다.)

ChatGPT의 답변은 다음과 같습니다.

 이 코드는 논리 완전성을 만족하지 않습니다. 특히 함수에 입력된 값이 USA, Canada, Australia 외의 값인 경우에 대한 처리가 정의되어 있지 않습니다. 따라서 이 경우에는 아무것도 반환되지 않으며, 오류가 발생할 가능성이 있습니다.

수정안은 다음과 같이 추가 조건 분기를 통해 입력된 값이 위의 세 나라에 포함되는지 확인하고, 그 밖의 경우에는 적절한 오류 메시지를 반환하도록 합니다.

```python
def get_shopping_fee(country):
    if country == "USA":
        return 5
    elif country == "Canada":
        return 10
    elif country == "Australia":
        return 15
    else:
        return "Shopping fee is not defined for the given country"
```

이와 같이 수정함으로써 입력된 나라가 UA, Canada, Australia 외인 경우에도 오류가 발생하는 대신 적절한 오류 메시지가 반환됩니다.

지금까지 리팩터링 방법을 살펴보았지만, 의외로 정확하고 빠른 데다가 쉽게 리팩터링이 가능하다는 것을 이해할 수 있었을 것입니다.

나중에 직접 보고 수정하는 경우에도, 심지어 그것이 다른 사람이라도 높은 가독성은 유지보수성을 높여줍니다. 또한 보안 취약성 등의 문제도 단 한 줄의 코드가 나중에 전체와 연관되는 중대한 문제가 될 수 있습니다. 문제가 아직 커지지 않았을 때 문제의 싹을 잘라낸다는 의미뿐만 아니라 여러 가지 의미로 리팩터링은 너무나 중요합니다. '첫 번째 납기 뒤에 리팩터링 한다!'나 '최애의 라이브[1]를 보고 나서 제대로 한다!'처럼 부담을 가지지 않더라도 일상적인 개발 안에서 쉽게 ChatGPT를 활용한 새로운 리팩터링의 가능성을 모색해보는 것도 괜찮을 것입니다.

리팩터링을 ChatGPT에게 요청할 때는 코드에 API 키나 ID, 비밀번호 등을 직접 기입하지 않아야 합니다. 그대로 서버상에 남기 때문에, 상상하는 것 이상으로 위험합니다. 가급적 환경변수나 .env, 그 외에 개인적인 설정 파일 등으로 외부 정의하기 바랍니다.

---

1 다분히 《최애의 아이》(대원씨아이, 2021년)를 의식한 발언으로 보입니다.

## CHAPTER 4

문서의 자동 작성

Documentation is a love letter that you write to your future self.

문서 작업은 미래의 자신에게 보내는 연애편지다.

데이미언 콘웨이Damian Conway, 펄Pearl의 달인

'문서 작성에 어려움을 겪는 사람은 손을 들어보세요!'라고 물어보면 분명 당신도 손을 들지 않을까요? 대부분 엔지니어는 문서 작성을 어렵다고 생각합니다.

'그럴 시간이 있으면 코드를 작성한다', '이슈issue에 댓글을 단다', '코드 리뷰를 한다', '도표보다 구체적인 코드 쪽이 이해하기 쉽다', '문서 작성이나 책임 항목에 있기 때문에 쓰는 것뿐이다' 같은 여러 가지 의견이 있습니다.

이것은 비단 엔지니어에게만 있는 일은 아닙니다. 엔지니어가 아니라도 문서 작성을 귀찮다고 느끼는 사람이 많지 않나요? 하지만 만약 자연어로 문서를 작성할 수 있다면 귀찮다고 여겼던 공정이 단번에 즐거워질지도 모릅니다.

4장에서는 ChatGPT가 문서 작성에 도움이 될지 알아보기 위해 몇 가지 관점에서 검증해보겠습니다.

4.1 파워포인트 슬라이드 자동 작성

ChatGPT는 기획서나 아이디어 제안 등에 우수한 모습을 보여주지만, 여기서 출력된 기획서의 텍스트를 **파워포인트**PowerPoint 등의 프레젠테이션 도구로 자동 전환할 수 있다면 작업 효율이 급격히 올라갈 것입니다. 마이크로소프트 365Microsoft 365의 코파일럿Copilot 등에서는 이미 구현되어 있으나, 순수하게 ChatGPT만을 사용하여 자동으로 프레젠테이션을 작성하려면 어떻게 해야 할지 소개하겠습니다.

기획서는 마크다운 또는 일반 텍스트로 출력되지만, ChatGPT에게 형식format은 그다지 중요하지 않으며, 오히려 문맥에 맞는지가 더 중요합니다. 그 성질을 이용하여 자동 작성 프로그램을 만들어볼 것입니다.

먼저 일단 이번 실험의 모델이 될 예제 기획서를 요청해보겠습니다.

 마크다운으로 기획서의 예제를 출력해주세요.

그러자 다음과 같은 형태로 기획서가 생성되었습니다. 마크다운이기 때문에 읽기 쉽습니다.

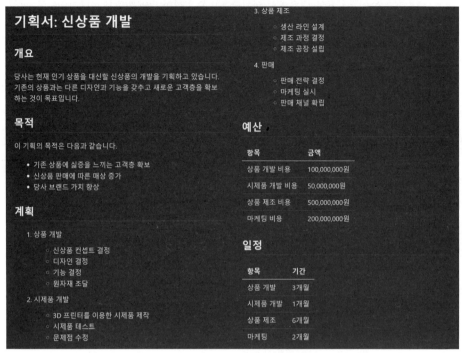

그림 4.1 ChatGPT가 작성한 기획서

이것들을 어떻게 파워포인트 파일로 작성할 수 있을까요?

이를 위한 간단한 방법은 바로 `python-pptx`라는 라이브러리를 사용하는 것입니다. `python-pptx` 라이브러리를 사용하면 파워포인트 파일을 출력할 수 있는데, 구글 코랩에 설치만 하면 바로 사용할 수 있습니다.

구글 코랩의 셀에 다음과 같이 입력하여 `python-pptx`를 설치합니다.

```
!pip install python-pptx
```

파워포인트의 자료를 작성하기 위해 python-pptx를 사용하여 위의 기획서를 파워포인트로 변환하고 싶습니다. 제목, 내용 등을 하나의 페이지로 하여 위의 기획서 전체 페이지를 출력하는 파이썬 코드를 작성해주세요.

```
## 참고 자료
- 테이블의 경우
table.cell(0, 0).text = "항목"
table.cell(0, 1).text = "금액"
```

ChatGPT에 의해 다음과 같이 코드가 작성되었습니다.

다음은 python-pptx를 사용하여 위의 기획서를 파워포인트로 변환하기 위한 코드의 예입니다. 이 예에서는 python-pptx의 버전 0.6.23을 사용합니다.

```python
from pptx import Presentation
from pptx.util import Inches

# 파워포인트 프레젠테이션 작성
prs = Presentation()

# 슬라이드 레이아웃 선택
title_slide_layout = prs.slide_layouts[0]
title_body_slide_layout = prs.slide_layouts[1]
body_slide_layout = prs.slide_layouts[6]
table_slide_layout = prs.slide_layouts[5]

# 제목 슬라이드 추가
slide = prs.slides.add_slide(title_slide_layout)
title = slide.shapes.title
subtitle = slide.placeholders[1]
title.text = "기획서: 신상품의 개발"
subtitle.text = "작성일: 2023년 11월 10일"

# 슬라이드 2 추가(개요)
slide = prs.slides.add_slide(title_body_slide_layout)
title = slide.shapes.title
body = slide.placeholders[1]
```

```
title.text = "개요"
body.text = "당사는 현재 인기 상품을 대신할 신상품의 개발을 기획합니다.
기존의 상품과는 다른 디자인과 기능을 갖추고 새로운 고객층을 확보하는 것이
목표입니다."

…생략…

# 파일로 저장
prs.save("plan.pptx")
```

생성된 코드를 복사하여 구글 코랩에 붙여 넣고 실행하면 plan.pptx 파일이 생성됩니다.

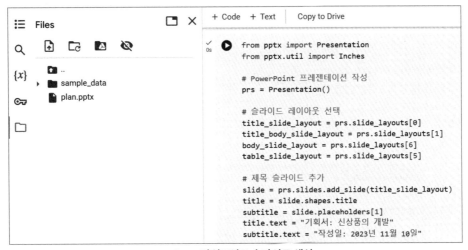

그림 4.2 **파워포인트 슬라이드 생성**

이 파일을 자신이 사용하는 PC와 같은 지역 환경local environment에 다운로드하여 열어봅시다.
멋진 기획서가 작성되었습니다.

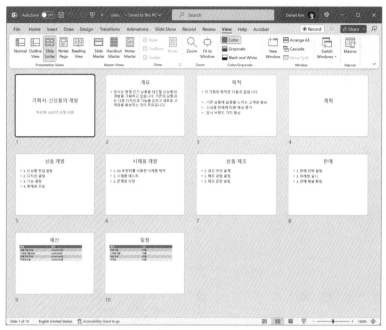

그림 4.3 자동으로 생성된 파워포인트 기반의 기획서

이제 남은 것은 이를 기반으로 내용을 추가해가면 되는 것입니다.

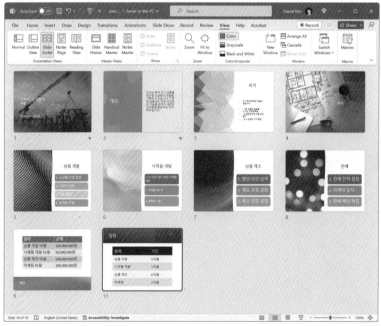

그림 4.4 디자이너 도구를 활용한 꾸미기

또한 파워포인트의 디자이너 도구designer tool를 이용하여 시트를 예쁘게 다시 디자인하면 멋진 자료를 만들 수 있습니다. 사람의 역할은 얼마나 아름다운 디자인을 선택하는가, 그리고 내용을 더 충실하게 할 것인가입니다.

지금까지의 작업은 익숙해지면 몇 분만에 가능합니다.

ChatGPT가 생성해주는 기획서를 기반으로 파워포인트 파일을 생성하는 프로그램 코드를 자동으로 생성해줄 것을 요청한 후, 그 코드를 실행하여 파워포인트의 pptx 파일을 편집한다고 하는 흐름입니다. 하지만 여기서 몇 가지 의문이 떠오를 겁니다. 이에 대해서는 지금부터 여러분께서 직접 고민해보기를 바랍니다. 일단 여기서 몇 가지 힌트를 드리겠습니다.

ChatGPT가 정확한 기획서를 생성해준다는 보장이 없다.

이는 여러분의 프롬프트 작성 능력에 달려 있습니다. 가능한 자신이 원하는 내용의 기획서를 생성할 수 있도록 프롬프트 수행에 정진합시다.

자동 생성된 프로그램이 한 번에 작동한다는 보장이 없다. 또한 그것이 적절하게 슬라이드를 나누어 프레젠테이션을 생성해준다는 보장이 없다.

맞습니다. 프로그램이 한 번에 작동해준다면 운이 좋은 것이라 생각하고 대응해가면 ChatGPT 와의 대화가 즐거워집니다. 오류가 발생하면 그것을 ChatGPT에게 다시 물어보는 과정을 반복하면서 작동하도록 해야 합니다. 하지만 가능하면 한 번에 작동하는 게 좋겠지요. 이때 필요한 요령을 앞의 프롬프트에서 확인할 수 있습니다.

```
## 참고 자료
- 테이블의 경우
table.cell(0, 0).text = "항목"
table.cell(0, 1).text = "금액"
```

위와 같이 작성된 것을 확인할 수 있는데, 이전에 한 번에 성공하지 못했기 때문에 오류를 해결했던 패턴을 참고 자료 형태로 작성한 것입니다. 이를 통해 ChatGPT가 잘못 판단하지 않고 제대로 된 코드를 처음부터 작성해줍니다.

4.2 워드 문서 자동 작성

프로그래머가 작성하기 싫어하는 부록인 **프로그램 사양서**를 작성해봅시다.

파워포인트 슬라이드 작성 코드와 같은 방법으로 **워드**Word 문서 작성 코드를 자동 생성할 수 있습니다. 여기서는 사양서의 원본이 되는 프로그램 코드가 이미 있다는 전제 하에 문서를 생성합니다. 따라서 프롬프트는 코드 해석과 워드 형식 파일의 자동 생성을 동시에 요구하는 형태입니다. 원본 코드는 2장의 알고리즘 설명에서 최종적으로 작성했던 '유전 알고리즘을 사용한 직원 일정표 생성' 코드를 사용합니다. 다음과 같은 프롬프트로 문서 작성을 요청해보겠습니다(이 프롬프트는 복잡하기에 GPT-4를 사용하였습니다).

> 다음 코드의 프로그램 사양서(개요, 함수의 사양 등)를 출력하는 코드를 파이썬으로 작성해주세요. 프로그램 사양서의 출력은 한국어로 하고 python-docx를 사용하여 워드 파일로 작성해주세요.
>
> (2장의 유전 알고리즘 최종 코드를 복사해 여기에 붙여 넣습니다.)

프로그램 코드에서 프로그램의 처리 개요와 함수 사양을 해석하고, 그에 더해 해석 결과를 워드 파일로 출력해달라는 부탁을 해보았습니다. 그 결과는 다음과 같습니다.

```python
from docx import Document

doc = Document()

doc.add_heading('프로그램 개요', level=1)
doc.add_paragraph('이 프로그램은 유전 알고리즘을 이용해 직원의 스케줄을 최적화합니다.'
    '주요 함수로는 일정의 적합성을 평가하는 fitness() 함수, 두 일정 사이에 교차를 실행하는 crossover() 함수,'
    '일정에 돌연변이를 적용하는 mutate() 함수, 유전 알고리즘 전체를 구현한 genetic_algorithm() 함수가 있습니다.')

code_specification = {
    'fitness': {
        'description': '일정의 적합성을 평가합니다. 최소 근무일, 최대 근무일,
```

```
최대 연속 근무일 등의 조건을 기반으로, 잠수를 계산합니다.',
    'params': {
        'schedule': '평가 대상의 일정.',
        'initial_schedule': '초기 상태의 일정.',
        'min_work_days': '직원이 근무하는 최소 일수.',
        'max_work_days': '직원이 근무하는 최대 일수.',
        'max_consecutive_work_days': '직원이 연속으로 근무하는 최대 일수.'
    },
    'returns': '일정 적합성 점수.'
},
'crossover': {
    'description': '두 개의 일정 사이에 교차를 실행합니다.',
    'params': {
        'parent1': '부모 일정 1.',
        'parent2': '부모 일정 2.',
    },
    'returns': '교차에 의해 생성된 두 개의 일정.'
},
'mutate': {
    'description': '지정된 돌연변이율에 기반하여, 일정에 돌연변이를 적용합
니다.',
    'params': {
        'schedule': '돌연변이를 적용하는 일정.',
        'mutation_rate': '돌연변이 적용 확률.',
    },
    'returns': '돌연변이가 적용된 일정.'
},
'genetic_algorithm': {
    'description': '유전 알고리즘을 구현하여, 직원의 일정을 최적화합니다.',
    'params': {
        'initial_schedule': '초기 일정.',
        'population_size': '유전 알고리즘의 개체군 크기. (기본값: 100)',
        'generations': '유전 알고리즘 세대 수. (기본값: 100)',
        'mutation_rate': '돌연변이 적용 확률. (기본값: 0.1)',
    },
    'returns': '최적화된 일정.'
},
}

for function_name, specification in code_specification.items():
    doc.add_heading(function_name, level=1)

    doc.add_heading('설명:', level=2)
    doc.add_paragraph(specification['description'])
```

```python
doc.add_heading('매개변수:', level=2)

for param, description in specification['params'].items():
    doc.add_paragraph(f'{param}: {description}')

doc.add_heading('반환값:', level=2)
doc.add_paragraph(specification['returns'])

doc.save('specifications.docx')
```

이 코드를 구글 코랩에서 실행하기 전에, 파이썬에서 워드 문서를 처리할 수 있는 라이브러리인 python-docx를 설치합니다.

```
!pip install python-docx
```

앞의 코드를 구글 코랩에 붙여 넣고 실행하면 현재 디렉터리에 specifications.docx가 생성되므로 이 파일을 지역 환경에 다운로드하여 열어봅니다. 이 파일은 외부에서 다운로드한 파일로서 보호된 보기protected view 상태로 열리기 때문에 [편집 허용] 버튼을 눌러 편집 가능한 상태로 바꾸어줍니다.

그림 4.5 자동으로 생성된 프로그램 사양서

확실히 프로그램 사양서의 모습을 갖추고 있지만, 결과물이라고 말하기는 어렵습니다. 여기서 사람이 등장할 차례입니다. 워드의 '디자인' 기능을 이용하여 좋은 느낌으로 설정해주면 그림 4.6과 같이 바뀝니다. 그렇습니다. '납품을 위한 결과물'인 훌륭한 프로그램 사양서가 완성되었습니다.

그림 4.6 디자인 기능이 적용된 프로그램 사양서

프로그램 사양서도 워드와 같은 문서 편집 도구 형태로 출력되면 그다음에는 자유롭게 편집할 수 있습니다. 여기까지 가능하다면 문서화가 어려운 엔지니어라도 보충 자료만 추가하면 되니 저항감이 없을 겁니다. 저항감이 없어지면 의외로 재미있어지겠지요. 미래의 자신(또는 타인)이 고생하지 않도록 하는 것이 현재의 문서화가 가지는 큰 역할입니다.

4.3 엑셀 연계 문서 자동 작성

이번에는 **엑셀**Excel과 연계해보겠습니다. 모처럼 엑셀과 연계하는 것이니 엑셀의 장점인 계산도 포함해보죠. 다음과 같은 프롬프트를 통해 예제 청구서를 출력합니다. 상세 데이터는 간단하게 연도를 생략한 날짜, 상품 이름, 단가, 수량을 적당히 입력하고, 엑셀의 장점을 살리기 위해 계산은 엑셀에게 전부 맡깁니다. 파이썬에서 엑셀 파일을 작성하거나 편집할 수 있는 `openpyxl` 라이브러리를 설치하기 위해 구글 코랩의 셀에 다음과 같이 입력합니다.

```
!pip install openpyxl
```

그리고 ChatGPT의 프롬프트에 다음과 같이 입력합니다.

다음 정보를 기반으로 청구서 형태로 엑셀 파일을 작성해주세요.

```
## 헤더 정보
피청구인: 주식회사 제이펍
담당자: 김은미
## 상세 데이터
날짜, 상품 이름, 수량, 단가, 금액 (엑셀에서 계산)
- 10/9 노트북 컴퓨터 2 1,500,000원
- 10/10 USB 메모리 3 20,000원
- 10/15 복사용지 (A4) 10 3,000원
합계 금액: (엑셀에서 계산)
```

날짜는 2023-MM-DD 형식으로 처리해주세요. 짧고 효율적인 코드로 작성하고 금액, 합계 금액의 계산은 엑셀의 함수를 사용해주세요. 파이썬의 `openpyxl` 라이브러리를 사용해주세요.

ChatGPT가 생성한 파이썬 코드는 다음과 같습니다.

```python
import openpyxl

# 새로운 엑셀 파일 작성
wb = openpyxl.Workbook()

# 시트 얻기
sheet = wb.active

# 헤더 데이터 쓰기
```

```
sheet['A1'] = '피청구인'
sheet['B1'] = '주식회사 제이펍'
sheet['A2'] = '담당자'
sheet['B2'] = '김은미'

# 상세 데이터 컬럼 이름 쓰기
sheet['A4'] = '날짜'
sheet['B4'] = '상품 이름'
sheet['C4'] = '수량'
sheet['D4'] = '단가'
sheet['E4'] = '금액'

# 상세 데이터 쓰기
sheet['A5'] = '2023-10-09'
sheet['B5'] = '노트북 컴퓨터'
sheet['C5'] = 2
sheet['D5'] = 1500000
sheet['E5'] = '=C5*D5'


sheet['A6'] = '2023-10-10'
sheet['B6'] = 'USB 메모리'
sheet['C6'] = 3
sheet['D6'] = 20000
sheet['E6'] = '=C6*D6'


sheet['A7'] = '2023-10-15'
sheet['B7'] = '복사 용지 (A4)'
sheet['C7'] = 10
sheet['D7'] = 3000
sheet['E7'] = '=C7*D7'

# 합계 금액을 계산하기 위해 SUM() 함수 사용
sheet['D9'] = '합계 금액'
sheet['E9'] = '=SUM(E5:E7)'

# 엑셀 파일 저장
wb.save('invoice.xlsx')
```

이 코드를 실행하면 invoice.xlsx라는 이름의 엑셀 파일이 생성됩니다.

너무나 간단한 코드입니다. 상세 데이터 작성 부분은 서투른 느낌도 들지만, 데이터의 양이 적기 때문에 오히려 알기 쉽기도 합니다. ChatGPT도 그렇게 판단하지 않았을까요?

이 코드를 구글 코랩에서 실행하면 현재 디렉터리에 invoice.xlsx가 생성되므로 다운로드하여 열어봅니다. 이 파일은 외부에서 다운로드한 파일로서 보호된 보기 상태로 열리기 때문에 [편집 허용] 버튼을 불러 편집 가능한 상태로 바꾸어줍니다.

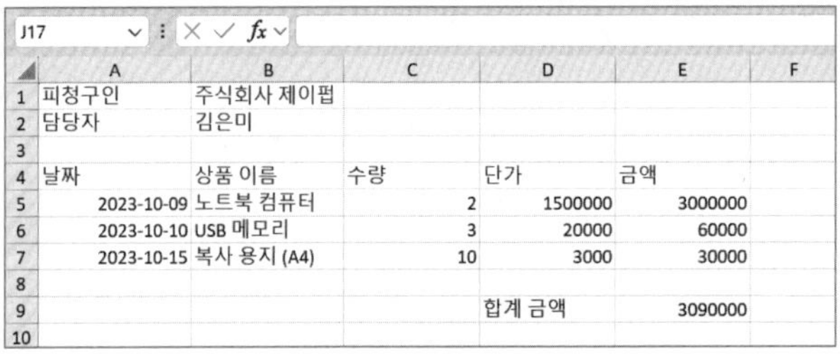

그림 4.7 **자동으로 생성된 기본 청구서**

엑셀 기본 서식의 기본적인 청구서가 생성되었습니다. 하지만 엑셀의 힘을 제대로 발휘하지 않은 것 같은 느낌이 조금 있습니다. 이왕이면 제대로 정리된 서식으로 출력되면 좋겠네요.

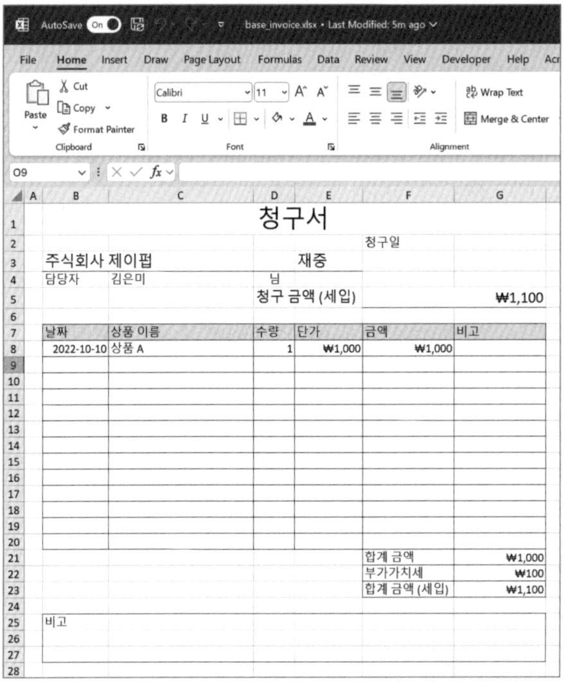

그림 4.8 **청구서 양식**

그림 4.8을 봅시다. 어디에나 있을 법한 간단한 청구서 서식입니다. 상세의 날짜, 상품 이름, 수량, 단가를 입력하면 자동으로 합계를 계산해주는 정말 일반적인 청구서입니다.

하지만 역시 이 청구서를 코드로 작성하여 ChatGPT로 출력하는 것은 어렵기도 하고, 가능하더라도 거대하고 치밀한 프롬프트가 필요합니다. 그런 번거로운 작업은 안 하는 것이 좋겠지요. 대신 지금부터 할 작업은 이 서식(파일 이름은 base_invoice.xlsx입니다)을 사용하여 필요한 항목을 ChatGPT에게 채워달라고 요청하는 것입니다.

데이터를 따로 준비할 필요 없이 피청구인, 담당자, 상세 데이터를 알 수만 있으면 됩니다

```
주식회사 제이펍의 김은미 님께
10월 9일 노트북 컴퓨터가 두 대로 단가는 150만 원
10얼 10일 USB 메모리가 세 개로 단가는 2만 원
10월 15일 복사 용지 A4가 열 세트로 단가는 3천 원
```

원본 데이터를 다음과 같이 프롬프트에 작성합니다.

다음 정보를 기반으로 청구서 서식인 엑셀 파일을 작성합니다.

```
주식회사 제이펍의 김은미 님께
10월 9일 노트북 컴퓨터가 두 대로 단가는 150만 원
10얼 10일 USB 메모리가 세 개로 단가는 2만 원
10월 15일 복사 용지 A4가 열 세트로 단가는 3천 원

## 입력
base_invoice.xlsx

## 출력
invoice.xlsx

## 처리
상세는, 날짜, 상품 이름, 수량, 단가로 하나의 행으로 작성합니다.
주어진 정보를 다음 셀에 대입합니다.
피청구인 -> B3
담당자 -> C4
날짜 -> B8:B20
```

```
상품 이름 -> C8:C20
수량 -> D8:D20

## 요점
- 셀에 대입하기 위한 간단한 코드를 작성해주세요.
- 날짜는 2023-MM-DD 형식으로 작성해주세요.
- 서식 설정과 계산은 전부 엑셀에게 맡기기 때문에, 코드 내에서는 처리할 필요
없습니다.
- 코드의 가독성은 신경 쓰지 않으므로, 주석은 필요하지 않습니다. 가능한 압축
해주세요.
- 파이썬의 openpyxl 라이브러리를 사용해주세요.
```

ChatGPT가 다음과 같은 코드를 생성했습니다.

```python
import openpyxl

# 입력 파일 경로
input_path = "base_invoice.xlsx"
# 출력 파일 경로
output_path = "invoice.xlsx"

# 피청구인
to_company = "주식회사 제이펍"
to_person = "김은미"

# 상품 정보
items = [
    ("2023/10/09", "노트북 컴퓨터", 2, 1500000),
    ("2023/10/10", "USB 메모리", 3, 20000),
    ("2023/10/15", "복사 용지 A4", 10, 3000),
]

# Workbook 읽어 들이기
wb = openpyxl.load_workbook(input_path)
# 시트 선택
ws = wb.active

# 피청구인과 담당자 설정
ws["B3"] = to_company
ws["C4"] = to_person
```

```
# 상품 정보 설정
for i, (date, item, quantity, price) in enumerate(items):
    row = i + 8  # 8번째 행부터 상품 정보 설정
    ws.cell(row=row, column=2).value = date
    ws.cell(row=row, column=3).value = item
    ws.cell(row=row, column=4).value = quantity
    ws.cell(row=row, column=5).value = price

# Workbook 저장
wb.save(output_path)
```

청구서 서식인 `base_invoice.xlsx`를 구글 코랩의 현재 디렉터리에 업로드하고, 이 코드를 복사하여 구글 코랩의 셀에 붙여 넣고 실행합니다. `invoice.xlsx`가 현재 디렉터리에 생성되면 다운로드하여 열어봅니다. 만약 보호된 보기 상태로 열리면, [편집 허용] 버튼을 불러 편집 가능한 상태로 바꾸어줍니다.[1] 다음과 같이 표시됩니다.

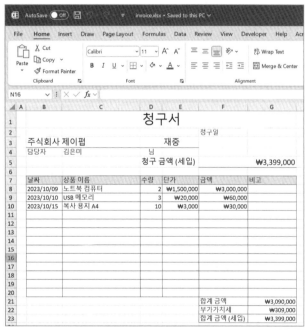

그림 4.9 **지정된 양식에 내용이 채워진 모습**

---

1   코드에 의해 저장된 시점에서는 아직 계산이 필요한 값들이 계산되지 않은 상태이기 때문에, 보호된 보기 상태에서는 합계 금액과 부가가치세 금액 등이 표시되지 않습니다.

익숙한 청구서의 모습이네요. 조금만 손을 보면 실제 업무에서도 사용할 수 있을 것 같지 않습니까?

ChatGPT의 좋은 점은 대충 작성된 **비정형 데이터**unstructured data라도 아무 문제없이 문맥을 이해하고 구조적으로 변환할 수 있다는 점입니다. 데이터를 정리하거나 정규화를 하지 않더라도 문장을 그대로 사용할 수 있기 때문에 정말 대단합니다. 비정형 데이터를 구조화하고 그것을 이용해 엑셀의 정형 형식을 읽어 임의의 셀에 밀어 넣는 파이썬 코드를 작성하는 방법은 의외로 응용 범위가 넓습니다. 예로 든 청구서 외에도 '프로그램 사양서', '데이터베이스 정의서', '요건 정의서' 등 정형된 서식의 문서라면 어떤 것이 되었든 응용할 수 있습니다. 앞으로 설명할 랭체인 등과 조합하면 더욱 이용 가치가 넓어집니다.

4.4 diagrams를 사용한 클라우드 구성도 작성

클라우드 구성도cloud infrastructure diagram와 같은 네트워크 관련 구성도는 중요하지만 그림으로 그리는 것은 귀찮고 번거로운 작업입니다. 여러 가지 도구가 있지만 최근에 나타난 개념 중에 **문서를 코드처럼**docs as code이라는 것이 있습니다. 그림을 표현하는 **메타 언어**metalanguage[2]가 정의되면 적절한 그림을 문서로서 그려주는 것을 의미합니다. 이번 장에서도 소개했던 Mermaid 표기법도 클래스 등을 메타 언어로 정의하면 그림으로 그려줍니다.

여기서 소개할 것은 **클라우드**cloud의 구조를 표현하는 데 매우 강력한 도구이자 파이썬에서 사용 가능한 `diagrams` 라이브러리[3]입니다. 가져오기를 통해 곧바로 사용할 수 있을뿐만 아니라 파이썬 코드로 그림을 표현하는 도구입니다. 지금부터 사용해봅시다.

먼저 `diagrams`를 설치합니다.

```
!pip install diagrams
```

---

2 대상을 직접 서술하는 언어 그 자체를 다시 언급하는 언어나 기호(symbol)로서 고차언어(高次言語)라고도 합니다.
3 https://diagrams.mingrammer.com/

이어서 다음과 같은 프롬프트로 요청해보겠습니다.

diagrams를 이용해 일반적인 클라우드 웹 서비스 구성도를 그려주세요.

```python
from diagrams import Diagram, Cluster
from diagrams.aws.compute import EC2
from diagrams.aws.network import ELB, Route53
from diagrams.aws.database import RDS
from diagrams.aws.management import Cloudwatch

with Diagram("Web Service Architecture", show=False):
    dns = Route53("DNS")
    lb = ELB("Load Balancer")
    with Cluster("Web Servers"):
        web = [EC2("Web1"),
                EC2("Web2"),
                EC2("Web3")]
    with Cluster("Database Servers"):
        db_master = RDS("master")
        db_replica = RDS("replica")
    monitor = Cloudwatch("CloudWatch")

    dns >> lb >> web >> db_master
    web >> db_replica
    monitor >> db_master
```

위와 같이 파이썬 프로그램으로 코드를 출력했습니다. 이 시점에서는 이게 뭔가 싶을 수도 있지만, 이 코드를 복사하여 구글 코랩에 붙여 넣어 실행합니다. 코드를 실행하면 구글 코랩의 현재 디렉터리에 Web_Service_Architecture.png라는 파일이 생성됩니다. 클릭해서 열어보면 그림 4.10을 볼 수 있습니다.

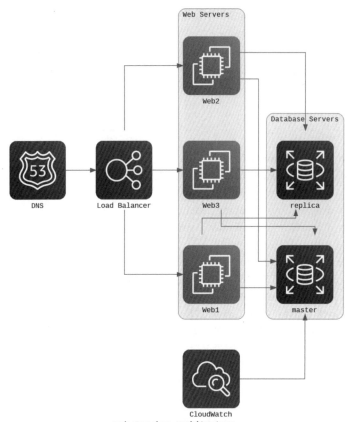

Web Service Architecture

그림 4.10 **자동으로 생성된 웹 서비스 구성도**

물론 K8s라 불리는 **쿠버네티스**Kubernetes도 문제없습니다.

 쿠버네티스를 사용한 일반적인 클라우드 웹 서비스 구성도를 diagrams를 이용해 작성해 주세요.

```
from diagrams import Diagram, Cluster
from diagrams.k8s.compute import Pod, StatefulSet
from diagrams.k8s.network import Service, Ingress, NetworkPolicy
from diagrams.k8s.storage import PV
from diagrams.k8s.rbac import Role, ClusterRole
from diagrams.k8s.group import Namespace
```

```python
from diagrams.onprem.ci import Jenkins
from diagrams.onprem.vcs import Git

with Diagram("Kubernetes Architecture", show=False):
    with Cluster("Namespace"):
        namespace = Namespace("my-namespace")
        with Cluster("StatefulSets"):
            statefulset = StatefulSet("my-statefulset")
            with Cluster("Pods"):
                pod1 = Pod("pod-1")
                pod2 = Pod("pod-2")
            statefulset - pod1
            statefulset - pod2
        with Cluster("Services"):
            service1 = Service("service-1")
            service2 = Service("service-2")
            ingress = Ingress("ingress")
            networkpolicy = NetworkPolicy("network-policy")
            service1 >> ingress >> service2 >> networkpolicy >> statefulset
        with Cluster("Storage"):
            pv1 = PV("pv-1")
            pv2 = PV("pv-2")
            statefulset - pv1
            statefulset - pv2
        with Cluster("RBAC"):
            role1 = Role("role-1")
            role2 = Role("role-2")
            clusterrole = ClusterRole("cluster-role")
            statefulset - role1
            statefulset - role2
            statefulset - clusterrole
    with Cluster("Tools"):
        jenkins = Jenkins("Jenkins")
        git = Git("Git")
        jenkins >> git
```

이 구성도에서는 쿠버네티스의 Namespace, StatefulSet, Pod, Service, Ingress, NetworkPolicy, PV, RBAC를 사용하여 시스템을 구성합니다. 또한, 젠킨스(Jenkins)와 깃(Git)을 사용하여 CI/CD 환경을 구축합니다. 쿠버네티스는 마이크로 서비스 구조(micro service architecture)의 구현과 안정성의 확보를 지향하기 때문에, 클라우드 애플리케이션의 구축에서 폭넓게 사용됩니다.

ChatGPT는 이와 같은 결과들을 순식간에 생성할 수 있을뿐만 아니라 생성된 코드의 내용을 설명해주기도 합니다. 물론 ChatGPT에게 예제 코드를 기반으로 실제 사양에 맞게 코드를 수정해줄 것을 요청할 수도 있습니다.

ChatGPT는 질문의 문맥에서 코드로 구조화를 실행하고 구성도를 추상화하는 능력이 있습니다. 이와 같이 문서를 코드처럼 개념을 사용하는 방법은 앞으로 문서화의 세계를 변화시키고 개혁할지도 모릅니다. 시각적인 정보를 중요하게 여기는 요즘 개발자에게 굉장히 유용한 방법입니다.

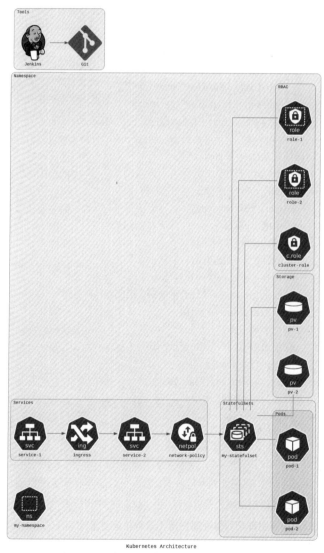

그림 4.11 자동으로 생성된 쿠버네티스 구성도

4.5 dbdiagram.io에 의한 개체 관계 구성도 작성

필자가 경험했던 모든 끔찍한 프로젝트[4]에는 공통적인 문제가 있었습니다.

바로 **개체 관계 구성도**entity-relationship diagram, ERD**가 없었다**[4]는 것입니다. 아무리 끔찍한 프로젝트라도 결론적으로 애플리케이션 프로그램의 집합이며, 기반이 되는 데이터베이스가 분명히 존재합니다. 데이터베이스 기반임에도 개체 관계 구성도가 없다는 "말도 안 돼!"라고 외치게 만드는 경우가 간간히 있었습니다.

물론 개체 관계 구성도를 보더라도 프로젝트나 클래스 구조를 알 수 있는 건 아니므로, "아저씨는 왜 그런 이야기를 하시는 거죠?"라는 말을 할 수도 있습니다. 하지만 필자는 일단 데이터베이스를 보고 프로젝트 크기나 복잡도를 비롯하여 문제 상태 등을 추측합니다.

현대적인 스타일의 개발에서는 클래스를 작성하는 것이 우선일 수도 있습니다. 그렇지만 개체 관계 구성도를 그리면 실제로 존재하는 데이터베이스의 데이터 종류, 데이터 항목, 속성, 연결, 정규화 수준 등을 한눈에 볼 수 있기 때문에 마치 데이터의 항공 사진을 보는 느낌으로 전체를 파악할 수 있습니다.

이제 개체 관계 구성도를 문서로 출력하는 방법을 설명하겠습니다.

먼저 **dbdiagram.io**를 직접 사용해봅시다. 다음의 웹사이트에서 [Create your diagram]을 클릭합니다.

- https://dbdiagram.io

그림 4.12 **dbdiagram.io**

---

4 원서에서는 불타오른다는 뜻의 염상(炎上) 안건이라는 표현을 사용했습니다. 이는 일본 IT 업계의 용어로 큰 문제가 발생하여 원활한 업무 수행이 불가능한 상태에 빠져 관계자들이 야근을 계속하거나 경우에 따라서는 고객과의 대금 환불 등의 협상이나 재판 등이 발생하는 안건을 의미하며, '죽음의 행진(death march)'이라고 하기도 합니다.

그림 4.13과 같은 화면으로 전환되면 사용할 수 있는 상태가 된 것입니다.

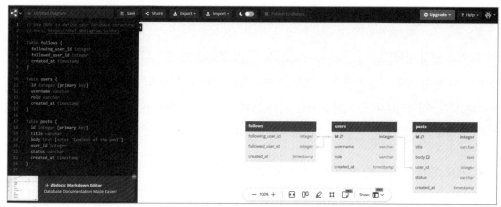

그림 4.13 **개체 관계 구성도 작성 화면**

왼쪽에 있는 항목을 적당히 수정하면 오른쪽의 구성도에 즉각 반영됩니다.

여기서 사용되는 언어는 **DBML**database markup language이라고 하며 **데이터베이스**database, DB의 구조를 기록하기 위한 언어입니다.

[Import] 버튼 위에 마우스 커서를 올려놓으면, MySQL, PostgreSQL, 루비 온 레일즈Ruby on Rails, SQL 서버, Snowflake의 다섯 가지 데이터베이스에서 정보를 가져올 수 있습니다. 직접 데이터베이스를 지정하여 스키마scheme를 가져오면 그대로 구성도가 완성되는 우수한 기능입니다.

이번에는 가져오기 기능은 사용하지 않습니다. 그렇기 때문에 특정 데이터베이스 관리 계통에 의존하지 않으며 스키마 정보가 있으면 어떤 것도 관계없습니다. 데이터베이스 스키마를 의미하는 문맥만 있으면 됩니다. 이번에는 테스트 코드로서 작성한 `CREATE` 구문을 복사해왔습니다.

다음과 같은 `CREATE` 구문이 있다고 가정해보겠습니다.

```
-- 고객 테이블 작성
CREATE TABLE customers (
    id INTEGER PRIMARY KEY,
    name TEXT NOT NULL,
    email TEXT NOT NULL UNIQUE,
    phone TEXT,
    address TEXT
```

```
);

-- 주문 테이블 작성
CREATE TABLE orders (
    id INTEGER PRIMARY KEY,
    customer_id INTEGER NOT NULL,
    order_date TEXT NOT NULL,
    total_amount REAL NOT NULL,
    FOREIGN KEY(customer_id) REFERENCES customers(id)
);

-- 주문 상세 테이블 작성
CREATE TABLE order_details {
    id INTEGER PRIMARY KEY,
    order_id INTEGER NOT NULL,
    product_name TEXT NOT NULL,
    unit_price REAL NOT NULL,
    quantity INTEGER NOT NULL,
    FOREIGN KEY(order_id) REFERENCES orders(id)
};
```

하지만 이대로는 dbdiagram.io가 인식할 수 없기 때문에 이를 기반으로 DBML 스크립트 언어로 변환해야 합니다. ChatGPT는 DBML 코드를 이해하기 때문에, 해당 표기법으로 변환할 수 있습니다.

다음 스키마를 DBML로 변환해주세요.

(위의 데이터베이스 스키마를 여기에 붙여 넣습니다.)

ChatGPT의 답변은 다음과 같습니다.

다음은 제공된 SQL 스키마를 DBML로 변환한 예입니다.

```
Table customers {
    id int [primary key]
    name text [not null]
```

```
        email text [not null, unique]
        phone text
        address text
    }

Table orders {
    id int [primary key]
    customer_id int [not null, ref: > customers.id]
    order_date text [not null]
    total_amount real [not null]
}

Table order_details {
    id int [primary key]
    order_id int [not null, ref: > orders.id]
    product_name text [not null]
    unit_price real [not null]
    quantity int [not null]
}
```

DBML에서는 컬럼 형식 뒤에 설정을 추가하여 `NOT NULL`, `PRIMARY KEY`, `FOREIGN KEY`, `UNIQUE` 등의 제약을 설정할 수 있습니다. 또한 외부 키 제약에는 `ref:`를 사용하여 관련 테이블과 컬럼을 지정합니다. 위의 예에서는 `customers` 테이블의 `id` 컬럼을 `orders` 테이블의 `customer_id` 컬럼에, `orders` 테이블의 `id` 컬럼을 `order_details` 테이블의 `order_id` 컬럼에 외부 키 제약을 설정하여 각각 참조하도록 합니다.

이와 같이 DBML로 변환되면 준비가 완료된 것입니다. ChatGPT는 비교적 단순한 정보에서도 문맥적으로 의미를 파악하여 목적에 맞는 DBML 언어로 변환해줍니다.

생성된 DBML을 복사하여 dbdiagram.io의 왼쪽 컬럼에 있는 에디터에 붙여 넣으면 그림 4.14와 같은 개체 관계 구성도가 생성됩니다.

이로써 개체 관계 구성도가 작성되었습니다. [Export] 버튼을 누르면 PDF, PNG, SVG 등의 형식으로 출력이 가능[5]하기 때문에 프로젝트 내에 PDF 파일을 배포할 수 있습니다.

---

5 이 밖에도 PostgreSQL, MySQL, SQL 서버로 직접 내보낼 수도 있습니다.

당연히 오른쪽의 구성도는 끌어서 이동시킬 수 있기 때문에 자신이 원하는 형태로 배치할 수 있으며, 항목의 수정도 자유롭습니다. 텍스트 수준에서 손쉽게 수정할 수 있기 때문에 정말 편리합니다.

그림 4.14 **DBML을 통한 개체 관계 구성도 작성**

속는 셈치고 데이터베이스 구조를 한 번 개체 관계 구성도로 출력해보기 바랍니다. 필자가 이야기하고자 하는 것이 무엇인지 알 수 있을 것입니다.

4장에서는 ChatGPT로 파이썬 코드와 메타 언어를 생성하여 문서 작성 분야에서도 기대 이상의 활약을 보여줄 가능성을 엿보았습니다. 따로 설명하지 않았지만 `matplotlib` 등의 파이썬 라이브러리와 연계하면 멋진 그림과 그래프를 출력할 수 있습니다. 기존의 파일에서 대량의 데이터를 읽어 그래프로 출력하는 작업 등도 랭체인과 연계하면 간단히 구현해야 합니다. 이에 대해서는 9장에서 설명하겠습니다.

마이크로소프트 코파일럿과 ChatGPT 플러그인을 통한 문서 작성도 여기서 설명한 기본기를 안다면 놀랄 일도 아닙니다. '더 이상 컨설팅은 필요 없습니다. ○○의 놀라운 기능!' 같은 소셜 네트워킹이나 영상의 자극적인 제목에 낚이는 것은 시간 낭비입니다. 그보다 중요한 것은 여러분 자신이 ChatGPT가 가진 잠재력을 얼마나 끌어낼 수 있는지입니다.

이번 장에서 다룬 ChatGPT가 생성한 파이썬 코드는 다음의 깃허브 저장소에 있습니다. 내용을 복사하여 구글 코랩에 붙여 넣거나 가져오기를 실행하면 코드를 실행할 수 있습니다.

- https://github.com/Choonholic/jpub_chatgpt/tree/main/notebooks

## CHAPTER 5

각종 개발 방법의 제안

The 'bricoleur' is adept at performing a large number of diverse tasks; but, unlike the engineer, he does not subordinate each of them to the availability of raw materials and tools conceived and procured for the purpose of the project. His universe of instruments is closed, and the rules of his game are always to make do with 'whatever is at hand'

'브리콜라주 장인'은 여러 종류의 다양한 작업을 능숙하게 수행합니다. 하지만 엔지니어와는 달리 그는 각각의 작업을 프로젝트의 목적에 따라 구상하며 조달한 원재료나 도구의 이용 가능성에 종속되지 않습니다. 그의 도구들은 닫힌 우주를 형성하고 그의 게임 룰은 항상 '손에 있는 것만으로 무슨 방법을 써도 한다'는 것입니다.

클로드 레비스트로스(《야생의 사고》(한길사, 1996년)에서)

기존의 **폭포수 개발**waterfall methodology은 면밀한 계획 안에서 진행되는 대규모 프로젝트 관리, 예를 들면 은행의 시스템과 생산 관리 ERP 등에 대해서는 매우 효과적이었습니다. 하지만 소프트웨어 개발은 현실적으로 사양 변경이 빈번하게 일어나기 때문에 이런 접근 방식이 가지는 유연성의 결여가 확실하게 드러났고, 결과적으로 수많은 끔찍한 프로젝트 문제를 일으키기에 충분했습니다.

이 과제에 대처하기 위해 **애자일 개발**agile methodology이 탄생했습니다. 애자일은 지속적인 개선과 진화를 거듭하는 방식으로 유연하게 변화에 대응하는 방법을 제공합니다. 제 독자적인 관점으로는 이것은 레비스트로스의 《야생의 사고》에서 전개되는 브리콜라주bricolage[1]적인 사고 방식, 다시 말해 이용 가능한 자원을 최대한 활용하고 제약의 안에서 창조적인 해결책을 발견해나가는 인간의 원초적인 창조 활동과 일맥상통합니다. 필자는 애자일 개발이 폭포수 방식에 대립하는 개념으로서 인간 본래의 브리콜라주적 창조의 본질을 반영하기 때문에 친숙한 것이라고 이해합니다. 그렇기에 크기와 무관하게 많은 프로젝트에서 잘 작동합니다.

애자일 개발은 유연성과 창조성을 가져왔지만, 스크럼scrum을 실시하기 위해서는 강력한 리더십이 필수불가결하며 리더십의 결여는 항상 숙명적으로 프로젝트의 완료에 어려움을 가져올 가능성이 존재합니다. 또한 사용자가 프로그램의 구현에 직접 관여하는 것이 불가능하다는 본질적인 문제는 어떤 프로젝트 방법론을 사용하더라도 해결할 수 없습니다.

이러한 문제에 대한 해답의 하나로 등장한 것이 바로 **도메인 주도 설계**domain-driven design, DDD입니다. 도메인 주도 설계는 소프트웨어 구현을 비즈니스 요건과 언어적으로 밀접하게 연계시키며 추진하는 방법을 제공합니다. 이를 통해 소프트웨어 개발자와 사용자 사이의 의사소통이 강화되어 사용자의 요구가 정확하게 이해되어 구현에 반영될 가능성이 높아졌습니다. 하지만 이 역시 문제의 대립 구조 안에서는 단순한 애자일 형태로서 도메인 주도 설계이라는 사고 장치가 도구로서 사용되는 것에 지나지 않습니다. 따라서 무엇을 어떻게 할 것인가는 어디까지나 개발자의 유연한 창조성에 의존할 수밖에 없습니다.

5장에서는 도구로서 여러분이 알고 있는 개발 방법과 스위스 군용 칼Swiss army knife 같은 ChatGPT를 이용해 두 가지 예제를 만들어봅시다.

---

1   손에 닿는 대로 아무것이나 이용하는 예술 기법입니다.

도메인 주도 설계와 구현

"DDD를 알고 계십니까?"

"제이크 로버츠Jake Roberts[2]의 프로레슬링 기술 말인가요?"

그건 DDT입니다. 최근 DDD, 즉 도메인 주도 설계는 중요한 설계 방법으로서 주목받고 있습니다. 데이터와 과정에 초점을 맞추는 대신 **도메인**domain에 초점을 맞춰 개발을 진행하는 설계 방법 또는 사상입니다.

기존의 설계 방법은 사용자가 원하는 것을 먼저 요구 사항으로 정의하고 사용자의 승인을 받은 후, 기본 설계, 기능 설계, 데이터베이스 설계, 상세 설계라는 느낌으로 흘러갑니다. 하지만 사용자 관점에서 보면 기본 설계 즈음부터 점점 뜻을 알 수 없는 IT 업계 용어가 나타나기 시작해, 기능 설계, 상세 설계, 데이터베이스 설계 단계가 되면 자료를 쳐다보기도 싫은 상태가 됩니다. 코드의 구현과 같이 아래 단계로 내려가면 내려갈수록 사용자는 따라갈 수 없게 되어 **블랙박스**blackbox가 거대화되고 리뷰도 제대로 할 수 없게 됩니다. 결국 최종 결과 화면을 보고 '우리가 원하는 건 이런 게 아냐…'가 됩니다. 이렇게 끔찍한 프로젝트 문제가 일어납니다.

사용자 입장에서는 프로그래밍 언어가 어떻고, 데이터베이스 관리 계통이 어떻고, 클라우드의 **람다**Lambda가 어떻고 하는 이야기에는 흥미가 없으며, 원하는 것이 제대로 제공되는지 여부가 가장 큰 흥미이자 관심 대상입니다. 이렇게 사용자가 원하는 것을 표현한 것이 바로 도메인입니다.

도메인 주도 설계는 이 흥미와 관심을 도메인에 집중하면서 사용자와 개발자 간의 공통 언어인 문맥을 통해 의사소통을 하며 개발을 진행합니다.

물론 이것은 이미 도메인 주도 설계로 설계하는 개발자에게는 당연한 이야기지만 기존의 설계에 익숙해지면 이해하기가 꽤 어렵습니다. 지금부터 도메인 주도 설계를 진행하면서 ChatGPT가 이 작업에 얼마나 유용한지 알아보겠습니다. 먼저 ChatGPT에게 얼마나 이해하는지 말을 걸어보겠습니다.

---

2 1980년대에 WWE에서 활약했던 프로레슬러로서, 지금도 현역으로 활동 중입니다. 항상 애완 뱀과 함께 다녔기 때문에 WWE 역사상 가장 공포스러운 선수 중 한 명으로 손꼽힙니다.

도메인 주도 설계에 대해 500자 이내로 설명해주세요.

도메인 주도 설계는 소프트웨어 개발의 설계 방법 중 하나입니다. 도메인 주도 설계에서는 비즈니스의 도메인을 확실히 정의합니다. 도메인 주도 설계는 소프트웨어 개발 방법으로서 비즈니스의 도메인에 초점을 맞춰 유연하게 유지보수성이 높은 소프트웨어를 설계하는 것을 목표로 하는 접근 방법입니다. 도메인 주도 설계에서는 비즈니스의 도메인 지식을 깊이 이해하고 그것을 도메인 모델로서 표현합니다. 보편적 언어를 확립하고 비즈니스 전문 용어를 소프트웨어 안에서 공유합니다. 또한 도메인의 규칙과 관계성을 모델링하여 도메인 모델에 포함합니다. 이를 통해 소프트웨어의 설계와 구현이 비즈니스 요구 사항에 따라 유연하고 효과적이 됩니다. 도메인 주도 설계는 복잡한 도메인과 비즈니스 규칙이 존재하는 프로젝트에 적합하며 유지보수성과 확장성의 향상, 비즈니스 가치의 구현에 공헌합니다.

ChatGPT는 확실히 이해하고 있습니다. 필자도 알 것 같지만, 구체적인 이미지가 떠오르지 않습니다. 도메인은 하고 싶은 것의 항목이라는 이야기나 규칙이나 비즈니스 논리와의 결합이라는 것은 알겠지만 **보편적 언어**ubiquitous language라는 건 도대체 무엇일까요? 새로운 프로그래밍 언어인가요?

보편적 언어에 대해 500자 이내로 구체적으로 가르쳐주세요.

보편적 언어는 도메인 주도 설계에서 중요한 개념입니다. 보편적 언어는 비즈니스의 도메인에 대한 공통 언어와 용어 체계를 의미합니다. 도메인 비즈니스 부서와 개발팀이 공유하고 의사소통과 소프트웨어 설계에 사용됩니다. 보편적 언어는 비즈니스 도메인의 이해와 공통의 이해를 구축하는 데 매우 중요합니다. 정확하고 일관성 있는 용어를 사용함으로써 개발자와 도메인 전문가 사이의 오해와 의사소통의 허들을 낮추는 것이 가능합니다.

또한 보편적 언어는 소프트웨어의 도메인 모델과 코드에 직접 반영되어 비즈니스 규칙과 과정의 이해를 더 명확하게 해줍니다. 보편적 언어는 도메인의 전문 지식을 공유하고 소프트웨어 설계에 대한 일관성과 유연성을 향상시키기 위해 중요한 역할을 합니다.

그런 것이군요. 보편적 언어가 딱히 파이썬이나 Go를 대체하는 새로운 프로그래밍 언어는 아닌 것 같네요. 안심이 됩니다. 다시 말해 사용자와 개발자가 서로 이해할 수 있는 표현 방식이라면 프로그래밍 언어와 상관없이 추상화된 공통 언어를 사용하고, 그 문맥에서 공통된 의사소통을 하면 된다는 것입니다. 그럼 이제 좀 더 구체적인 과제를 통해 도메인 주도 설계에 대해 자세히 알아보겠습니다. 마침 필자의 전문 분야인 '재고 관리'에 대해 이야기해보겠습니다.

 도메인 주도 설계를 이용한 재고 관리 설계에 대해 500자 이내로 설명해주세요.

 도메인 주도 설계를 이용한 재고 관리 설계는 먼저 재고 관리 시스템의 도메인을 파악하고 그 중심이 되는 개념이나 규칙을 추출하는 것으로 시작합니다. 예를 들어 상품, 창고, 재고 등이 중요한 요소에 해당합니다.

다음으로 보편적 언어를 확립합니다. 도메인 전문가와 공유한 용어 체계를 반영하여 상품과 재고의 개념을 구체화합니다.

이후 도메인 모델을 설계합니다. 상품과 창고를 엔티티(entity)로 모델링하고 재고 수량과 위치를 가치 객체(value object)로 취급합니다. 집약(aggregate)을 사용하여 관련된 엔티티를 그룹화하여 일관성을 유지하면서 작업을 수행합니다.

저장소 패턴을 사용하여 영속화(persistence)와 데이터베이스 접근을 추상화합니다. 또한 도메인 서비스를 이용하여 재고 조작과 비즈니스 규칙 실행을 캡슐화(encapsulation)합니다.

마지막으로 애플리케이션의 계층을 설계합니다. 핵심 도메인(core domain)을 중심으로 하여 기반(infrastructure) 계층과 사용자 인터페이스(user interface) 계층을 설계합니다. 이를 통해 유지보수성이 높은 도메인 기반 재고 관리 시스템을 구현할 수 있습니다.

도메인을 특정하여 추상화하고, 보편적 언어를 통해 공통화를 추구하고 **엔티티**entity로서 모델화합니다. 그리고 저장소로 데이터베이스 접근을 추상화합니다. 이런 구조를 만드는 것이 중요하다는 뜻입니다.

 그럼 실제로 이 설명에 따라 '재고 관리' 설계를 해주세요.

재고 관리의 설계의 기반으로서 다음과 같은 도메인을 생각해봅시다.

1. 엔티티
상품(Product): 상품ID, 이름, 가격 등의 속성을 갖습니다.
창고(Warehouse): 창고 ID, 이름, 장소 등의 속성을 갖습니다.

2. 가치 객체
재고 수량(Quantity): 수량을 나타내는 값 객체입니다.

3. 집약
재고(Inventory): 상품과 창고를 연결하고 재고 수량과 최종 갱신 날짜를 관리합니다.

4. 도메인 서비스
재고 관리 서비스(InventoryService): 재고의 추가, 감소, 장소의 변경 등 재고 조작을 제공합니다.

5. 저장소
상품 저장소(ProductRepository): 상품의 영속화와 데이터 접근을 담당합니다.
창고 저장소(WarehouseRepository): 창고의 영속화와 데이터 접근을 담당합니다.
재고 저장소(InventoryRepository): 재고의 영속화와 데이터 접근을 담당합니다.

이 설계를 기반으로 비즈니스 요구 사항에 대응하는 각 클래스의 세부 구현과 관련성의 정의가 이루어집니다. 또한 애플리케이션의 각 계층(기반, 사용자 인터페이스)도 설계되어 도메인 모델을 중심으로 통합됩니다.

이 설계에 의해 재고 관리 시스템은 상품의 추가와 삭제, 재고 변경, 창고 사이의 이동 등을 유연하게 관리합니다. 도메인 주도 설계의 원칙과 패턴을 적용하면 비즈니스 요구 사항에 따라 유연하고 유지보수성이 높은 시스템을 실현할 수 있습니다. 구체적인 구현과 비즈니스 규칙의 세부 사항에 대해서는 프로젝트 요구 사항과 도메인 전문가의 지시에 기반하여 진행해주세요.

갑자기 그럴 듯한 항목들이 줄줄이 등장했습니다. 하지만 개발자이자 재고 관리 도메인 전문가인 필자는 이것만 있어도 곧바로 최소 기능 제품minimum viable product, MVP[3]을 구현할 수 있을 것 같습니다.

하지만 이 정보만으로 구현까지 도달하는 것은 불가능합니다. 부족한 것이 무엇인가 생각해보

---

3   최소한의 기능을 구현하여 시장의 반응을 확인하기 위한 제품입니다.

면 일단 클래스 구성도가 필요하다는 느낌이 들지 않나요? 이제 2장에서 이야기했던 클래스화를 응용해봅시다. 이렇게 대략적으로 정의된 사양을 클래스로 정의하여 Mermaid 표기법으로 출력합니다. 지금부터는 정밀도 문제도 있으니 GPT-4를 등장시켜 다음과 같이 질문해보겠습니다.

다음은 도메인 주도 설계를 전제로 설계한 사양입니다. 클래스 구성도로 표현해주세요. 출력은 Mermaid 표기법으로 부탁합니다.

- 엔티티

상품(Product): 상품ID, 이름, 가격 등의 속성을 갖습니다.

창고(Warehouse): 창고 ID, 이름, 장소 등의 속성을 갖습니다.

- 가치 객체

재고 수량(Quantity): 수량을 나타내는 값 객체입니다.

- 집약

재고(Inventory): 상품과 창고를 연결하고 재고 수량과 최종 갱신 날짜를 관리합니다.

- 도메인 서비스

재고 관리 서비스(InventoryService): 재고의 추가, 감소, 장소의 변경 등 재고 조작을 제공합니다.

- 저장소

상품 저장소(ProductRepository): 상품의 영속화와 데이터 접근을 담당합니다.

창고 저장소(WarehouseRepository): 창고의 영속화와 데이터 접근을 담당합니다.

재고 저장소(InventoryRepository): 재고의 영속화와 데이터 접근을 담당합니다.

다음은 요구된 요소를 포함한 클래스 구성도를 Mermaid 표기법으로 표현한 것입니다.

```
Table customers {
    id int [primary key]
    name text [not null]
    email text [not null, unique]
    phone text
    address text
}
```

```
Table orders {
    id int [primary key]
    customer_id int [not null, ref: > customers.id]
    order_date text [not null]
    total_amount real [not null]
}

Table order_details {
    id int [primary key]
    order_id int [not null, ref: > orders.id]
    product_name text [not null]
    unit_price real [not null]
    quantity int [not null]
}
```

이 클래스 구성도에는 엔티티(`Product`, `Warehouse`), 가치 객체(`Quantity`), 집약 (`Inventory`), 도메인 서비스(`InventoryService`), 저장소(`ProductRepository`, `WarehouseRepository`, `InventoryRepository`)가 포함되어 있습니다. 엔티티와 가치 객체 는 각각이 가져야 할 속성을 가지고 있으며 도메인 서비스는 각각의 조작(operation)을 제공하 고 저장소는 데이터의 영속성과 접근을 제공합니다.

또한 Mermaid 표기법은 클래스 구성도를 일반 텍스트로 표현하기 위한 하나의 예로서 실제 설계 과정에서는 UML이나 다른 시각적 표현 도구가 자주 사용됩니다.

클래스 구성도가 준비되었습니다. 출력된 Mermaid 표기법의 클래스 구성도를 노션이나 깃허 브 등에서 표시하면 다음과 같습니다.

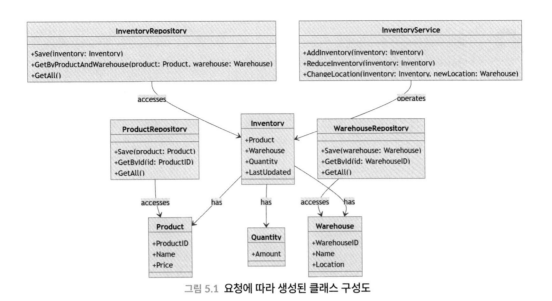

그림 5.1 요청에 따라 생성된 클래스 구성도

GPT-4로 전환한 이유는 단순합니다. 클래스 구성도가 GPT-3.5에서는 제대로 출력되지 않았기 때문입니다. GPT 3.5는 Mermaid 표기법을 그리 잘 다루지 못하지만 GPT-4에서는 단번에 작성했습니다.

클래스 구성도까지 작성되었습니다. 구성도의 내용이 얼핏 보기에 복잡하게 보이지만 사실 매우 간단합니다. InventoryService를 보면 사용자가 하고 싶은 것들이 메서드로 표현되어 있으며, 도메인은 Product, Warehouse, Quantity, Inventory 부분입니다. 이 부분은 사용자(또는 시스템을 이용하는 사람들)가 직접 관여하여 비즈니스에서 의미를 가지는 영역입니다. 사용자와 이야기를 진행할 때 이것이 일반적이라고 인식하면 될 뿐입니다. 앞서 언급된 수수께끼의 보편적 언어입니다.

이를 기반으로 사용자와 함께 이런저런 논의를 통해 뺄 것은 빼고 더할 것은 더해가다 보면 클래스 구성도의 정확도가 높아집니다. 지금까지의 방법을 통해 한국어라는 자연어로 도메인 주도 설계 기반의 개요를 설계하고 클래스 구성도를 출력한 다음, 이를 기반으로 개선한다는 흐름을 실현할 수 있습니다.

이제 실제로 구현해보겠습니다. 코드뿐만 아니라 unittest 기반의 테스트 코드도 출력해달라고 요청하겠습니다.

다음의 클래스 구성은 도메인 주도 설계 방법을 기반으로 합니다. 도메인 주도 설계 개념에 기반하여 단계별로 고려해 코드를 작성해주세요. 마지막으로 해당 코드의 테스트 코드도 유닛 테스트 기반으로 작성해주세요.

(Mermaid 표기법의 스크립트를 복사해 여기에 붙여 넣습니다.)

도메인 주도 설계의 개념을 기반으로 다음과 같이 각 클래스를 파이썬으로 구현합니다.

```python
from dataclasses import dataclass
from datetime import datetime
from typing import List, Optional


@dataclass
class Product:
    id: str
    name: str
    price: float


@dataclass
class Warehouse:
    id: str
    name: str
    location: str


@dataclass
class Quantity:
    amount: int


@dataclass
class Inventory:
    product: Product
    warehouse: Warehouse
    quantity: Quantity
    last_updated: datetime


class InventoryService:
    def add_inventory(self, inventory: Inventory) -> None:
```

```python
            inventory.quantity.amount += 1
            inventory.last_updated = datetime.now()

    def reduce_inventory(self, inventory: Inventory) -> None:
        inventory.quantity.amount -= 1
        inventory.last_updated = datetime.now()

    def change_location(self, inventory: Inventory, new_location:
Warehouse) -> None:
        inventory.warehouse = new_location
        inventory.last_updated = datetime.now()

class ProductRepository:
    def __init__(self):
        self.products = []

    def save(self, product: Product) -> None:
        self.products.append(product)

    def get_by_id(self, id: str) -> Optional[Product]:
        for product in self.products:
            if product.id == id:
                return product
        return None

    def get_all(self) -> List[Product]:
        return self.products

class WarehouseRepository:
    def __init__(self):
        self.warehouses = []

    def save(self, warehouse: Warehouse) -> None:
        self.warehouses.append(warehouse)

    def get_by_id(self, id: str) -> Optional[Warehouse]:
        for warehouse in self.warehouses:
            if warehouse.id == id:
                return warehouse
        return None

    def get_all(self) -> List[Warehouse]:
```

```
            return self.warehouses

class InventoryRepository:
    def __init__(self):
        self.inventories = []

    def save(self, inventory: Inventory) -> None:
        self.inventories.append(inventory)

    def get_by_product_and_warehouse(self, product: Product, warehouse:
Warehouse) -> Optional[Inventory]:
        for inventory in self.inventories:
            if inventory.product == product and inventory.warehouse ==
warehouse:
                return inventory
        return None

    def get_all(self) -> List[Inventory]:
        return self.inventories
```

이어서 유닛 테스트를 사용한 테스트 코드를 작성합니다.

```
import unittest
from datetime import datetime

class TestDDD(unittest.TestCase):
    def setUp(self):
        self.product = Product(id="p1", name="Product1", price=100.0)
        self.warehouse = Warehouse(id="w1", name="Warehouse1", location="
Location1")
        self.quantity = Quantity(amount=10)
        self.inventory = Inventory(product=self.product, warehouse=self.
warehouse, quantity=self.quantity, last_updated=datetime.now())
        self.product_repo = ProductRepository()
        self.warehouse_repo = WarehouseRepository()
        self.inventory_repo = InventoryRepository()
        self.inventory_service = InventoryService()

    def test_product_repository(self):
        self.product_repo.save(self.product)
        self.assertEqual(self.product, self.product_repo.get_by_id("p1"))
```

```python
        self.assertEqual([self.product], self.product_repo.get_all())

    def test_warehouse_repository(self):
        self.warehouse_repo.save(self.warehouse)
        self.assertEqual(self.warehouse, self.warehouse_repo.get_by_
id("w1"))
        self.assertEqual([self.warehouse], self.warehouse_repo.get_all())

    def test_inventory_repository(self):
        self.inventory_repo.save(self.inventory)
        self.assertEqual(self.inventory, self.inventory_repo.get_by_
product_and_warehouse(self.product, self.warehouse))
        self.assertEqual([self.inventory], self.inventory_repo.get_all())

    def test_inventory_service(self):
        self.inventory_service.add_inventory(self.inventory)
        self.assertEqual(11, self.inventory.quantity.amount)
        self.inventory_service.reduce_inventory(self.inventory)
        self.assertEqual(10, self.inventory.quantity.amount)
        new_warehouse = Warehouse(id="w2", name="Warehouse2", location="
Location2")
        self.inventory_service.change_location(self.inventory, new_
warehouse)
        self.assertEqual(new_warehouse, self.inventory.warehouse)

if __name__ == '__main__':
    unittest.main()
```

이 테스트 스크립트는 각 저장소 클래스와 서비스 클래스의 주요 메서드를 테스트합니다. `setup()` 메서드에서 테스트용 데이터를 준비하고 각각의 테스트 함수에서 각 저장소와 서비스의 메서드가 예상대로 작동하는지 테스트합니다.

기본적인 코드 골격이 출력되었습니다. 실제 코드 부분과 테스트 코드를 구글 코랩에서 실행시켜보면 깔끔하게 테스트도 통과합니다.

```
    ▶  unittest.main(argv=['first-arg-is-ignored'], exit=False, verbosity=2)

        test_inventory_repository (__main__.TestDDD) ... ok
        test_inventory_service (__main__.TestDDD) ... ok
        test_product_repository (__main__.TestDDD) ... ok
        test_warehouse_repository (__main__.TestDDD) ... ok

        ----------------------------------------------------------------------
        Ran 4 tests in 0.015s

        OK
        <unittest.main.TestProgram at 0x7897b734f1c0>
```

그림 5.2 **실행 결과**

이것이 도메인 주도 설계를 이용한 설계에서 구현에 이르는 최적의 길입니다. 이후에는 이 코드에 살을 붙여가면 됩니다. 특히 데이터의 **영속화**persistence는 어떤 데이터베이스와 라이브러리를 사용하는가에 따라 구현 방법이 천차만별이기 때문에, 해당 부분이 개발자 능력을 보여줄 수 있는 부분일 것입니다.

이대로 끝내기보다는 좀 더 깊게 살펴보겠습니다. 참고로 필자는 다음과 같이 영속화 부분의 구현을 진행했습니다. 라이브러리는 `SQLAlchemy`를 사용하여 가급적 특정 데이터베이스에 의존하지 않도록 하였고, 테스트하기 쉽도록 데이터베이스는 SQLite를 사용하였습니다.

> 다음의 클래스 구성은 도메인 주도 설계 방법을 기반으로 합니다. 도메인 주도 설계의 개념에 기반하여 단계별로 고려해 코드를 작성해주세요. 마지막으로 해당 코드의 테스트 코드도 유닛 테스트 기반으로 작성해주세요. 또한 영속화는 데이터베이스를 사용하고, `SQLAlchemy` 라이브러리를 사용해 구현합니다.
>
> (Mermaid 표기법의 스크립트를 복사해 여기에 붙여 넣습니다.)

실제 코드와 테스트 코드가 출력되면 테스트 코드로 테스트를 해보시겠지만 대부분 단번에 작동하지 않을 것입니다. 하지만 괜찮습니다. 테스트 결과를 ChatGPT에 붙여 넣고 재차 물어보기를 바랍니다. 그 답변에 따라 실제 코드를 수정하고 다시 테스트를 진행합니다. 모든 테스트가 통과될 때까지 이를 반복합니다. 그 결과 최종 코드와 테스트 코드는 다음과 같았습니다.

ChatGPT가 생성해준 코드를 테스트해 수정한 결과가 다음 코드입니다.

1 엔티티와 서비스 클래스

```python
from sqlalchemy import Column, Integer, String, DateTime, ForeignKey
from sqlalchemy.orm import relationship,declarative_base
from datetime import datetime


Base = declarative_base()

class Product(Base):
    __tablename__ = 'products'
    id = Column('product_id', Integer, primary_key=True)
    name = Column(String(64))
    price = Column(Integer)

    def __init__(self, name, price):
        self.name = name
        self.price = price

class Warehouse(Base):
    __tablename__ = 'warehouses'
    id = Column('warehouse_id', Integer, primary_key=True)
    name = Column(String(64))
    location = Column(String(64))

    def __init__(self, name, location):
        self.name = name
        self.location = location

class Quantity(Base):
    __tablename__ = 'quantities'
    id = Column('quantity_id', Integer, primary_key=True)
    amount = Column(Integer)

    def __init__(self, amount):
        self.amount = amount

class Inventory(Base):
    __tablename__ = 'inventories'
    id = Column('inventory_id', Integer, primary_key=True)
    product_id = Column(Integer, ForeignKey('products.product_id'))
    product = relationship('Product')
    warehouse_id = Column(Integer, ForeignKey('warehouses.warehouse_id'))
    warehouse = relationship('Warehouse')
```

```
        quantity_id = Column(Integer, ForeignKey('quantities.quantity_id'))
        quantity = relationship('Quantity')
        last_updated = Column(DateTime, default=datetime.utcnow)

        def __init__(self, product, warehouse, quantity):
            self.product = product
            self.warehouse = warehouse
            self.quantity = quantity

        def update_time(self):
            self.last_updated = datetime.utcnow()

class InventoryService:
    def __init__(self, inventory_repository):
        self.inventory_repository = inventory_repository

    def add_inventory(self, inventory):
        self.inventory_repository.save(inventory)
        inventory.update_time()

    def reduce_inventory(self, inventory):
        inventory.quantity.amount -= 1
        self.inventory_repository.save(inventory)
        inventory.update_time()

    def change_location(self, inventory, new_location):
        inventory.warehouse = new_location
        self.inventory_repository.save(inventory)
        inventory.update_time()
```

2 저장소 구현

여기서는 각각의 저장소의 기본적인 조작을 추상 클래스abstract class로 정의하고 그것을 상속하는 구상 클래스concrete class를 작성합니다. 각각의 저장소 클래스는 `SQLAlchemy`의 세션session을 받아, 그 세션을 통해 데이터베이스 처리를 실행합니다.

```
from abc import ABC, abstractmethod
from sqlalchemy.orm import Session

class AbstractRepository(ABC):
    def __init__(self, session: Session):
```

```python
        self.session = session

    @abstractmethod
    def save(self, entity):
        pass

    @abstractmethod
    def get_by_id(self, id):
        pass

    @abstractmethod
    def get_all(self):
        pass

class ProductRepository(AbstractRepository):
    def save(self, product: Product):
        self.session.add(product)
        self.session.commit()

    def get_by_id(self, id: int):
        return self.session.get(Product, id)

    def get_all(self):
        return self.session.query(Product).all()

class WarehouseRepository(AbstractRepository):
    def save(self, warehouse: Warehouse):
        self.session.add(warehouse)
        self.session.commit()

    def get_by_id(self, id: int):
        return self.session.get(Warehouse, id)

    def get_all(self):
        return self.session.query(Warehouse).all()

class InventoryRepository(AbstractRepository):
    def save(self, inventory: Inventory):
        self.session.add(inventory)
        self.session.commit()

    def get_by_id(self, id: int):
        return self.session.query(Inventory).get(id)
```

```
    def get_by_product_and_warehouse(
        self, product: Product, warehouse: Warehouse):
        return self.session.query(Inventory).filter_by(
            product_id=product.id, warehouse_id=warehouse.id).first()

    def get_all(self):
        return self.session.query(Inventory).all()
```

3 테스트 코드

```python
import unittest
from sqlalchemy import create_engine
from sqlalchemy.orm import sessionmaker
from datetime import datetime

class TestDDD(unittest.TestCase):
    def setUp(self):
        engine = create_engine('sqlite:///:memory:')
        Base.metadata.create_all(engine)
        Session = sessionmaker(bind=engine)
        self.session = Session()

        self.product_repository = ProductRepository(self.session)
        self.warehouse_repository = WarehouseRepository(self.session)
        self.inventory_repository = InventoryRepository(self.session)

        self.product = Product('product1', 1000)
        self.warehouse = Warehouse('warehouse1', 'location1')
        self.quantity = Quantity(10)
        self.inventory = Inventory(
            self.product, self.warehouse, self.quantity)

        self.product_repository.save(self.product)
        self.warehouse_repository.save(self.warehouse)
        self.inventory_repository.save(self.inventory)

        self.session.commit()

    def test_product_repository(self):
        retrieved_product = self.product_repository.get_by_id(self.product.id)
```

```python
        self.assertEqual(retrieved_product.name, 'product1')
        self.assertEqual(retrieved_product.price, 1000)
```

…생략…

```python
    def test_inventory_service(self):
        inventory_service = InventoryService(self.inventory_repository)

        # 재고 추가
        new_product = Product('product2', 2000)
        new_warehouse = Warehouse('warehouse2', 'location2')
        new_quantity = Quantity(5)
        new_inventory = Inventory(new_product, new_warehouse, new_quantity)
        inventory_service.add_inventory(new_inventory)
        self.session.commit()

        retrieved_inventory = \
          self.inventory_repository.get_by_product_and_warehouse(
              new_product, new_warehouse)
        self.assertEqual(retrieved_inventory.product.name, 'product2')
        self.assertEqual(retrieved_inventory.warehouse.name, 'warehouse2')
        self.assertEqual(retrieved_inventory.quantity.amount, 5)

        # 재고 감소
        inventory_service.reduce_inventory(retrieved_inventory)
        self.session.commit()

        retrieved_inventory = \
          self.inventory_repository.get_by_product_and_warehouse(
              new_product, new_warehouse)
        self.assertEqual(retrieved_inventory.quantity.amount, 4)

        # 위치 변경
        another_warehouse = Warehouse('warehouse3', 'location3')
        inventory_service.change_location(
            retrieved_inventory, another_warehouse)
        self.session.commit()

        retrieved_inventory = \
          self.inventory_repository.get_by_product_and_warehouse(
              new_product, another_warehouse)
        self.assertEqual(retrieved_inventory.warehouse.name, 'warehouse3')
```

구글 코랩에서 다음과 같이 테스트 코드를 실행합니다.

```
unittest.main(argv=['first-arg-is-ignored'], exit=False, verbosity=2)
```

```
test_inventory_repository (__main__.TestDDD) ... ok
test_inventory_service (__main__.TestDDD) ... ok
test_product_repository (__main__.TestDDD) ... ok
test_warehouse_repository (__main__.TestDDD) ... ok


----------------------------------------------------------------------
Ran 4 tests in 0.100s

OK
<unittest.main.TestProgram at 0x7fb41a6c2d70>
```

테스트도 무사히 통과되었습니다.

도메인 주도 설계에 따른 설계부터 구현 그리고 테스트까지의 전체적인 흐름을 살펴봤습니다. 간단한 예제로 도메인 주도 설계에 따른 설계에서 구현까지 했으나, 현실에서는 좀 더 복잡한 작업이 될 것입니다. 도메인 주도 설계의 상세 내용은 관련 전문 서적을 찾아보기를 바랍니다. 여기서 말하고자 하는 것은 ChatGPT에게 도메인 주도 설계 접근 방식으로 설계와 구현을 요청하는 방법에 대한 팁입니다. 도메인 주도 설계에 의한 설계부터 코드 구현까지의 절차는 다음과 같습니다.

1. ChatGPT에게 도메인 주도 설계로 설계할 것임을 선언하고, 사양을 명확히 한다.
2. ChatGPT에게 도메인 주도 설계를 기반으로 설계를 요청한다.
3. ChatGPT에게 그 설계 개념에 따라 클래스 구성도를 생성하게 하고, 클래스 구성도를 Mermaid 표기법 등의 코드 수준에서 확인한다.
4. 클래스 구성도를 기반으로, 요구 사항에 맞는지를 논의하고 정리한다(이번에는 이 과정을 생략하였습니다).

5. ChatGPT에게 결정된 클래스 구성도를 기반으로 코드와 테스트 코드의 작성을 요청한다. 이때 어디까지 구현할 것인지를 명확하게 한다. 아무것도 전달하지 않으면 임시 코드stub code를 출력하며, 영속화를 하고 싶은 경우에는 무엇을 사용해 영속화를 할지 명확히 한다.

6. 구현된 코드가 생각했던 대로 작동하는지 테스트 코드를 통해 확인한다. 오류가 발생하면 ChatGPT에 물어보고 수정한다. 테스트를 통과할 때까지 이를 반복한다.

이를 명확하게 이해하고 대화를 이어나가면 어느 정도 만족할 수 있는 답변을 얻을 수 있을 것입니다. 남은 것은 여러분의 질문 방법과 프롬프트를 사용하는 방법에 달려 있습니다.

5.2 테스트 주도 개발에 의한 테스트 기반 구현

도메인 주도 설계, **테스트 주도 개발**test-driven development, TDD, **데이터 주도 테스트**data-driven testing, DDT는 모두 형제일까요? 아닙니다. 도메인 주도 설계와 테스트 주도 개발은 전혀 다른 것입니다. 하지만 두 가지를 동시에 사용하는 경우가 있을 겁니다. 도메인 주도 설계는 앞 절에서 설명했던 것처럼 상위 과정에서 사용되는 설계 방법이자 사상이지만, 테스트 주도 개발은 완전히 그 반대로서 하위 과정에서 사용되는 개발 방법입니다. 다시 말해 실제 프로그램 코드를 작성할 때 사용하는 것입니다. 그것을 한마디로 표현하면 다음과 같습니다.

태초에 테스트 코드가 있었다.

《묵시록》을 말하는 것이 아닙니다. 단적으로 말하면 어떤 것을 하기 전에 **테스트 코드**test code를 먼저 작성하는 방법입니다. "왜요? 그러면 처음부터 오류로 가득 차는 것 아닌가요?"라고 말할 수도 있습니다. 필자도 그렇게 생각했던 시기가 있었습니다. 하지만 오류가 발생하는 것을 허용하고 받아들여야 합니다. 테스트 주도 개발을 모른다면 테스트 코드를 나중에 작성하겠지만, 귀찮지 않습니까? 싫지 않습니까? 하지만 테스트 코드를 작성하지 않으면 그 코드가 완성되었는지 알 수 없습니다. 다시 말해 테스트 코드는 마지막에 반드시 존재해야 하는 부분입니다. 그렇다면 먹기 싫은 것을 처음에 먼저 후딱 먹고 맛있는 것은 나중에 천천히 먹으면 어떨까요? 그것은 인간의 본성입니다. 하기 싫은 것을 처음에 먼저 해치운다는 개념이 테스트 주도 개발입니다. "그렇다면, 뒤에 해도 되는 건 아닌가?"라고 반발할 수도 있습니다. 이에 대해 확실한 대답이 있습니다. 테스트 주도 개발로 인해 얻을 수 있는 혜택이 있기 때문입니다.

다시 정리하면 테스트 주도 개발이란 코드를 작성하기 전에 필요한 테스트 코드를 먼저 작성하는 소프트웨어 개발 방법입니다.

1. 먼저 새로운 기능의 요구 사항을 만족하기 위한 단일 테스트를 작성한다. 이 시점에서는 기능이 아직 구현되지 않은 상태이기 때문에, 당연히 테스트는 실패한다.
2. 이어서, 테스트에 통과할 수 있는 최소한의 코드를 작성한다. 이 단계에서는 통과하는 것이 무엇보다 중요하다.
3. 테스트가 통과되면, 코드를 리팩터링한다.
4. 1~3 과정을 반복한다. 이를 통해 코드의 품질과 가독성을 향상시킨다.

이것이 테스트 주도 개발의 개발 과정입니다. 필자의 관점에서 이를 통해 얻을 수 있는 혜택은 다음과 같습니다.

- 리팩터링이 압도적으로 편해진다. 테스트가 있으면 그 범위 내에서 몇 번이고 리팩터링할 수 있다.
- 테스트를 작성하는 동안 대상 함수의 이미지가 확립되어, 세부적인 사양이나 누락된 부분을 명확하게 알 수 있다.
- 언제나 테스트가 가능하다는 심리적 안정감이 있다(유사 시에도 항상 테스트가 존재하는 것을 지향한다).
- 타인이 테스트 코드를 보면 그 함수의 사용 방법을 알 수 있다.
- 어디까지 테스트가 가능한지 명확해진다.
- 테스트를 한 번에 실행하여, 다운그레이드를 방지한다.
- CI_continuous integration 과정에 간단히 포함시킬 수 있다.

"ChatGPT와 무슨 상관인가요?"라고 물어볼 수 있습니다. 밀접한 관계가 있습니다. ChatGPT는 이런 스타일과 너무나도 상성이 좋기 때문입니다. 테스트 코드를 작성하는 습관이 밴 사람이 ChatGPT를 활용한다면 천지개벽이 일어나는 것 같지 않을까요?

ChatGPT를 사용하여 테스트 주도 개발을 구현하는 방법은 아주 간단합니다. 테스트 코드를 작성하고 그 결과를 ChatGPT에게 전달해 주기만 하면 됩니다. 또한 코드의 내용을 자신이 작성하는 대신 ChatGPT가 작성해주기 때문에 엄청나게 빠른 속도로 개발이 진척됩니다.

실제로 작업을 해보도록 하겠습니다. 문자열 형태로 계산식을 전달하면 그 계산 결과를 반환하는 함수를 작성하는 예제를 작성한다고 가정해보겠습니다. 테스트 코드는 다음과 같이 작성하였습니다(테스트 주도 개발도 마찬가지로 GPT-4를 추천합니다. 이유는 뒤에서 설명합니다).

```python
import unittest

class TestCalcString(unittest.TestCase):
    def test_calc_string_with_valid_input(self):
        self.assertEqual(calc_string('1+1'), '2')
        self.assertEqual(calc_string('1-1'), '0')
        self.assertEqual(calc_string('1*10'), '10')
        self.assertAlmostEqual(float(calc_string('1/3')), 0.333, places=2)
        self.assertEqual(calc_string('(1+1)*5'), '10')
        self.assertAlmostEqual(float(calc_string('(3+1)/2')), 2.0, places=2)

    def test_calc_string_with_invalid_input(self):
        with self.assertRaises(ValueError):
            calc_string('')
        with self.assertRaises(ValueError):
            calc_string('(1+2')
        with self.assertRaises(ValueError):
            calc_string('1+2)')
        with self.assertRaises(ValueError):
            calc_string('2*3+')
        with self.assertRaises(ValueError):
            calc_string('1/0')
```

이 코드를 테스트 삼아 구글 코랩에서 실행해보았습니다.

```
▶  unittest.main(argv=['first-arg-is-ignored'], exit=False, verbosity=2)

   test_calc_string_with_invalid_input (__main__.TestCalcString) ... ERROR
   test_calc_string_with_valid_input (__main__.TestCalcString) ... ERROR

   ================================================================
   ERROR: test_calc_string_with_invalid_input (__main__.TestCalcString)
   ----------------------------------------------------------------
   Traceback (most recent call last):
     File "<ipython-input-1-301142b15080>", line 14, in test_calc_string_with_invalid_input
       calc_string('')
   NameError: name 'calc_string' is not defined

   ================================================================
   ERROR: test_calc_string_with_valid_input (__main__.TestCalcString)
   ----------------------------------------------------------------
   Traceback (most recent call last):
     File "<ipython-input-1-301142b15080>", line 5, in test_calc_string_with_valid_input
       self.assertEqual(calc_string('1+1'), '2')
   NameError: name 'calc_string' is not defined

   ----------------------------------------------------------------
   Ran 2 tests in 0.012s

   FAILED (errors=2)
   <unittest.main.TestProgram at 0x7ce6f9e074c0>
```

그림 5.3 **실행 결과**

당연히 오류가 발생합니다. 일반적으로는 여기서부터 일단 작동하는 코드를 구현하지만, 이
작업을 ChatGPT에게 맡길 수 있습니다. 다음과 같은 프롬프트로 구현을 요청해보겠습니다.
테스트 코드가 제대로 작성되었다면 이 정도의 프롬프트만으로도 충분히 이해하고 작성해줍
니다.

다음의 사양과 테스트 코드를 만족하는 내용의 코드를 작성해주세요.

```
## 사양
입력: 계산할 문자열
출력: 계산 결과

## 테스트 코드
(위의 테스트 코드를 복사해 여기에 붙여 넣습니다.)
```

결과는 다음과 같습니다.

다음은 테스트 케이스를 만족하는 `calc_string()` 함수의 구현입니다. 여기서는 파이썬의
`eval` 함수를 이용하고 있습니다만 `eval()` 함수는 보안상 위험성이 있기 때문에 일반적으로

는 이용하지 않아야 합니다. 보안상의 위험성은 외부의 입력을 직접 평가하기 때문에 의도치 않은 코드의 실행을 허용할 가능성이 있는 것을 의미합니다.

하지만 이 경우에는 테스트 코드를 만족하기 위한 간단한 구현으로써 `eval()` 함수를 사용합니다.

```python
import re
import unittest

def calc_string(input_string):
    if re.match(r'^[\d+\-*/\(\) ]+$', input_string) and input_string.count('(') == input_string.count(')'):
        try:
            return str(eval(input_string))
        except ZeroDivisionError:
            raise ValueError("Cannot divide by zero.")
        except:
            raise ValueError("Invalid calculation.")
    else:
        raise ValueError("Invalid input.")
```

이 코드는 입력 문자열이 숫자, 사칙연산자, 괄호로만 구성되어 있어 여는 괄호와 닫는 괄호의 수가 일치하는지를 확인합니다. 이러한 조건을 만족하는 경우에만 계산을 실행하며 그 외의 경우에는 `ValueError`를 일으킵니다. 또한 0으로 나누기가 발생한 경우에도 `ValueError`를 일으킵니다.

어느 정도 기대 수준에 도달한 코드가 작성되었습니다.

여기서 반드시 필요한 비기이자 마법의 주문이 있습니다. 혹시 생성된 코드의 결과가 생각했던 것과 다른 경우나 여러분의 성향, 철학, 스타일과 다른 경우에는 다음과 같은 프롬프트를 작성해 다른 답변을 얻기를 바랍니다.

 같은 사양으로 다른 코드를 생성해주세요.

몇 번이라도 다른 코드를 생성해주기 때문에 그중에서 가장 적합한 코드를 선택하면 됩니다. 물론 앞의 대화에 대한 기억을 얼마나 유지하고 있느냐가 중요하기 때문에 어느 시점부터는 같은 답변을 생성하는 경우도 있습니다. 이것이 코드를 무한대로 발생시키는 비기, 무한 주문無限呪文입니다. 기억해둔다면 굉장히 유용할 것입니다.

다시 원래 문제로 돌아가봅시다. 결과 코드를 구글 코랩에서 실행하여 테스트를 실행합니다.

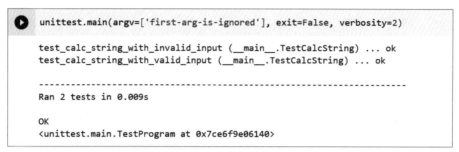

```
unittest.main(argv=['first-arg-is-ignored'], exit=False, verbosity=2)

test_calc_string_with_invalid_input (__main__.TestCalcString) ... ok
test_calc_string_with_valid_input (__main__.TestCalcString) ... ok

----------------------------------------------------------------------
Ran 2 tests in 0.009s

OK
<unittest.main.TestProgram at 0x7ce6f9e06140>
```

그림 5.4 **실행 결과**

"테스트는 통과했으며, 구현이 완료되었습니다"라고 말하고 싶지만, ChatGPT가 "eval() 함수는 보안상 위험하기 때문에 일반적으로는 이용하지 않아야 합니다"라고 한 것처럼 이 코드에는 잠재적인 위험성이 있습니다. 따라서 여기서는 앞서 설명한 테스트 주도 개발 과정에서 세 번째 항목인 리팩터링 단계로 들어갑니다.

다음과 같은 사양과 테스트 코드, 그리고 코드가 있습니다. 코드에서는 eval()을 사용하고 있습니다만 보안 문제가 있습니다. eval()을 사용하지 않도록 코드를 리팩터링해주세요.

사양
입력: 계산할 문자열
출력: 계산 결과

테스트 코드
(위의 테스트 코드를 복사해 여기에 붙여 넣습니다.)

파이썬의 eval() 함수 대신에 파이썬의 표준 라이브러리인 ast와 operator를 사용하여 수식의 해석과 평가를 실행하는 것이 가능합니다.

다음은 그 구현 코드입니다.

```python
import ast
import operator as op
import unittest

# 지원 가능 연산자
operators = {ast.Add: op.add, ast.Sub: op.sub, ast.Mult: op.mul, ast.Div:
op.truediv}

def eval_expr(node):
    if isinstance(node, ast.Num):  # <number>
        return node.n
    elif isinstance(node, ast.BinOp):  # <left> <operator> <right>
        return operators[type(node.op)](eval_expr(node.left), eval_
expr(node.right))
    elif isinstance(node, ast.UnaryOp):  # <operator> <operand> e.g., -1
        return operators[type(node.op)](eval_expr(node.operand))
    else:
        raise TypeError(node)

def calc_string(s):
    # 구문 분석 전에 문자열을 튜플로 감싸기
    node = ast.parse(f"({s})", mode='eval')

    if not isinstance(node.body, (ast.BinOp, ast.Num)):
        raise ValueError("Invalid calculation.")
    try:
        return str(eval_expr(node.body))
    except ZeroDivisionError:
        raise ValueError("Cannot divide by zero.")
    except:
        raise ValueError("Invalid calculation.")
```

이 구현에서는 파이썬의 `ast.parse()` 함수를 사용하여 문자열을 추상 구문 트리(abstract syntax tree)[4]로 해석하고, 그 노드(node)를 재귀적으로 평가합니다. 이 구현에서는 `eval()` 함수를 사용하지 않기 때문에 보안 문제를 피할 수 있습니다.

이 코드의 작동 여부는 운에 달렸습니다. 이와 같이 구조를 전체적으로 바꾸는 형태의 리팩터

---

4 소스 코드의 구조를 트리 구조로 표현한 것으로, 컴파일러의 구문 분석 등에서 주로 사용됩니다.

링을 하면, 단번에 테스트를 통과한 경우가 거의 없습니다. 하지만 확실한 테스트 코드가 있다면 괜찮습니다. 몇 번이고 반복해서 테스트 결과를 피드백하면 되니까요.

테스트 코드를 실행하니 다음과 같은 오류가 발생했습니다. 이를 다시 ChatGPT에게 피드백합니다. 채팅 셀에 오류를 붙여 넣기만 하면 됩니다.

```
test_calc_string_with_invalid_input (__main__.TestCalcString) ... ERROR
test_calc_string_with_valid_input (__main__.TestCalcString) ... ok

======================================================================
ERROR: test_calc_string_with_invalid_input (__main__.TestCalcString)
----------------------------------------------------------------------
Traceback (most recent call last):
  File "<ipython-input-1-220066620c86>", line 15, in test_calc_string_with
_invalid_input
    calc_string('(1+2')
  File "<ipython-input-6-dbc7c223e0a0>", line 20, in calc_string
    node = ast.parse(f"({s})", mode='eval')
  File "/usr/lib/python3.10/ast.py", line 50, in parse
    return compile(source, filename, mode, flags,
  File "<unknown>", line 1
    ((1+2)
        ^
SyntaxError: '(' was never closed

----------------------------------------------------------------------
Ran 2 tests in 0.011s

FAILED (errors=1)
<unittest.main.TestProgram at 0x7fcb99f4d330>
```

대단히 죄송합니다. 오류의 원인은 비대칭 괄호에 의한 것입니다. 이와 같이 올바르지 않은 입력에는 `ast.parse`가 SyntaxError가 발생합니다. 따라서 이 예외를 처리하도록 `calc_string()` 함수를 수정할 필요가 있습니다. 다음은 수정한 코드입니다.

```
import ast
import operator as op
```

```
import unittest

# 지원 가능 연산자
operators = {ast.Add: op.add, ast.Sub: op.sub, ast.Mult: op.mul, ast.Div:
op.truediv}

def eval_expr(node):
    if isinstance(node, ast.Num):  # <number>
        return node.n
    elif isinstance(node, ast.BinOp):  # <left> <operator> <right>
        return operators[type(node.op)](eval_expr(node.left), eval_expr
(node.right))
    elif isinstance(node, ast.UnaryOp):  # <operator> <operand> e.g., -1
        return operators[type(node.op)](eval_expr(node.operand))
    else:
        raise TypeError(node)

def calc_string(s):
    try:
        # 구문 분석 전에 문자열을 튜플로 감싸기
        node = ast.parse(f"({s})", mode='eval')

        if not isinstance(node.body, (ast.BinOp, ast.Num)):
            raise ValueError("Invalid calculation.")
        return str(eval_expr(node.body))
    except SyntaxError:
        raise ValueError("Invalid input.")
    except ZeroDivisionError:
        raise ValueError("Cannot divide by zero.")
    except:
        raise ValueError("Invalid calculation.")
```

이 수정을 통해 올바르지 않은 입력(예를 들면, 닫히지 않은 괄호 등)에 대해 `SyntaxError`가 주어진 경우 `calc_string()` 함수는 `ValueError`를 줍니다. 이를 통해 테스트 케이스에 만족할 수 있습니다.

수정된 코드를 실행하고, 다시 테스트 코드를 실행해봅니다.

```
unittest.main(argv=['first-arg-is-ignored'], exit=False, verbosity=2)

test_calc_string_with_invalid_input (__main__.TestCalcString) ... ok
test_calc_string_with_valid_input (__main__.TestCalcString) ... ok

----------------------------------------------------------------------
Ran 2 tests in 0.011s

OK
<unittest.main.TestProgram at 0x7ce6e56fec80>
```

그림 5.5 **실행 결과**

작동했습니다! 이번에는 운이 좋았던 것인지 단 한 번의 피드백만으로 작동했습니다. 일반적으로는 두세 번 정도 반복해야 작동하게 됩니다.

이것으로 테스트 주도 개발의 세 번째 과정인 리팩터링을 반복하는 과정이 일단락되었습니다.

만약 이 코드에 새로운 기능을 추가하고 싶다면, 먼저 테스트 코드에 그 기능의 테스트를 작성하고 내용을 구현합니다. 이때 내용의 구현도 아예 ChatGPT에게 요청할 수 있는데, 결국 앞에서 나열한 첫 번째 과정부터 세 번째 과정을 반복할 뿐입니다.

ChatGPT로 테스트 주도 개발을 하면 개발 시간을 아낄 수 있으며 테스트 코드가 일종의 부적이 되어 리팩터링 과정도 진척됩니다. 또한 CI 과정의 효율성과도 연결됩니다. 좋은 것들만 가득하네요. 특히 테스트 코드를 사용한 ChatGPT를 이용한 테스트 주도 개발만의 특전입니다. ChatGPT에 의한 테스트 주도 개발이 자신과 잘 맞는지 꼭 한 번 시도해보기를 바랍니다. 개발 방법마다 상성이 좋거나 나쁠 수 있으니까요.

지금까지 ChatGPT를 이용한 테스트 주도 개발 과정을 검증했는데, GPT-3.5로는 다소 힘듭니다. 테스트 오류를 피드백해도 같은 코드를 생성합니다. 하지만 GPT-4로 진행하니 피드백을 기반으로 제대로 코드가 생성되었습니다. 테스트 주도 개발 과정을 쾌적하게 진행하는 것이 전제라면 GPT-4를 사용하는 것을 추천합니다.

또한 테스트 코드는 **GPT에게 극소수 적중 학습(퓨숏 러닝)**few-shot learning[5]**에 해당합니다.** 테스트 코드의 예제가 많다면 실제 코드의 생성 정밀도도 높아지고 원하는 코드와 딱 맞아 떨어지기 때문에, 코드 수정도 거의 필요하지 않은 결과가 생성될 확률이 높아집니다.

---

5 데이터 내에 동일한 형태의 데이터가 있는지를 구분하는 일반적인 방식이 아니라, 데이터를 구분하는 방법을 직접 학습하고 이를 통해 매우 극소수의 데이터를 기반으로 분류해 내는 학습을 의미합니다.

5.3 ChatGPT와 소프트웨어 개발의 접근 방식

5장에서는 도메인 주도 설계, 테스트 주도 개발을 ChatGPT에서 활용하려면 어떤 접근 방식을 취할 수 있을지에 대해 테스트해보았습니다. 도메인 주도 설계는 제창자인 에릭 에번스Eric Evans는 "도메인 주도 설계는 이것이라고 확실히 정의하는 것은 매우 어렵다"고 말합니다. 도메인 주도 설계는 어떤 방법이라고 하기보다는 개발 사상으로 인식하는 쪽이 좋을지도 모르겠습니다. 새로 이 사상을 접했다면 현실의 모델을 설계할 때 허들이 꽤 높을 수도 있습니다. 그럴 때는 ChatGPT에게 간단한 모델의 설계와 골격 코드의 작성을 부탁한 다음, 테스트 코드를 실행시켜 점점 깊게 이해해가는 과정이 효과적입니다.

이 밖에도 많은 개발 방식이 있습니다. 지면 관계로 소개하지 못했지만 **API 우선 설계**API first design라는 개념이 있습니다. 마이크로 서비스micro service를 구현하는 경우에는 이 개념을 기반으로 개발 과정에서 **API**application programming interface 설계를 가장 먼저 합니다. API의 설계는 스웨거Swagger 등을 사용하여 문서화가 진행됩니다. 이 개념의 특징은 프런트엔드front-end와 백엔드back-end의 개발을 동시에 병렬로 시행할 수 있다는 점입니다. 이 경우 FastAPI 프레임워크를 사용하는 것을 전제로 ChatGPT에게 코드 생성을 요청하면 스웨거를 통한 API 사양 출력도 간단합니다.

ChatGPT로 벽을 부수는 것에는 시간이 걸리지 않습니다. 생각했던 것을 바로 테스트하고 그 결과를 바로 받아볼 수 있습니다. 따라서 ChatGPT를 사용하여 자신이 직접 여러 가지 개발 방식에 접근해보기를 바랍니다. 시행착오를 반복하다 보면 그 개발 방식에 대한 접근 성과가 어느새 보이게 될 것입니다. 어떤 것이 좋은가, 무엇을 지향해갈 것인가, 자신의 목적에 맞는가 등 머리로 이해하는 것보다 먼저 체감해보는 것이 중요합니다.

5장에서 다루었던 ChatGPT가 생성한 파이썬 코드는 다음의 깃허브 저장소에 있습니다. 내용을 복사하여 구글 코랩에 붙여 넣거나 가져오기를 실행하면 코드를 실행할 수 있습니다.

- https://github.com/Choonholic/jpub_chatgpt/tree/main/notebooks

## CHAPTER 6

학습 과정에서의 활용

γνῶθι σεαυτόν

너 자신을 알라.

소크라테스(아폴론 신전의 명문에서)

배우고 싶지만 허들이 조금 높아 손을 대지 못하는 분야나 흥미가 있어 개념과 특징은 알지만 실제로 코드를 작성해본 적은 없는 프로그래밍 언어, 예전에 조금 해보았지만 지금은 완전히 잊은 기술 요소 등을 처음부터 또는 다시 배울 때는 ChatGPT를 교수 역할로 세우고 활용하는 것이 효과적입니다. 6장에서는 필자가 체험한 학습 과정을 따라가보겠습니다. 이 과정이 여러분의 학습에 힌트가 되길 바랍니다.

6.1 분야별 학습

얼마 전까지만 해도 '프로그래밍을 배우고 단 반년 만에 연 수입 1억 원 초과!' 같은 말이 있었던 것 같은데, 최근에는 줄었습니다. IT 업계 경력이 40년 넘는 필자도 아직 시급 1만 원을 조금 넘는 수준입니다.

현장에 나가면 엔지니어는 학교에서 배운 것 외에도 부담스러울 정도로 많은 분야를 배워야 합니다. 백엔드, 프런트엔드에서 사용하는 기술은 물론이고 클라우드, 데이터베이스, 보안, 네트워크, 운영체제, 하드웨어, 데브옵스DevOps, ChatGPT에서 그치지 않고, 영어, 수학까지 시간이 아무리 많아도 부족합니다. 더군다나 각각 그 나름대로의 수준을 요구합니다.

다행히 배울 기회는 늘어나 책뿐만 아니라 동영상이나 웹사이트에서도 배울 수 있습니다. 그런데 책을 읽고 동영상으로 배우고 나면 잠시 '(막 깨달은 수준임에도) 완전히 이해했다'고 생각하게 됩니다. 하지만 다음 단계로 넘어가기 위해서는 일단 그 상태를 벗어나야 합니다. 무엇이든 할 수 있을 것 같은 잘못된 감각에 휘둘린 상태를 가라앉히고, '하나도 모르겠어'라고 되새기며 헛된 자신감을 버리고 나서야 천천히 찾아오는 조용하고 흔들림 없는 자신감이 필요합니다. 맞습니다. '조금 할 수 있을 것 같아'라는 느낌입니다. 끝없는 학습곡선의 반복을 지치지 않고 걸어가는 것이 바로 IT의 길이 아닐까요? 그런 경지에 도달하려면 리눅스 커널Linux kernel과 깃Git을 개발한 리누스 토르발스Linus Benedict Torvalds 정도의 연륜을 쌓아야겠지만, 필자 같은 일반인은 적어도 '완전히 이해했다' 수준의 학습 체험만으로 충분합니다.

책과 동영상으로 하는 학습은 기본으로 하고 ChatGPT라는 새로운 기둥을 세워봅시다. 학습의 세계가 지금까지와는 다른 차원으로 펼쳐집니다.

ChatGPT의 최대 무기는 **대화**입니다. 대화라고 하면 가장 먼저 떠오르는 것이 바로 그리스의 3대 철학자 중 한 명인 소크라테스일 것입니다. AI와 대화가 가능하다는 것은 소크라테스가 만든 대화법을 쉽게 실천할 수 있다는 뜻입니다. 소크라테스라고 하면 "자신이 무지하다는 것을 아는 것"이라는 말이 떠오를 것입니다. 자신이 얼마나 모르는지 아는 것(물론 대화의 상대에게도 마찬가지지만)이 중요하다는 의미입니다. 사람은 대화를 통해 자신이 무엇을 알지 못하는지 자각하기에 학습을 계속할 수 있는 것입니다.

우리에게는 '대화'라는 무기가 있기 때문에 이를 활용합시다. 책에 아무리 많이 질문을 해도, 동영상에 아무리 많이 질문을 해도 답은 오지 않습니다. 그렇다고 동료나 선배에게 집요할 정도로 질문을 계속 하면 무시당하거나 살기를 내뿜을지도 모릅니다. 적어도 회식에 참여할 수 없게 되는 것은 불 보듯 뻔합니다. 하지만 ChatGPT에 물어본다면 얼마든지 질문이 가능하고, 우리의 무지에 화내지 않고 얼마든지 응해줄 것입니다.

6.1.1 학습 체험을 시작하면서

지금부터 ChatGPT와 대화를 하면서 학습을 심화해가는 방식으로 학습을 진행하겠습니다. 이 절에서는 **기계 학습**machine learning, ML을 예로 들겠습니다. 전문가에게는 간단하고 상식적인 것이 그와 관련 없는 엔지니어는 어떤 것부터 배워야 하는 것인지 알 수 없습니다. 입문서를 구입해서 공부를 하려고 해도 갑자기 수식이 튀어나오고 고차원 공간이나 비선형이라는 개념이 나오기 때문에 좌절하게 됩니다. 이것이 기계 학습을 입문할 때 만나는 커다란 벽입니다.

수학적인 표현과 이해가 기계 학습에서 중요한 요소이나 수학을 처음부터 공부할 시간은 없습니다. 현실의 IT 업계에서는 처음부터 수학을 공부하는 것보다 조금이라도 빨리 코드를 작성할 수 있게 되는 것을 요구하기 마련입니다. 하지만 괜찮습니다. ChatGPT라면 코드 작성 방법을 알려줄뿐만 아니라 상황에 따라 수학도 설명합니다. 학습의 시작입니다. 여기에 실린 질의응답은 ChatGPT의 특징상 같은 프롬프트더라도 답변이 같지 않을 수 있으며, 오히려 다른 답변일 경우가 훨씬 많습니다.

6.1.2 [Step 1] 학습 영역 범위 좁히기

먼저 학습하려는 영역을 좁히겠습니다. 처음에는 막연한 질문밖에 떠오르지 않겠지만 일단 질문을 해봅시다. 중요한 것은 역할을 명확하게 설정하여 ChatGPT를 선생님 역할로, 그리고 자신을 학생 역할로 정의하고 세션을 시작하는 것입니다.

교사와 학생의 대화를 상정합니다. 당신이 교사 역할이 되고, 제가 학생 역할입니다. 지금부터 프로그래밍 수업을 시작합니다. 내용은 기계 학습에 대한 것입니다. 목표는 학생이 기계 학습을 이해하는 것입니다. 필요할 경우에는 적당하게 질문해주세요.

네. 알겠습니다. 일단 기계 학습에 대해서 어떤 것을 알고 계십니까? 또한, 기계 학습의 어떤 부분을 배우고 싶습니까?

선생님인 당신이라면 기계 학습 등을 속성으로 학습해야 한다면 어떤 흐름으로 가르칠 것인가요?

기계 학습에 대해 속성으로 학습하는 경우, 다음과 같은 흐름으로 가르칠 수 있습니다.

1. 기계 학습의 기초 이론 설명
먼저 기계 학습의 기초 이론에 대해 설명합니다. …생략…

2. 기계 학습의 전제 지식 설명
기계 학습을 이해하기 위해서는, 통계학과 선형 대수 …생략…

3. 기계 학습의 알고리즘 설명
기계 학습의 알고리즘에 대해서 설명합니다. …생략…

4. 기계 학습의 구현 방법 설명
기계 학습의 구현 방법에 대해 설명합니다. …생략…

5. 실전 연습
마지막으로, 실전 연습을 하고, 기계 학습을 실제로 사용해봅니다. …생략…

이런 흐름으로 기계 학습의 속성 학습을 진행할 수 있습니다 필요에 따라 각 단계에서 질문을 주고받으면서, 학생이 이해할 때까지 주의 깊고 신중하게 가르칩니다.

확실히 잘 구성된 학습 과정입니다. 하지만 가능한 속성으로 학습하고 싶으니 곧바로 ChatGPT
의 답변 중 '3. 기계 학습의 알고리즘 설명'에 관해 설명을 부탁했습니다.

다음 학습 과정에 관심이 있습니다. 구체적으로 설명을 부탁드려도 될까요?

3. 기계 학습의 알고리즘 설명
　기계 학습의 알고리즘에 대해서 설명합니다. 구체적으로는 지도형 기계 학습(supervised
machine learning), 비지도형 기계 학습(unsupervised machine learning), 강화형 기계 학습
(reinforcement machine learning) 등의 종류와 회귀(regression), 분류(classification), 군집화
(clustering) 등의 작업에 대해 설명합니다.

기꺼이 설명해드리겠습니다.

기계 학습에는 크게 지도형 기계 학습, 비지도형 기계 학습, 강화형 기계 학습의 세 가지 종류
가 있습니다. 지금부터 각각에 대해서 설명합니다.

…생략…

또한, 지도형 기계 학습에도 회귀와 분류 등의 작업에 따라 다른 알고리즘이 있습니다. 예를 들
어 선형 회귀(linear regression)는 입력 데이터와 정답 레이블 사의 선형적인 관계를 모델링하
는 알고리즘으로 신경망(neural network)은 다층 뉴런(multi-layer neuron)을 사용하여 복잡한
관계를 모델링하는 알고리즘입니다. 분류에 대해서도, 로지스틱 회귀(logistic regression), 서포
트 벡터 머신(support vector machine)과 같은 여러 가지 알고리즘이 있습니다.

6.1.3 [Step 2] 학습 테마 결정

여러 가지 알고리즘의 설명을 들었습니다. 질문에 직접 답해주기 때문에 책을 읽는 것보다 머
릿속에 더 잘 들어오는 느낌입니다. 여러 알고리즘이 제시되는 와중에 몇 가지 질문을 주고받
는 과정을 거쳐 우선 **화상인식**facial recognition으로 좁혀보기로 했습니다. 화상인식에 대해 몇 가
지 대화한 후 어떤 알고리즘을 알아야 좋을지 질문했습니다.

화상인식을 위해서 어떤 알고리즘을 아는 것이 우선인가요?

화상인식에 대해서 공부할 때는 대표적인 알고리즘 몇 가지를 알고 있는 것이 중요합니다. 화상인식에 관련된 대표적인 알고리즘을 다음과 같이 몇 가지 소개하겠습니다.

- 합성곱 신경망(convolutional neural network, CNN)
  …생략…

- 서포트 벡터 머신(support vector machine, SVM)

SVM은 입력 데이터를 고차원 특징 공간에 투영해 초평면으로 분리하는 작업을 통해 화상인식을 처리하는 알고리즘입니다. SVM은 높은 분류 정밀도를 보여주는 것으로 알려져 있으며, 특히 이진 분류(binary classification) 문제에서 우수한 성능을 발휘합니다.

- 랜덤 포레스트(random forest, RF)
  …생략…

- 심층 신뢰 신경망(deep belief network, DBN)
  …생략…

이것이 화상인식에 관련된 대표적인 알고리즘의 예입니다. 단, 이러한 알고리즘을 모두 이해할 필요는 없습니다. 일단, 대표적인 알고리즘의 개요를 이해하고, 그중에서 특히 적합한 알고리즘을 선택하는 것이 중요합니다.

갑자기 합성곱 신경망을 배우고 싶다는 충동에 휩싸였지만, 기본적이면서도 응용에 효과적인 서포트 벡터 머신에 대해 자세히 알아보기로 하였습니다.

위의 설명 중에 화상인식 외에도 서포트 벡터 머신을 자주 들어보았습니다. 이것은 입문자가 새로 진입하거나 이해하기 비교적 쉬울까요?

서포트 벡터 머신은 입문자가 새로 진입하거나 이해하기 비교적 쉬운 알고리즘 중 하나입니다. 서포트 벡터 머신은 높은 분류 정밀도를 발휘하는 것으로 알려져 있고 특히 이진 분류 문제에 우수한 성능을 가지고 있습니다. 또한 서포트 벡터 머신은 입력 데이터를 고차원 특징 공간에 투영해 초평면으로 분리하는 작업을 통해 화상인식 이외에도 여러 분야에서 이용됩니다. …생략…

서포트 벡터 머신support vector machine, SVM은 입문자가 새로 진입하거나 이해하기 비교적 쉬운 알고리즘 중 하나라고요? 갑자기 나타난 고차원 특징 공간high-dimensional feature spaces이니 초평면hyperplane이니 하는 것들이 너무나 공상 과학 같아서 흥분되지만 그게 정말 이해하기 쉬운 것인가에 대한 수수께끼는 깊어질 뿐입니다. 입구는 이것뿐이라는 느낌이네요.

6.1.4 [Step 3] 생성 코드로 직접 체험하는 학습

그럼 더 깊이 파고들면서 설명의 음량과 주파수를 고등학교 수학 정도의 지식으로도 이해할 정도로 조율해보겠습니다. 지금부터는 실제로 손을 쓰면서 코드 기반으로 학습하는 직접 체험 학습입니다.

감사합니다. 그럼 서포트 벡터 머신에 대한 속성 강의를 부탁합니다. 실행 환경은 구글 코랩으로 예제 코드를 단계별로 제시하면서 고등학교 수준의 수학 지식으로도 이해할 수 있도록 가르쳐주세요.

구글 코랩을 사용해 서포트 벡터 머신을 학습하기 위한 안내서를 작성합니다. 다음 순서를 따라 서포트 벡터 머신에 대해 학습해봅시다.

• 구글 코랩 실행
구글 코랩을 열고 'New Notebook'을 클릭합니다. 그리고, 파이썬3를 런타임으로 설정해주세요.

• 라이브러리 설치
서포트 벡터 머신을 구현하기 위해 `scikit-learn` 라이브러리를 설치합니다. 다음 코드를 실행해주세요.

```
!pip install scikit-learn
```

• 데이터 준비

이번에는 `iris`의 데이터셋을 사용하여 서포트 벡터 머신을 구현합니다. `iris` 데이터셋은 붓꽃 품종별로 꽃받침과 꽃잎의 길이, 너비의 특징을 담은 데이터 세트입니다. 다음 코드를 실행하여 `iris` 데이터셋을 다운로드합니다.

```
from sklearn.datasets import load_iris
iris = load_iris()
X = iris.data
y = iris.target
```

• 데이터의 가시화

이어서 `iris` 데이터셋을 가시화해봅시다. 다음 코드를 실행하여, 산포도를 표시합니다.

```
import matplotlib.pyplot as plt
plt.scatter(X[:, 0], X[:, 1], c=y, cmap=plt.cm.Set1)
plt.xlabel('Sepal length')
plt.ylabel('Sepal width')
plt.show()
```

• 서포트 벡터 머신 구현

서포트 벡터 머신을 구현하기 위해 `SVC`(support vector classification) 클래스를 사용합니다. 다음 코드를 실행하여 SVM을 구현합니다.

```
from sklearn.svm import SVC
svc = SVC(kernel='linear', C=1.0)
svc.fit(X[:, :2], y)
```

여기서 `kernel='linear'`는 선형 커널을 사용하는 것을 의미합니다. 또한 `C`는 정규화 매개변수로, 큰 값을 설정할수록 모델의 복잡도가 증가합니다. 여기서는 `C=1.0`으로 설정합니다.

• 서포트 벡터 머신의 가시화

마지막으로, 학습한 서포트 벡터 머신 결정 경계(decision boundary)를 시각화해보겠습니다. 다음 코드를 실행하여, 서포트 벡터 머신의 결정 경계를 표시합니다.

```
import numpy as np
x_min, x_max = X[:, 0].min() - 0.5, X[:, 0].max() + 0.5
y_min, y_max = X[:, 1].min() - 0.5, X[:, 1].max() + 0.5
xx, yy = np.meshgrid(np.arange(x_min, x_max, 0.02), np.arange(y_min, y_max,
0.02))
Z = svc.predict(np.c_[xx.ravel(), yy.ravel()])
```

```
Z = Z.reshape(xx.shape)
plt.contourf(xx, yy, Z, cmap=plt.cm.Set1, alpha=0.8)
plt.scatter(X[:, 0], X[:, 1], c=y, cmap=plt.cm.Set1)
plt.xlabel('Sepal length')
plt.ylabel('Sepal width')
plt.show()
```

이 코드에서는 먼저 `x`축과 `y`축의 범위를 설정하고 `np.meshgrid()` 함수를 사용하여 `x`축과 `y`축의 값을 2차원 배열로 생성합니다. 이어서 `svc.predict()` 함수를 사용하여 결정 경계상의 점이 속하는 클래스를 예측하고 그것을 가시화합니다. 마지막으로 학습 데이터를 산포도로 표시하고 `x`축과 `y`축에 레이블을 붙입니다.

이것이 구글 코랩을 사용한 서포트 벡터 머신의 구현과 시각화 방법의 간단한 학습 내용입니다. 이 학습 내용을 참고하면서 직접 데이터를 준비해 서포트 벡터 머신을 구현하고, 시각화해보는 것을 추천합니다.

ChatGPT 선생님은 기대 이상으로 상세한 코드를 생성했습니다. 이를 처음부터 구글 코랩에서 실행합니다.

실제로 코드를 실행하니 몇 차례의 오류 수정만으로 무사히 작동했습니다. 길이와 폭을 기준으로 한 산포도와 학습 결과인 서포트 벡터 머신 경계선이 표시되었습니다. 소스 코드를 보면 `scikit-learn` 라이브러리를 호출하는 것이 전부입니다. 단계별로 설명을 하기 때문에 코드도 이해할 수 있었습니다. 기계 학습의 입문 수준이라고 하기에는 의외로 코드의 양이 적지 않아서 놀랐지만 코드기 이렵지 않았습니다.

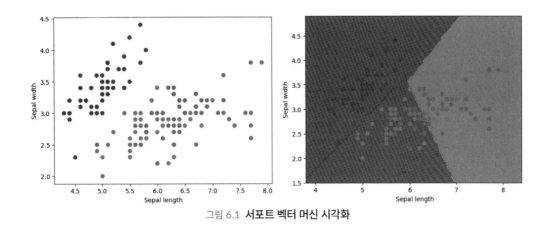

그림 6.1 **서포트 벡터 머신 시각화**

처음으로 돌아가 화상인식에서 서포트 벡터 머신을 사용할 경우에 대한 설명을 들어보겠습니다.

서포트 벡터 머신을 사용한 화상인식에 대해 설명하겠습니다.

서포트 벡터 머신은 데이터 분류에 있어 우수한 성능을 발휘하기 때문에 화상인식 분야에서도 폭넓게 사용됩니다. 화상인식에서는 서포트 벡터 머신을 이용해 물체의 인식과 얼굴의 검출이 이루어집니다.

구체적으로는 화상 안에서 특징량을 추출하여 이를 서포트 벡터 머신의 입력으로 사용해 분류를 실행합니다. 화상 안의 물체나 사람의 얼굴 등에는 여러 가지 형상과 색상이 있지만, 이들을 표현하는 특징량을 추출하면 서포트 벡터 머신이 이를 학습해 물체나 사람의 얼굴을 정확하게 인식할 수 있게 됩니다.

예를 들면 얼굴의 인식에서 사용되는 화상에서 추출된 특징량으로는 얼굴의 윤곽, 눈, 입, 코 등의 위치와 형상, 색상 등을 들 수 있습니다. 이러한 특징량을 서포트 벡터 머신의 입력으로 사용하여 학습을 진행하면 새로운 미지의 화상이 제공된 경우에 그 화상이 얼굴인지 아닌지를 분류할 수 있습니다.

하지만 서포트 벡터 머신은 계산할 양이 많기 때문에 화상인식 분야에서는 빠른 속도의 알고리즘이 필요합니다. 또한 화상인식에는 화상의 위치와 각도 변화에도 대응할 수 있는 탄탄한 (robust) 특징량 추출이 필요합니다. 최근에는 심층 학습(deep learning)의 발전에 의해 CNN 을 사용한 화상인식이 주류가 되었지만 서포트 벡터 머신을 이용한 화상인식도 특징량 추출 정밀도가 높은 경우에는 여전히 유효한 수단으로 활용됩니다.

화상인식에는 그에 맞는 데이터가 필요하기에 데이터를 미리 준비합니다. 가볍게 테스트할 만한 데이터셋이 있는지 물어보니 **MNIST**modified national institute of standards and technology가 이미 `scikit-learn` 안에 포함되었기 때문에 그것을 사용하면 된다는 답변을 받았습니다. 드디어 서포트 벡터 머신에 의한 화상인식 체험이 시작됩니다.

MNIST의 데이터셋을 이용한 화상인식 예제 코드를 작성하고 단계별로 설명해주세요.

MNIST 데이터셋을 사용한 화상인식 예제의 파이썬 코드입니다. 다음 코드는 `scikit-learn` 을 사용해 MNIST 데이터셋을 읽어 들여 서포트 벡터 머신을 이용한 화상인식을 실행합니다.

- 라이브러리 가져오기

```
from sklearn import datasets
from sklearn.model_selection import train_test_split
from sklearn.svm import SVC
```

먼저 필요한 라이브러리를 가져옵니다. datasets는 MNIST 데이터셋을 읽어들이는 데 사용됩니다. train_test_split은 데이터셋을 훈련 데이터와 테스트 데이터로 분할하는 데 사용됩니다. SVC는 서포트 벡터 머신을 구현하는 데 사용됩니다.

- 데이터 읽어 들이기와 전처리

```
mnist = datasets.load_digits()
X_train, X_test, y_train, y_test = train_test_split(mnist.data, mnist.
target, test_size=0.25)
```

MNIST 데이터셋을 읽어 들입니다. load_digits() 함수는 실제로 MNIST 데이터셋을 읽어들이는 역할을 합니다. data 속성에는 각 화상의 픽셀(pixel)값이 포함되어 있습니다. target 속성에는 각 화상이 의미하는 숫자가 포함되어 있습니다. train_test_split() 함수를 사용해 데이터셋을 훈련 데이터와 테스트 데이터로 분할합니다. test_size는 테스트 데이터의 비율을 결정합니다.

- 서포트 벡터 머신 구현

```
clf = SVC(kernel='linear')
clf.fit(X_train, y_train)
```

서포트 벡터 머신을 구현합니다. 여기서는 선형 커널을 사용합니다. fit() 함수를 사용하여 훈련 데이터를 학습시킵니다.

- 테스트 데이터 분류와 평가

```
score = clf.score(X_test, y_test)
print('Accuracy:', score)
```

테스트 데이터를 사용해 분류하고 정밀도를 평가합니다. score() 함수를 사용해, 테스트 데이터를 분류하고 분류 정밀도를 계산합니다.

이것이 MNIST 데이터셋을 이용한 화상인식 예제 코드의 개요입니다. MNIST 데이터셋은 매우 유명해서 여러 안내서와 예제 코드가 공개되어 있습니다. 서포트 벡터 머신을 이용한 화상인식 학습의 입문으로 이 예제 코드를 참고해보기를 바랍니다.

제시된 코드를 단계적으로 실행하니, 마지막에 예측 정밀도가 0.99라는 결과가 나왔습니다.

하지만 무슨 작업을 했고 그게 어떻게 해서 0.99가 된 걸까요? 수수께끼입니다. 여기서는 실제로 인식한 결과 그림을 표시하면서 설명해달라고 요청하는 것이 좋다고 생각해 ChatGPT 선생님에게 다음과 같이 질문해보았습니다.

0.99라는 높은 예측 정밀도를 가진다는 것은 알겠습니다. 열 개 정도 테스트 데이터를 평가하여 그 결과를 표시해주면 좋겠습니다. 코드를 작성해주세요.

다음은 테스트 데이터를 이용해 분류하고 그 결과를 표시하는 코드입니다.

```python
import matplotlib.pyplot as plt

# 테스트 데이터 예측
predicted = clf.predict(X_test[:10])

# 예측 결과 표시
fig, ax = plt.subplots(2, 5, figsize=(10, 5))

for i, axi in enumerate(ax.flat):
    axi.imshow(X_test[i].reshape(8, 8), cmap='binary')
    axi.set(xticks=[], yticks=[])
    axi.set_ylabel(f'Predicted: {predicted[i]}', fontsize=14, color='green'
if predicted[i] == y_test[i] else 'red')

plt.show()
```

이 코드는 테스트 데이터에서 첫 10개의 화상을 가져와 서포트 벡터 머신에 의한 분류를 실행합니다. 이어서 분류된 결과를 격자 형태로 표시합니다. 각 화상에 대해 예측 결과와 정답의 숫자를 표시하고 예측 결과가 정답과 일치할 경우에는 녹색, 일치하지 않을 경우에는 붉은색으로 표시합니다.

이 코드를 실행하면 테스트 데이터의 첫 10개의 화상과 서포트 벡터 머신에 의한 분류 결과가 격자 형태로 표시됩니다. 예측 결과가 정답과 일치할 경우에는 녹색으로 표시됩니다. 예측 결과가 정답과 일치하지 않을 경우에는 붉은색으로 표시됩니다.

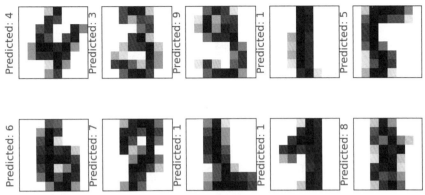

그림 6.2 서포트 벡터 머신 분류 결과

이게 어찌된 일인가요? 제시된 코드를 구글 코랩에서 실행하니 기계 학습 주제의 도서에서 자주 등장하는 그림이 눈앞에 펼쳐졌습니다. 서포트 벡터 머신 알고리즘으로 화상을 학습하고 예측한 데이터를 보고 그것이 어떤 문자인지 판정하는데 그 예측 정밀도가 0.99라는 이야기였습니다. 이로써 수수께끼는 모두 풀렸습니다.

서포트 벡터 머신 라이브러리의 함수를 사용하는 방법도 알았으므로 애플리케이션을 구현할 수 있을지도 모른다고 생각했지만, 아직 지식이 깊다고 말할 수준이 아니기에 만족스럽지 않습니다.

6.1.5 [Step 4] 코드 학습 뒤 확인 작업

조금 더 깊게 배우고 싶다는 생각이 들어, 지금까지의 필자의 인식에 잘못된 점은 없는지 간단하게 테스트할 겸 확인해보았습니다.

 잘 알겠습니다. 지금까지의 학습에서 다음과 같이 이해했는데 제 인식에 잘못된 점은 없는지 확인해주세요.
• 화상인식 알고리즘 중 하나로 서포트 벡터 머신이 있으며 `scikit-learn` 등의 기계 학습용 라이브러리를 사용하여 구현합니다.
• `scikit-learn`에는 사용 가능한 데이터셋도 미리 준비되어 있기 때문에 예제 작성이 매우 편리합니다.
• 데이터의 전처리 실행 후 서포트 벡터 머신을 작동시키기 위해 `SVC()` 함수를 사용합니다. `fit()` 함수에 의해 경계 분류가 실행됩니다.
• 특정 데이터 기반으로 화상인식을 처리하려면 `predict()` 함수를 사용합니다.

모든 요점이 올바른 정답입니다. 데이터의 전처리와 서포트 벡터 머신의 매개변수의 설정과 같은 세세한 부분에 대해서도 깊은 이해를 하고 있다고 생각됩니다. 계속해서 기계 학습의 학습을 진행해가면 좋겠습니다.

감사합니다, ChatGPT 선생님. 오늘은 여기까지 하겠습니다.

6.1.6 [Step 5] 더욱 깊이 파고들어 의미 이해하기

……라고 생각했습니다만, 학습 의욕이 불타올라 계속해서 질문을 해보았습니다. ChatGPT 선생님의 대단한 점은 완전히 이해했다고 생각하더라도, 계속해서 깊이 파고들 수 있고, 귀찮을 정도로 질문을 해도 빠르게 대답해주는 것입니다.

좀 더 깊은 이해를 위해 서포트 벡터 머신 알고리즘 자체를 알고 싶습니다. 알고리즘에 대한 설명을 고등학교 수학 수준의 지식으로도 알 수 있도록 상세하게 단계별로 설명해주세요.

서포트 벡터 머신은 지도형 기계 학습의 일종으로 주로 분류 문제에 사용되는 기계 학습 알고리즘입니다. 서포트 벡터 머신은 데이터를 분류하기 위한 결정 경계를 구하는 것이 특징으로 고차원 공간에서의 분류에 적합합니다. 이어서 서포트 벡터 머신의 알고리즘을 고등학교 수학 수준의 지식으로도 이해할 수 있도록 상세하게 단계별로 설명하겠습니다. …생략…

너무 길고 자세한 설명에 수식까지 답변은 생략합니다. 고등학교 수학 범위 내에서 여백 최대화margin maximization, 분류 함수classifier function 정의, 최적화 문제의 방정식화 그리고 비선형인 경우 커널 트릭kernel trick, 소프트 마진soft margin 등을 적용하여 분류를 진행한다고 설명했습니다. 열심히 고등학교 수학을 배웠다면 이해할 수 있을 것입니다.

6.1.7 [Step 6] 현실 응용을 위해 함수 깊이 파고들기

알고리즘에 대한 이해도가 높아졌지만 아직 애플리케이션을 구현할 수 있는 수준은 아닙니다. 이를 위해서는 먼저 각 함수의 역할을 알아야 합니다.

위의 알고리즘이 `scikit-learn`의 어떤 함수에 적용되어 있는지 알려주세요. 예를 들면 `fix()` 함수에서 위의 모든 작업을 실행할 수 있습니까?

`scikit-learn`의 서포트 벡터 머신 구현에서는 위의 알고리즘이 SVC 클래스에 구현되어 있습니다. SVC 클래스의 `fit()` 메서드가 최적화 문제를 풀고 서포트 벡터 머신 모델을 학습하기 위해 위의 알고리즘 전부를 실행합니다. 구체적으로 SVC 클래스의 생성자에서 지정된 매개변수(커널, 페널티, 커널 함수의 매개변수 등)에 따라 최적화 문제를 풀어, 질량 벡터(weight vector) `w`와 편향치(bias) `b`를 구합니다. 그리고 학습한 모델을 이용하여 새로운 데이터 분류를 합니다. 구체적으로 말하자면 `predict()` 메서드를 사용합니다.

알고리즘의 클래스와 메서드의 개요를 알면 여러 가지 매개변수의 의미를 알 수 있기 때문에, 마지막으로 매개변수의 의미와 설정이 미치는 영향에 대해 물었습니다.

SVC 클래스의 매개변수를 설명해주세요. 각각의 매개변수 설정에 따라 학습에 어떤 영향을 미치는지 등을 중요도 순으로 설명해주세요.

SVC 클래스의 주요 매개변수를 다음과 같이 중요도 순서대로 설명합니다.

- `C`: 페널티(penalty)의 강도를 설정하는 매개변수입니다. 값이 클수록 잘못된 분류에 대한 페널티가 커져, 좀 더 복잡한 경계선을 생성하게 됩니다. 기본값은 1.0입니다.

- `kernel`: 서포트 벡터 머신에서 사용하는 커널 함수를 지정합니다. 많이 사용되는 커널 함수에는 선형(linear) 커널, 다항식(poly) 커널, 방사 기저 함수(radial basis function) 커널, S자형(sigmoid) 커널 등이 있습니다. 기본값은 방사 기저 함수 커널인 `rbf`입니다.

- `gamma`: 방사 기저 함수 커널, 다항식 커널, S자형 커널에서 사용되는 커널 함수의 폭을 조정하는 매개변수입니다. 값이 클수록 커널 함수가 좁아지며, 더욱 복잡한 결정 경계를 생성합니다. 기본값은 `scale`로 $1/n_{features}$이 매개변수로 전달됩니다.

…생략…

매개변수의 설정은 데이터셋과 문제의 성질에 맞출 필요가 있습니다.

완전히 이해할 수 있게 된 것 같습니다. 정말 이해했는지 확인해보고자 '소크라테스의 가정교사'라는 프롬프트 기술을 활용해보겠습니다.

6.1.8 [Step 7] 소크라테스의 가정교사(GPT-4 전용)

GPT-4의 연구 페이지를 보다 보면 **소크라테스의 가정교사**Socratic tutor라는 프롬프트 예제가 있습니다. 특별할 것 없는 프롬프트이지만, 지금까지의 흐름과는 완전히 반대로 이번에는 ChatGPT에게 질문을 받는 상황을 만나게 됩니다. 마치 소크라테스가 질문하는 느낌입니다. 소크라테스 선생님의 수업에 등록해보겠습니다(여기서 설명하는 방법은 GPT-4에서만 가능합니다).

그림 6.3 **소크라테스의 가정교사**

당신은 항상 소크라테스 스타일로 대응하는 가정교사입니다. 학생에게 정답을 절대로 알려주지 말고, 항상 학생이 스스로 생각하는 법을 배울 수 있도록 적절한 질문을 하려고 노력해야 합니다. 항상 학생의 흥미와 지식에 맞춰 질문을 조정하고 학생에게 적합한 수준이 될 때까지 문제를 더 간단하게 나눌 필요가 있습니다.

학생은 다음과 같은 학습을 진행했습니다.
- 서포트 벡터 머신 알고리즘의 개요
- 서포트 벡터 머신 기반의 기계 학습 코드
- 그 의미의 이해

그것은 참 놀라운 학습 경험이었을 것 같습니다. 그럼 먼저 서포트 벡터 머신에 대해 깊은 이해를 해보도록 하겠습니다. 서포트 벡터 머신은 너무나 강력한 기계 학습 알고리즘이지만 왜 그것이 유용한 것일까요? 그 특징을 하나 말해보세요.

데이터를 학습을 통해 여러 가지 특징을 얻어 영역을 분류합니다.

그 말 그대로입니다. 그렇다면 서포트 벡터 머신이 데이터를 분류하는 데 마진(margin)이 왜 중요할까요? 또 마진이라는 것은 무엇을 의미하는 것입니까?

소크라테스 선생님과의 대화가 끝없이 이어집니다. 정말 식은땀이 흐르는 경험입니다. 대화가 시작되자마자 '아무것도 모르겠어' 상태가 되지만 어느 부분에 대한 이해가 부족한지 알 수 있으며, 방치하는 것이 아닌 제대로 된 답변에 도달할 때까지 이끌어줍니다. 그것이 소크라테스 선생님의 소크라테스다운 모습입니다. 말 그대로 자신의 무지함을 아플 정도로 알게 해주지만 정답에 도달할 때의 기쁨이 그만큼 더 커집니다. GPT-4를 이용해 꼭 직접 체험해보기를 바랍니다. 어떤 분야라도 좋습니다.

6.1.9 [Step 8] 무한 대화를 무기로 삼아

지금까지 보았던 것처럼 이 '대화'를 무기로 삼아 자신이 부족하거나 모르는 분야도 ChatGPT를 활용하여 선생님과 학생이라는 역할을 설정하여 질의 응답과 최적의 예제 프로그램을 직접 체험하고 추가로 알고리즘 설명도 들을 수 있습니다.

이 방법의 최대 장점은 참고서나 동영상, 세미나에서는 얻을 수 없는 자신에 딱 맞는 학습 리듬으로 배울 수 있다는 것입니다. 기존의 학습 방법은 따라가는 것조차 벅차서 자신의 페이스에 맞게 공부하는 것이 어려운 경우가 있지만, ChatGPT는 자기 자신이 질릴 때까지 상대해주는 무한 대화가 가능하기 때문에 심도에 맞춰 여러 가지 각도에서 끊임없이 공부해야 합니다. 이를 통해 다른 차원의 학습 체험을 할 수 있게 됩니다.

6.2 프로그래밍 언어 학습

프로그래머 세계에서는 자신이 습득한 언어에 대한 지식을 겨루는 일이 많습니다. 자신이 아는 언어를 남에게 공개하고 그것을 아직 알지 못하는 상대에게 마운트 포지션mount position[1]을 거는 것 같은 느낌으로 말이지요. 아무래도 C++나 Go 같은 언어를 알고 있으면 마운트를 걸기 쉬운 듯하고, 알고 있는 언어의 수가 많으면 많을수록 좋은 듯합니다.

필자는 파이썬 프로그래머인데, 환갑을 넘기고 나서야 본격적으로 업무에 파이썬을 사용했습니다. 이전에는 VBAVisual Basic for Application로 프로그램을 작성했습니다. 50세를 넘겨 육아를 마치고 잠시 쉬다가 프리랜서 프로그래머로 다시 일하게 된 시점입니다. 당시 계약한 회사에서는 업무 시스템이 액세스Access 기반의 애플리케이션으로 구성되어 있었기 때문에 사내 프로그래머로서 업무 안건에 따라 수정과 추가를 했습니다. 하지만 VBA로 프로그래밍하는 것에 한계를 느꼈고, 오랫동안 기술 부채가 쌓여 있어 파이썬 기반의 웹 애플리케이션으로 전환한 것이 파이썬 프로그래머로서의 시작이 되었습니다. 그 과정에서 데이터베이스를 클라우드화하고, 프런트엔드를 작성하기 위해 자바스크립트Javascript를 익히고, 스마트폰 애플리케이션을 만들기 위해 코틀린Kotlin을 익혔습니다. 그리고 작동 환경에 종속되지 않는 명령을 작성하기 위해 Go를 익혔습니다. 파이썬을 중심으로 업무 변화에 따라 여러 가지 언어를 배워온 것입니다.

사용할 수 있는 프로그래밍 언어가 하나도 없는 엔지니어나 프로그래머는 한 명도 없을 것입니다. 2장에서도 이야기했던 것처럼 하나의 언어를 알면 다른 언어를 배우는 것이 쉬워집니다. 이는 예전과 다르지 않지만, 지금은 학습에 있어서 극적인 변화가 일어났습니다.

바로 ChatGPT의 등장입니다. ChatGPT를 활용하면 비약적인 속도로 다른 언어를 배울 수 있습니다. 더 이상 알고 있는 언어의 수를 비교하며 마운트 대전을 하는 것이 아무런 의미가 없어졌습니다. C++로 코드를 작성할 수 있는 것이 자랑거리가 되는 시대는 끝났습니다. 지금부터는 하나의 언어에 얼마나 통달했는지가 프로그래머로서 중요한 지표가 될 것입니다. 좀 더 이야기하자면, 영어 또는 한국어와 같은 모국어가 최강의 프로그래밍 언어[2]가 되는 시대가 올 것입니다.

---

1   프로레슬링이나 이종격투기에서 상대의 허리 위에 깔고 앉아 상대를 제압하는 기술을 말합니다.
2   인공지능에게 제대로 명령을 내리는 프롬프트 기술이 중요하다는 의미입니다.

이번 절에서는 프로그래밍 언어를 학습하는 것을 테마로 합니다. 필자가 배우기는커녕 공식 문서도 읽지 않은 상태에서 새로운 언어를 익히는 방법을 설명하겠습니다. 여기서 배워볼 언어는 **러스트**Rust입니다. 러스트는 필자에게 수수께끼로 가득한 언어입니다. 앞으로 업무에서 사용할 기회가 없을지도 모르지만 최첨단을 달리는 엔지니어 사이에서 높은 평가를 받는 언어입니다. 기회가 있다면 배워보고 싶은 언어 중 하나입니다. 그럼 시작해볼까요?

6.2.1 [Step 1] 대상 언어의 특징 이해하기

앞의 분야별 학습에서 설명했던 것처럼, 선생님과 학생 역할로 나누어 진행하겠습니다.

> 교사와 학생의 대화를 상정합니다. 당신이 교사 역할이 되고 제가 학생 역할입니다. 지금부터 프로그래밍 수업을 시작합니다. 내용은 러스트에 대한 것입니다. 목표는 학생이 러스트를 이해하고 업무에 필요한 코드를 작성할 수 있게 되는 것입니다. 필요할 경우에는 적당하게 질문해주세요.

이 프롬프트를 시작으로 ChatGPT 선생님과의 질의 응답이 계속되었습니다. 필자가 어떤 언어를 아는지 물어보기에 '파이썬은 완전히 이해'한 수준이라고 말하고 러스트가 높은 평가를 받는 이유를 물어보았습니다. 선생님이 가르쳐준 내용을 종합해보면 러스트는 시스템 프로그래밍에 적합한 언어로, 메모리 관리memory management, 병행성concurrency, 성능performance에 장점을 갖습니다. 정적형 타이핑static typing과 형 추론type interface이 가능하고 메모리 안정성memory safety을 보장하는 소유권ownership과 차용(임대)borrowing이라는 개념을 통해 신뢰성 높은 효율적인 코드를 작성할 수 있습니다. 또한, 멀티스레딩multithreading 병행 관리의 편리함과 배우기 쉬운 스크립트 언어에 가까운 문법도 특징입니다. 이와 같은 이유로 네트워크, 웹 애플리케이션, 시스템 프로그래밍, 데이터 처리 등에서 많이 사용합니다. 특히 소유권에 관심이 있어 더 자세히 물었습니다.

> 지금까지의 설명으로 다음과 같은 내용에 관심이 생겼습니다. 자세한 설명 부탁드립니다.
> - 러스트는 정적형 타이핑 언어로 형 추론이 가능하기 때문에 개발자는 안전하게 효율적인 코드를 작성 합니다. 또한 러스트는 메모리 안전성(memory safety)을 보장하기 위해 소유권과 차용이라는 개념을 도입합니다. 이를 통해 실행 시간 오류(runtime error)의 발생을 막고, 프로그램의 신뢰성을 높일 수 있습니다.

러스트는 정적형 타이핑 언어이기 때문에 컴파일 시간에 형 오류(type error)를 찾아낼 수 있습니다. 정적형 타이핑 언어는 실행 시간 오류를 줄여, 코드의 신뢰성을 높일 수 있습니다. 또한 러스트는 형 추론이 가능하기 때문에, 개발자가 형 주석(type annotation)을 명시적으로 작성하지 않아도 되기에 코드의 가독성이 향상됩니다.

러스트는 C나 C++와 같은 방식으로 직접 메모리를 관리합니다. 그렇기 때문에 메모리 누수(memory leak)나 허상 포인터(dangling pointer)[3]와 같은 오류가 발생할 가능성이 있지만 러스트는 소유권과 차용이라는 개념을 도입하기 때문에 메모리 안전성을 보장합니다.

러스트에서 소유권이란 객체에 대한 조작 권리를 가지는 것을 의미합니다. 하나의 객체에 대해 하나의 변수만 소유권을 가질 수 있습니다. 다른 변수가 해당 객체에 접근하고 싶을 경우에는 소유권을 차용할 필요가 있습니다. 차용은 객체의 읽기 또는 쓰기 전용의 접근 권한을 부여하지만 소유권 자체는 이양이 불가능하기 때문에 객체가 여러 개의 변수로부터 참조되는 일은 없습니다. 이를 통해 실행 시간 메모리 누수나 허상 포인터가 발생할 가능성을 없앱니다.

이와 같이 러스트는 정적형 타이핑 언어이지만 메모리 안전을 보장하기 위해 소유권과 차용이라는 개념을 도입합니다. 이를 통해 개발자는 안전하게 효율적인 코드를 작성할 수 있어 프로그램의 신뢰성을 높일 수 있습니다.

러스트가 인기를 얻은 비밀을 알 것 같습니다. 메모리 누수memory leak 가능성을 제거할 수 있다는 것에서 지금까지 C 언어로 작성된 부분을 러스트로 바꾸게 만들었다는 것을 이해할 수 있었습니다.

6.2.2 [Step 2] 작동 환경 구축

지금부터 속성 학습을 진행합니다. 가장 먼저 환경을 구축합니다.

역시 대단합니다. 러스트의 장점을 고려하면서 실제 코드 학습을 체험해보려고 합니다. 먼저 식상하지만 `"Hello World"`를 화면에 출력하기까지의 과정을 가르쳐주세요. 실행 환경이 설치되어 있지 않기 때문에 환경 구축에 대한 설명부터 시작해주세요.

---

3 적절한 타입의 유효한 객체를 가리키지 않는 포인터를 뜻하며, 메모리 보안을 위반하는 특별한 경우입니다.

네, 러스트의 개발 환경을 구축하고 **"Hello World"**를 출력하는 방법을 설명합니다. 먼저, 러스트의 개발 환경을 구축하기 위해 다음과 같은 순서대로 실행합니다.

- 러스트 설치

러스트를 설치하려면 공식 사이트의 설치 페이지(https://www.rust-lang.org/tools/install)에서 설치 프로그램을 다운로드하여 설치해주기를 바랍니다.

- 러스트의 버전 확인

러스트의 버전을 확인하려면 터미널(terminal) 또는 명령 프롬프트(command prompt)에서 다음 명령을 실행합니다.

```
rustc --version
```

버전 번호가 표시되면 설치가 올바르게 완료된 것입니다.

- 코드 에디터 설치

러스트의 코드를 작성하려면 텍스트 에디터가 필요합니다. 선호하는 에디터를 설치해주세요. 예를 들면 비주얼 스튜디오 코드나 서브프라임 텍스트 등을 추천합니다. **"Hello World!"**를 출력하는 코드를 작성해봅시다. 새로운 파일을 생성하고 다음 코드를 입력합니다.

```
fn main() {
    println!("Hello, World!");
}
```

이 코드는 **"Hello, World!"**라는 문자열을 출력합니다.

파일을 저장합니다. 파일 이름은 hello.rs와 같이 임의의 이름을 붙여주세요. 터미널 또는 명령 프롬프트를 열고 저장한 파일이 있는 디렉터리로 이동합니다. 다음 명령을 실행해 코드를 컴파일(compile)합니다.

```
rustc hello.rs
```

컴파일이 성공하면 실행 파일이 생성됩니다. 다음 명령을 실행하여 **"Hello, World!"**가 표시되는지 확인합니다.

```
./hello
```

> 이렇게 러스트의 개발 환경을 구축하고 `"Hello, World!"`를 출력하는 방법을 설명했습니다. 첫 번째 러스트 프로그램이 만들어졌네요!

이 설명을 따라 하니 10분 만에 `Hello, World!`가 콘솔 화면에 출력되었습니다. 참고로 필자의 학습 환경은 윈도우 11입니다만, 맥에서도 리눅스에서도 같을 것입니다.

6.2.3 [Step 3] 언어 치트시트 작성하기

2장에서도 설명했지만, ChatGPT의 번역 능력을 코드 변환에 사용하면 무서울 정도로 효과적입니다. 무한 주문을 통해 자신이 아는 언어와 비교하는 예제의 생성을 요청했습니다. 이 정도면 충분하다고 생각할 때까지 생성해줄 것을 요청해야 합니다. 그 결과를 노션과 같은 문서 도구에 모으면 **치트시트**cheat sheet[4]가 완성됩니다.

또한 이번과 같은 언어 학습에서는 테마별로 코드를 생성하도록 하는 것도 좋습니다. 다음과 같은 프롬프트로 요청했습니다.

> 첫 러스트 프로그램을 만들어봤습니다. 감사합니다. 그럼 이어서 변수 처리와 형의 종류 등 변수에 대한 것들을 전부 망라하는 코드를 작성해주세요.

> 물론입니다! 변수에 대한 기본적인 개념과 러스트에서 사용 가능한 여러 가지 데이터 형에 대해 설명하면서 변수를 다루는 코드를 작성해봅시다.
>
> ```rust
> fn main() {
>     // 변수 정의
>     let x = 1;
>     let y: i32 = 2;
>     let mut z = 3;
>
>     // 변수 사용
>     println!("x = {}", x);
>     println!("y = {}", y);
> ```

4　우리에게 익숙한 표현으로 번역하자면 '커닝 페이퍼'입니다.

```rust
        println!("z = {}", z);

        // 변수 재대입
        z = 4;
        println!("z = {}", z);

        // 데이터 형 확인
        let a = 2.5;        // f64 형
        let b: f32 = 1.5;   // f32 형
        let c = true;       // bool 형
        let d = 'a';        // char 형
        let e = "hello";    // str 형
        let f = [1, 2, 3];  // 배열 형
        let g = (4, 5, 6);  // 튜플 형
        let h = [0; 5];     // 0으로 초기화된 다섯 개의 요소로 구성된 배열

        println!("a = {}, b = {}, c = {}, d = {}", a, b, c, d);
        println!("e = {}", e);
        println!("f = {:?}", f);
        println!("g = {:?}", g);
        println!("h = {:?}", h);
    }
```

이 다음부터는 치트시트를 양산하면 됩니다. 프롬프트의 '변수 처리와 형의 종류 등 변수' 부분을 다음과 같이 바꿔 연속으로 코드 생성을 요청했습니다. **조건 판단, 순환 제어, 배열, 사전식 배열, 파일 접근, 클래스, 함수형 프로그래밍**functional programming 등을 망라할 수 있는 코드의 작성을 요청하고 그 결과를 받았습니다. 이를 통해 기본적인 러스트 사용 방법을 대부분 알 수 있습니다.

참고로 해당 치트시트를 노션에 모아서 나만의 참고서를 만들었습니다. 일자상전—子相傳[5] 같아서 멋지네요. 제목 말인가요? '**러스트 싸울아비 — 호랑이의 권**虎の拳'[6]이라고 지었습니다.

6.2.4 [Step 4] 빌드 이해하기

치트시트를 작성하는 흐름 안에서는 모든 코드가 한 번에 실행되었지만, 그 후부터 상황이 급변했습니다.

---

5 《북두의 권》(학산문화사, 2020년)에서 제자끼리 결투하여 승자 한 명에게만 북두신권(北斗神拳)을 전승하는 방식을 말합니다.
6 누가 봐도 '북두의 권' 패러디라 일부러 어감을 살렸습니다.

러스트로 API를 호출하여 그 결과를 표시하는 프로그램을 작성하려면 어떻게 하면 좋을까요? 코드를 작성해주세요.

API를 호출하여 결과를 표시하는 프로그램을 작성하는 경우 러스트에는 `reqwest`라는 HTTP 클라이언트 라이브러리가 있습니다. 다음은 `reqwest` 라이브러리를 사용하여 API를 호출한 결과를 표시하는 예제 코드입니다.

```rust
use reqwest;

#[tokio::main]
async fn main() -> Result<(), reqwest::Error> {
    let response = reqwest::get("https://jsonplaceholder.typicode.com/posts/1").await?;
    let body = response.text().await?;
    println!("Response body:\n{}", body);
    Ok(())
}
```

이 코드에서는 `reqwest` 라이브러리를 사용하여 JSONPlaceholder[7]라는 API를 호출합니다. 이때 `reqwest::get()` 함수에 API의 URL을 지정하여 HTTP GET 요청을 보낸 후 그 결과를 얻습니다. `response.text()` 메서드를 사용하여 응답 본문(response body)을 문자열 형태로 받아 표시합니다.

`#[tokio::main]` 속성은 비동기 함수를 `main()` 함수로 사용하기 위해 필요한 것입니다. `Result<(), reqwest::Error>` 형은 오류가 발생하지 않았을 경우에는 `Ok(())`를 반환하고 오류가 발생한 경우에는 `Err(reqwest::Error)`를 반환하는 형입니다.

또한 이 코드를 실행하려면 Cargo.toml 파일에 `reqwest` 라이브러리를 추가할 필요가 있습니다. 다음 행을 [dependencies] 아래에 추가해주세요.

```
reqwest = {version = "0.11", features = ["blocking", "json"]}
```

이와 같이 러스트로 API를 호출하여 그 결과를 표시하는 프로그램의 기본적인 코드를 소개해드렸습니다.

---

7   테스트와 프로토타이핑을 위한 가상 API를 제공하는 무료 서비스입니다.

Cargo.toml이라는 파일이 있고 그 안의 [dependencies] 항목에 라이브러리를 추가해야 한다는 이야기를 합니다. 하지만 실행 환경에 toml 확장자를 가진 파일이 없어 다시 물어보았습니다.

 Cargo.toml 파일이 없습니다.

 Cargo.toml 파일은 러스트 프로젝트에 필수적인 파일로 프로젝트의 최상위 디렉터리에 있습니다. 만약 Cargo.toml 파일이 없는 경우에는 새로운 러스트 프로젝트를 생성할 필요가 있습니다.

다음은 `cargo new` 명령을 사용해 새로운 러스트 프로젝트를 생성하는 순서입니다.

1. 명령 줄 또는 터미널을 엽니다.
2. 프로젝트를 작성하려는 디렉터리로 이동합니다.
3. 다음 명령을 입력하여 새로운 러스트 프로젝트를 생성합니다.

```
cargo new <프로젝트 이름>
```

여기서 `<프로젝트 이름>`에는 프로젝트의 이름을 지정해주세요. 예를 들면 `hello-world`라는 이름의 프로젝트를 작성하는 경우에는 다음과 같이 지정하면 됩니다.

```
cargo new hello-world
```

1. `cd <프로젝트 이름>` 명령을 사용하여, 생성된 프로젝트의 디렉터리로 이동합니다.
2. `ls` 또는 `dir` 명령을 사용하여 프로젝트의 디렉터리 안에 Cargo.toml 파일이 생성된지 확인합니다.

이와 같은 순서로 새로운 러스트 프로젝트를 생성하여 Cargo.toml 파일을 생성할 수 있습니다.

아무래도 프로젝트를 작성하라는 이야기인 듯해 `apiclient`라는 프로젝트를 생성했습니다. ChatGPT 선생님이 말한대로 작업 디렉터리에서 다음 명령으로 생성했습니다.

```
cargo new apiclient
```

무사히 apiclient가 생성되어 Cargo.toml 파일이 있는 것을 확인했고, 그 안에 다음의 코드를 추가했습니다.

```
reqwest = {version = "0.11", features = ["blocking", "json"]}
```

소스 코드는 어디에 넣어야 하는 것일까요?

 프로그램 코드의 소스 파일은 어디에 작성하나요?

 Cargo.toml 파일이 있는 경우 일반적으로 소스 파일은 프로젝트의 src/ 디렉터리에 위치합니다. src/ 디렉터리에는 실행 가능한 파일을 포함한 여러 개의 러스트 파일이 포함될 수 있습니다.

예를 들면 다음과 같은 디렉터리 구조를 가지는 러스트 프로젝트가 있다고 가정해보겠습니다.

```
hello-world/
├────── Cargo.toml
└────── src/
    ├────── main.rs
    └────── lib.rs
```

위의 예에서는 src/ 디렉터리에 main.rs와 lib.rs라는 두 개의 러스트 파일이 포함되어 있습니다. main.rs는 실행 가능한 파일이며 lib.rs는 라이브러리 파일입니다.

main.rs 파일에는 프로그램의 시작점(entry point)인 main() 함수가 포함되어 있습니다. main.rs 파일에 앞에서 작성한 API 요청 코드를 작성하면 프로그램을 실행시킬 수 있습니다.

…생략…

main.rs에 코드를 복사하여 cargo run을 실행하니 오류가 발생했습니다. 이 내용을 ChatGPT에 전달하니 다음과 같은 답변이 왔습니다.

죄송합니다. 이전의 답변에 잘못이 있었습니다. 러스트의 오류 메시지를 확인하니 `tokio`가 정의되어 있지 않아 `#[tokio::main]` 매크로를 사용할 수 없다는 것을 알았습니다.

`tokio`를 사용하려면 Cargo.toml 파일에 `tokio` 라이브러리를 추가할 필요가 있습니다. 다음의 행을 [dependencies] 안에 추가해주세요.

```
tokio = {version = "1", features = ["full"]}
```

또한 `main` 함수에는 `async` 수정자를 사용할 수 없습니다. 대신 `tokio` 런타임을 사용하여 비동기 처리를 실행할 필요가 있습니다. 다음은 수정 후의 코드 예입니다.

…생략…

Cargo.toml 파일에 `tokio` 라이브러리를 추가하고, `cargo run`을 실행하니 실행되었습니다. 하지만 이대로는 실행 파일이 어디에 생성되는지 알 수 없기 때문에 추가로 물었습니다.

실행 파일을 빌드하려면 어떻게 해야 하나요?

러스트로 작성된 프로그램을 빌드하려면 `cargo build` 명령을 사용합니다. 이 명령을 실행하면 프로그램의 빌드가 이루어지고 실행 파일이 생성됩니다.

```
cargo build
```

실행 파일은 기본적으로 target/debug 디렉터리에 생성됩니다. 생성된 빌드 파일의 이름은 프로젝트의 이름과 동일합니다. 생성된 실행 파일은 다음과 같이 실행합니다.

```
./target/debug/<프로젝트 이름>
```

<프로젝트 이름>에는 프로젝트의 이름을 지정합니다.

최적화된 바이너리를 생성하려면 `--release` 선택 사항을 추가하여 다음과 같이 명령을 실행합니다.

```
cargo build --release
```

생성된 실행 파일은 기본적으로 target/release 디렉터리에 저장됩니다. 생성된 실행 파일은 다음과 같이 실행합니다.

```
./target/release/<프로젝트 이름>
```

또한 빌드에 시간이 걸리는 경우가 있습니다. 추가로 프로젝트가 의존하는 외부 라이브러리가 있는 경우 해당 라이브러리도 빌드가 이루어집니다.

cargo run만 실행하면 target/debug 디렉터리에 실행 파일이 생성되지만, 최종 릴리스용 실행 파일이 아니었습니다. 최종적으로 최적화된 바이너리는 cargo build --release 명령에 의해 target/release 디렉터리에 프로젝트 이름과 동일한 이름으로 빌드되는 것을 알 수 있습니다.

cargo build --release 명령을 실행하니 release 디렉터리가 생성되고, apiclient.exe 파일이 생성되었습니다. 다음은 해당 파일을 실행한 결과입니다. 올바르게 작동했습니다.

```
PS C:\Users\Choonholic\sources\apiclient> .\target\release\apiclient.exe
Response body:
{
  "userId": 1,
  "id": 1,
  "title": "sunt aut facere repellat provident occaecati excepturi optio reprehenderit",
  "body": "quia et suscipit\nsuscipit recusandae consequuntur expedita et cum\nreprehenderit
molestiae ut ut quas totam\nnostrum rerum est autem sunt rem eveniet architecto"
}
PS C:\Users\Choonholic\sources\apiclient>
```

결과적으로, 간단한 코드는 rustc로 실행 파일을 생성하고, 외부 라이브러리가 필요한 경우에는 Cargo.toml 파일에 의존 관계를 명시한 후 cargo run으로 실행 파일을 생성하고 실행합니다. 이때 디버그용 실행 파일이 debug 디렉터리에 생성되며, 릴리스용으로 최적화된 실행 파일은 cargo build --release로 생성한다는 것을 배웠습니다.

마지막으로 이해한 것이 맞는지 확인해보았습니다.

네, 중요한 부분만 보자면 맞습니다.

하지만 요점의 처음에서 언급한 내용인 `rustc <소스 파일>`을 통해 실행 파일이 생성되는 것이 아니라 컴파일된 목적 파일(object file)이 생성됩니다. 실행 파일을 실행하려면 목적 파일을 연결해야 합니다.

또한, `cargo run` 명령은 실행 파일을 생성하고 그것을 실행하기 위한 단계를 자동적으로 실행하기 때문에 빌드와 실행을 한 번에 진행합니다. `cargo run`을 실행하면 프로젝트의 빌드가 이루어지고 실행 파일이 생성되며 이어서 곧바로 해당 파일이 실행됩니다.

이제 프로젝트의 실행도 빌드도 완전히 이해할 수 있는 수준이 되었습니다.

6.2.5 [Step 5] 소크라테스 대화법으로 정리

이후에도 ChatGPT 선생님과의 대화는 계속 이어져 최종적으로 간단한 서버 프로그램을 작성할 수 있었습니다. 하지만 이야기가 길어지기 때문에 여기서는 생략하겠습니다. 만약 마지막으로 배웠던 내용을 확실하게 복습하고 기억에 각인하고 싶은 경우에는 소크라테스 선생님을 모셔와 대화하는 것이 좋습니다.

당신은 항상 소크라테스 스타일로 대응하는 가정교사입니다. 학생에게 정답을 절대로 알려주지 말고, 항상 학생이 스스로 생각하는 법을 배울 수 있도록 적절한 질문을 하려고 노력해야 합니다. 항상 학생의 흥미와 지식에 맞춰 질문을 조정하고, 학생에게 적합한 수준이 될 때까지 문제를 더 간단하게 나눌 필요가 있습니다.

학생은 다음과 같은 학습을 진행했습니다.
- 러스트의 특징
- 러스트의 기본적인 사용 방법
- 컴파일과 빌드 방법

물론 필자는 얼마 지나지 않아 다시 '아무것도 모르겠어' 상태가 되었지만, 러스트를 사용해 서버를 구동하는 코드까지는 작성해보았기 때문에 '아무래도 괜찮아'로 끝내겠습니다.

6.3 학습 속도를 높이는 ChatGPT

지금까지의 테스트를 통해 구체적으로 어떤 학습 방법이 있는지 설명했습니다. 어디까지나 이것은 하나의 예에 불과하며, 사람마다 각자 자신만의 학습 방법이 있을 것입니다. 또한 필자가 제시한 프롬프트로 동일한 답변이 나오지 않습니다. 그런 의미에서도 사람마다 각자 여러 가지 질의 응답 형태가 있을 것입니다.

'분야별 학습', '프로그래밍 언어 학습'을 학습하기 위해 든 시간은 각각 반나절 정도였습니다. 과장이 아닙니다. 환갑을 넘긴 어디에나 있는 늙은 프로그래머가 하루 만에 여기까지 공부할 수 있다는 것은 일반적으로는 절대 있을 수 없는 일이 아닐까요? 마치 애니메이션의 서브 캐릭터가 단 하루의 수행으로 새로운 기술을 습득하는 것과 같은 느낌입니다.

업무상 많은 것을 배워야 하는 엔지니어들이 ChatGPT를 잘 사용한다면 신속神速[8] 축지縮地[9]의 기술을 얻을 수 있을지도 모릅니다.

---

8 《바람의 검심》(서울미디어코믹스)에서 준 최종 보스인 천검(天劍) 세타 소지로(瀨田 宗次郎)가 사용하던 발도술(拔刀術)을 말합니다.
9 마찬가지로 세타 소지로가 사용하던 초고속 이동 기술입니다.

7

ChatGPT API의 활용

A complex system that works is invariably found to have evolved from a simple system that worked. A complex system designed from scratch never works and cannot be patched up to make it work. You have to start over with a working simple system.

작동하는 복잡한 시스템은 반드시, 원래 작동하고 있던 간단한 시스템이 진화한 것입니다. 아무 기반도 없는 상태에서 설계된 복잡한 시스템은 결코 작동하지 않으며, 그것을 고쳐서 작동하게 만드는 것도 불가능합니다. 작동하는 간단한 시스템으로부터 시작할 필요가 있습니다.

존 골John Gall 《Systemantics(시스템학)》(Quadrangle, 1977년) 중에서)

지금까지는 대화형 인터페이스를 이용하여 개발 현장에서 활용하는 방법에 대해 소개했습니다.

7장에서는 ChatGPT API를 활용하는 방법을 알아보겠습니다. ChatGPT API는 GPT 계열의 자연어 처리 모델을 사용하여 자연스러운 대화를 생성하는 API입니다. 이를 이용하면 손쉽게 대화형 애플리케이션에 통합할 수 있습니다. 회의록의 요약 작성, 사내 데이터베이스와의 연계, 노하우 데이터베이스 구축, 문서 교정, 각종 보고서의 작성 등 다양한 영역에서 응용해볼 수 있습니다.

단, 이 기능들을 본격적으로 실현하려면 모두 외부 데이터와 연계해야 합니다. 예를 들면 고객 서비스용 챗봇을 만드는 경우 회사마다 독자적인 규칙과 안내 내용이 필요하고, 이를 실현하기 위해서는 독자적인 데이터를 ChatGPT와 연계시켜야 합니다.

애플리케이션에 ChatGPT를 통합할 때 얼마나 복잡하든 최종적으로는 ChatGPT로 귀결됩니다. 이번 장에서는 그 기본이 되는 API의 기본적인 사용 방법을 설명합니다.

7.1 가장 기본적인 사용 방법

먼저 ChatGPT API를 사용하기 위한 가장 기본적인 형태부터 살펴보겠습니다.

API 키API key를 사용하기 위해, 먼저 20달러가량의 크레디트가 제공되는 무료 플랜부터 시작해봅시다. API는 **ChatGPT Plus**를 사용하는 과금 사용자가 아니어도 사용할 수 있습니다. 20달러의 크레디트를 모두 소진한 이후에도 계속해서 API를 사용하고 싶을 때는 API의 유료 플랜을 사용해야 하지만, 이 역시 Plus와는 별도의 플랜입니다. 또한 Plus는 월 정액제지만 API는 사용한 만큼만 결제되는 종량제입니다.

그럼 단순히 API를 호출해보는 것부터 시작해봅시다. API 키를 아직 발급받지 않은 경우에는 API 키를 발급받는 것부터 시작합니다. 발급받았다면 다음으로 넘어가도 좋습니다.

7.1.1 API 키 발급

ChatGPT API를 사용할 때는 먼저 API 키를 발급받아야 합니다. API 키를 발급받으면 범용적인 REST 인터페이스를 사용할 수 있지만, 사용하는 프로그래밍 언어에 따라 라이브러리가 준비되어 있기 때문에 이를 이용하면 API를 통해 사용자와 자연스러운 대화를 하는 애플리케이션을 만들 수 있습니다.

웹브라우저에서 다음의 URL을 엽니다.

- https://platform.openai.com/

페이지 우측 상단의 [Sign up] 버튼을 클릭합니다.

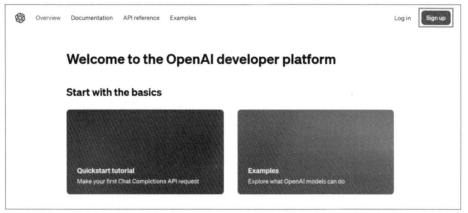

그림 7.1 OpenAI 개발자 페이지

계정을 등록합니다. 만약 구글 계정이나 마이크로소프트 계정이 있다면 이를 이용해 등록할 수도 있습니다.

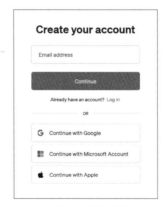

그림 7.2 계정 생성

몇 가지 질문에 답하면서 가입을 진행합니다. 화면 왼쪽에 아이콘 메뉴가 표시되고 가장 아래에 개발자를 의미하는 아이콘이 표시되면 가입이 완료된 것입니다. 해당 아이콘을 눌러보면 개인 개발자를 의미하는 'Personal'이 표시되는 것을 알 수 있습니다.

이어서 API 키를 발급받습니다. 아이콘 메뉴 중 [API keys]를 선택합니다.

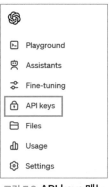

그림 7.3 **API keys 메뉴**

API keys 페이지가 열립니다. API 키를 발급받지 않은 경우에는 아무 내용도 표시되지 않습니다. [+ Create new secret key] 버튼을 클릭하면 API 키의 이름을 입력하는 대화 상자가 열립니다. 원하는 이름을 입력하고 [Create secret key] 버튼을 클릭하면 화면에 생성된 API 키가 표시되므로, 우측의 복사 아이콘을 클릭하여 이 값을 별도의 텍스트 파일 등으로 보관합니다. 이 API 키가 여러분의 개발자 인생에 있어 가장 많이 사용되는 비밀 키가 될지도 모르므로 소중히 보관해주십시오. 물론 분실한 경우에도 [+ Create new secret key] 버튼을 클릭하여 새로운 API를 발급받을 수 있으므로 너무 걱정하지 않아도 괜찮습니다. 또한 새로운 애플리케이션이나 기능을 개발할 때마다 서로 다른 API 키를 사용하는 것이 안전합니다.

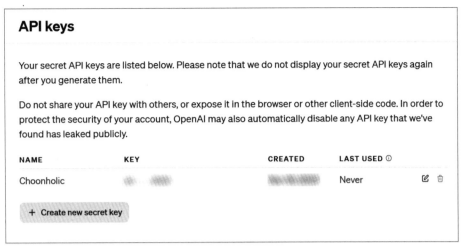

그림 7.4 생성된 API 키

7.1.2 가장 간단한 코드

API 키를 사용하여 가장 간단한 코드를 작성해봅시다. 기본적인 사용 방법을 알고 싶은 경우에는 다음의 공식 문서를 참조하시기 바랍니다.

- https://platform.openai.com/docs/introduction

구글 코랩을 열어 새 노트북을 작성합니다. OpenAI API를 사용할 수 있도록 openai 파이썬 라이브러리를 설치합니다.

```
!pip install openai
```

이어서 환경변수 OPENAI_API_KEY를 설정합니다. 이를 통해 앞에서 발급받은 API 키가 설정되며, openai 라이브러리가 이 값을 읽어 처리하기 때문에 프로그램 내에서 일일이 API 키를 지정해 API를 호출할 필요가 없습니다.

```
import os
os.environ['OPENAI_API_KEY'] = "발급받은 API 키"
```

```python
from openai import OpenAI

client = OpenAI()

user_text = "파이썬으로 피보나치 수를 구하는 예제 코드와 테스트 코드를 작성해
주세요."

response = client.chat.completions.create(
    model="gpt-3.5-turbo",
    messages=[
        {
            "role": "system",
            "content": "사용자의 요구에 따라 적절한 답변을 제공해주세요."
        },
        {
            "role": "user",
            "content": user_text
        }
    ],
)

response_message = response.choices[0].message.content

print(response_message)
```

출력 결과는 피보나치 수를 구하는 파이썬 예제 코드와 테스트 코드입니다.

```python
def fibonacci(n):
    if n <= 0:
        return []
    elif n == 1:
        return [0]
    elif n == 2:
        return [0, 1]
    else:
        fibo = [0, 1]
        while len(fibo) < n:
            fibo.append(fibo[-1] + fibo[-2])
        return fibo
```

```
# 예제 코드 작동 테스트
print(fibonacci(10))  # [0, 1, 1, 2, 3, 5, 8, 13, 21, 34]
```

내용은 ChatGPT(3.5)와 거의 같습니다.

`openai.chat.completions.create()`를 호출하는 것만으로도 답변이 옵니다. 이 메서드는 대화 전용입니다. 다른 메서드를 호출할 경우에는 문서를 참조하기를 바랍니다.

- https://platform.openai.com/docs/guides/chat-completions

7.1.3 결과를 스트림으로 표시하기

앞의 예에서는 결과가 돌아올 때까지 어느 정도 시간이 걸립니다. API에는 스트림 출력을 위한 선택 사항인 `stream`이 있습니다. `stream=True`로 설정하면 실시간으로 출력을 받기 때문에, 쪼개져 날아오는 답변을 표시하면 전체 답변을 기다리지 않고 그 나름대로 답변을 얻는 느낌을 받을 수 있습니다.

```
from openai import OpenAI

client = OpenAI()

user_text = \
    "파이썬을 이용해 재귀적으로 피보나치 수를 구하는 예제 코드와 테스트 코드를
작성해주세요."

response = client.chat.completions.create(
    model="gpt-3.5-turbo",
    stream=True,
    messages=[
        {
            "role": "system",
            "content": "사용자의 요구에 따라 적절한 답변을 제공해주세요."
        },
        {
            "role": "user",
            "content": user_text
```

```
        }
    ],
)

for chunk in response:
    if chunk and chunk.choices[0].delta and chunk.choices[0].delta.content:
        partial_word = chunk.choices[0].delta.content
        print(partial_word, end="")
```

이것이 API를 사용하는 가장 간단한 예입니다. 이어서 구체적인 사용 방법을 탐구해봅시다.

7.1.4 챗봇화하기

챗봇chatbot을 구현하는 경우 웹과의 연계도 필요하고 무엇인가 사용자 인터페이스도 필요하겠지만, 여기서는 건드리지 않겠습니다.

좀 더 기본적인 챗봇은 사용자의 입력을 받아 시스템이 ChatGPT에게 요청하기만 하도록 구현해야 합니다. 즉 입력과 출력을 계속 순환시키기만 하면 됩니다.

```
from openai import OpenAI

client = OpenAI()

while True:
    user_text = input("\n\n>")
    if user_text == "quit":
        break

    response = client.chat.completions.create(
        model="gpt-3.5-turbo",
        stream=True,
        messages=[
            {
                "role": "system",
                "content": "사용자의 요구에 따라 적절한 답변을 제공해주세요."
            },
            {
                "role": "user",
                "content": user_text
```

```
                }
            ],
        )

        for chunk in response:
            if chunk and chunk.choices[0].delta and chunk.choices[0].delta.
content:
                partial_word = chunk.choices[0].delta.content
                print(partial_word, end="")
```

`input()` 메서드를 사용하면 다음과 같이 사각 입력 대기줄이 나타나 입력을 기다리는 상태가 됩니다. 적당한 질문을 입력하면, ChatGPT처럼 대화를 할 수 있습니다. 이것이 가장 간단한 API의 사용 방법입니다.

앞선 챗봇은 얼핏 잘 작동하는 것처럼 보이지만 ChatGPT와는 큰 차이점이 있습니다. API로 작성된 앞선 시스템은 이전 대화의 내용을 기억하지 않습니다. 따라서 앞서 상호작용이 있었어도 전혀 기억하지 못하기 때문에 자연스러운 대화가 이루어지지 않습니다. 대화의 전후 관계가 필요하지 않은 애플리케이션이라면 전혀 문제가 없지만, 대화의 내용을 기반으로 질의 응답을 반복해야 하는 경우 고민해야 할 문제입니다.

따라서 지금까지의 대화 내용을 전부 프로그램의 버퍼buffer에 저장했다가 해당 버퍼를 API 호출 전에 system의 content 항목에 대화 기록으로 밀어 넣으면 자연스러운 대화를 구현할 수 있습니다. 하지만 그만큼 프롬프트 양도 늘어나 동시에 API 사용에 따른 비용이 눈덩이처럼 커지는 문제가 발생하므로 주의가 필요합니다.

```
≣      + Code  + Text

Q      💡  from openai import OpenAI

{x}        client = OpenAI()

           while True:
🔑    ▶        user_text = input("\n\n>")
               if user_text == "quit":
📁                 break

               response = client.chat.completions.create(
                   model="gpt-3.5-turbo",
                   stream=True,
                   messages=[
                       {
                           "role": "system",
                           "content": "사용자의 요구에 따라 적절한 답변을 제공해주세요."
                       },
                       {
                           "role": "user",
                           "content": user_text
                       }
                   ],
               )

               for chunk in response:
                   if chunk and chunk.choices[0].delta and chunk.choices[0].delta.content:
                       partial_word = chunk.choices[0].delta.content
                       print(partial_word, end="")

       •••
           >안녕하세요!
           안녕하세요! 무엇을 도와드릴까요?

           >당신의 이름은 무엇인가요?
           제 이름은 AI 어시스턴트입니다. 도와드릴 내용이 있나요?

           >자기 소개를 해주세요.
```

그림 7.5 **챗봇 실행 결과**

7.2 요약으로 문맥 연결하기

앞 절에서 대화의 내용을 효율적으로 이어가는 방법에 대한 문제가 나타났습니다. 모든 대화를 버퍼에 저장하고 프롬프트에 밀어 넣는 방법이 빠른 해결 수단이지만, 그만큼 API 사용에 따른 비용이 증가하기 때문에 곤란한 경우도 있습니다. 하지만 연계가 전혀 없다면 대화 자체가 성립되지 않습니다.

여기서 이전 대화의 문맥을 보존하면서 현재 대화에 대한 응답을 생성하는 방법을 살펴봅시다. 이를 위해 먼저 어떤 프롬프트가 효과적인지 검증해보겠습니다. 또한 정보가 누락되지 않도록 자기 주의 집중이 가능한 문맥을 생성하는 것이 중요합니다.

지금부터 이 일련의 테크닉을 소개하겠습니다. 먼저 다음 코드를 구글 코랩에서 실행해봅시다.

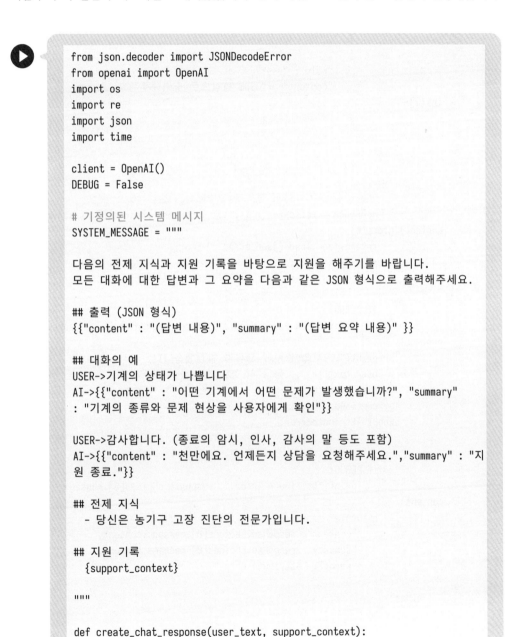

```python
from json.decoder import JSONDecodeError
from openai import OpenAI
import os
import re
import json
import time

client = OpenAI()
DEBUG = False

# 기정의된 시스템 메시지
SYSTEM_MESSAGE = """

다음의 전제 지식과 지원 기록을 바탕으로 지원을 해주기를 바랍니다.
모든 대화에 대한 답변과 그 요약을 다음과 같은 JSON 형식으로 출력해주세요.

## 출력 (JSON 형식)
{{"content" : "(답변 내용)", "summary" : "(답변 요약 내용)" }}

## 대화의 예
USER->기계의 상태가 나쁩니다
AI->{{"content" : "어떤 기계에서 어떤 문제가 발생했습니까?", "summary"
: "기계의 종류와 문제 현상을 사용자에게 확인"}}

USER->감사합니다. (종료의 암시, 인사, 감사의 말 등도 포함)
AI->{{"content" : "천만에요. 언제든지 상담을 요청해주세요.","summary" : "지
원 종료."}}

## 전제 지식
  - 당신은 농기구 고장 진단의 전문가입니다.

## 지원 기록
  {support_context}

"""

def create_chat_response(user_text, support_context):
```

```python
    for i in range(3):
        response = client.chat.completions.create(
            model="gpt-3.5-turbo",
            messages=[
                {
                    "role": "system",
                    "content": SYSTEM_MESSAGE.format(support_
context=support_context)
                },
                {
                    "role": "user",
                    "content": f"JSON 형식으로 출력해주세요: [{user_
text}]+"
                }
            ],
        )

        try:
            # 응답으로부터 JSON 형식의 데이터만 추출
            json_str = re.search(r'\{.*\}', response.choices[0].message.
content).group(0)
            return json.loads(json_str)
        except JSONDecodeError:
            # 잘못된 JSON 데이터가 반환된 경우 재시도하고, 이때 AI에게 주의
를 던짐
            if DEBUG:
                print("JSON Parse Error: ", response.choices[0].message.
content)
            print("...AI의 출력에 오류가 발생했습니다. 재시도합니다......")
            user_text += '...응답 시 JSON 형식을 지켜주세요.'
            time.sleep(1)
            continue
        except AttributeError:
            # JSON으로 변환할 수 없는 것들. (목록 등) 이 경우 값을 그대로
설정
            if DEBUG:
                print("Attribute Error:", response.choices[0].message.
content)
            return {
                "content": response.choices[0].message.content,
                "summary": response.choices[0].message.content,
                "error": "attribute error"
            }
    else:
        return []


support_context = ""
```

```
print("농기구에 대해 어려움이 있다면 답변해드립니다.\n무엇이든 물어보세
요.\n")

while True:
    user_text = input("\n>")

    if user_text == "quit":
        break

    response = create_chat_response(user_text, support_context)

    if response:
        answer  = response['content']
        summary = response['summary']
    else:
        print("죄송합니다. 질문 방법을 바꿔주세요.")
        continue

    support_context += f"- user: {user_text}\n"
    support_context += f"- AI: {summary}\n\n"
    print("\n답변: ", answer)

    if DEBUG:
        print("요약: ", summary)
        print("response: ", response)
```

이 코드를 실행하면 다음의 예와 같이 AI와 대화를 할 수 있습니다.

농기구에 대해 어려움이 있다면 답변해드립니다.
무엇이든 물어보세요.

>어제부터 트랙터의 상태가 좋지 않습니다.
답변: 구체적으로 어떤 증상이 발생했습니까? 엔진에서 이상한 소리가 나
거나 출력 부족 등의 현상이 보이는 경우가 많습니다.

>약간 이상한 소리가 나네요. 가끔 엔진의 시동이 걸리지 않습니다.
답변: 그것 참 큰일이네요. 엔진의 시동이 걸리지 않는 원인에는 여러 가지가
있지만, 먼저 점화 계통의 확인부터 시작해봅시다. 만약 점화 계통에 문제가
있는 경우에는 점화 플러그의 교환 등이 필요할 수도 있습니다.

>알겠습니다. 점화 플러그를 교환해보았지만, 아직 상태가 좋지 않습니다.
답변: 점화 플러그를 교환했는데도 개선되지 않았다는 말씀이네요. 그 외에도
고려할 수 있는 원인이 있으므로, 한 번 점검해보기를 바랍니다.

>어떤 원인을 고려해볼 수 있나요?
답변: 점화 플러그 교환 후에도 상태가 좋아지지 않으면, 다른 원인도 생각해 볼 수 있습니다. 구체적으로 어떤 증상이 있습니까?

>엔진의 시동이 잘 걸리지 않는 것은 그대로입니다.
답변: 점화 플러그 이외에도 연료 계통 등의 점검이 필요합니다. 가까운 농기 구 수리 공장에 상담해보기를 바랍니다.

>연료 계통이라고 하면 어디를 어떻게 확인하면 좋을까요?
답변: 연료 계통의 확인은 연료 펌프, 연료 필터, 연료 분사기, 연료 탱크 등을 확인해볼 필요가 있습니다. 수리 공장에 상담해보기를 바랍니다.

>연료 펌프를 점검했습니다. 특별히 이상은 없어보입니다.
답변: 연료 펌프를 점검했지만, 특별히 이상은 없었습니다. 연료 계통의 다른 부분에도 문제가 없는지 다시 한번 확인해주십시오.

>연료 탱크를 점검하고 싶은데, 어떻게 하면 좋을까요?
답변: 연료 탱크를 점검하려면, 먼저 연료 탱크에 이물질이 들어가 있지 않은 가 확인하고, 연료가 부족하지 않은지도 확인할 필요가 있습니다. 연료 탱크에 서 연료가 올라오고 있는지도 확인해주십시오.

>연료 탱크를 점검했습니다. 특별히 이상은 없어보입니다.
답변: 연료 탱크를 점검했습니다. 특별히 이상은 없어보입니다.

>이 외에 또 어떤 원인이 있을 수 있을까요?
답변: 엔진의 시동이 걸리지 않는 원인으로는, 배터리, 엔진 튜닝 등도 생각해 볼 수 있지만, 수리 공장에 상담해보시는 것이 최선책입니다.

>그럼 지금까지의 지원으로 알게 된 것을 정리해주세요.
답변: 트랙터가 조금 이상한 소리를 내고, 가끔 엔진의 시동이 걸리지 않는 현 상이 있습니다. 점화 플러그 교환 후에도 상태가 나아지지 않고, 연료 계통의 확인도 했지만 해결되지 않았습니다. 배터리와 엔진 튜닝의 가능성도 있지만, 수리 공장에 상담해볼 것을 조언했습니다.

>감사합니다. 다음에도 잘 부탁드립니다.
답변: 천만에요. 언제든지 상담을 요청해주세요.

이 프로그램은 사용자 질문에 대해 GPT 모델이 답변을 생성할 때 지원 기록인 support_context 변수가 프롬프트에 전달됩니다. support_context 변수에는 이전의 대화에서 얻은 요약 정보가 포함되어 있습니다. 이를 통해 GPT 모델은 이전 대화의 문맥을 고려하여 현재 질문에 대한 답변을 생성합니다.

예를 들면 사용자가 첫 질문에서 특정 기계의 문제에 대해 물어본 경우 GPT 모델이 답변과 요약을 생성합니다. 다음 질문에서는 그 요약이 `support_context` 변수에 추가되어, 모델이 새로운 질문에 답변할 때 이전 질문에서 얻은 정보를 이용할 수 있습니다. 이를 통해 모델은 과거의 대화를 고려해 더 적절한 문맥에 따른 답변을 제공할 수 있게 됩니다.

과거의 요약을 유지하기 때문에 GPT 모델은 과거의 정보를 이용해 새로운 질문에 대한 답변을 생성할 수 있어 대화의 일관성이 향상됩니다. 이를 통해 사용자가 반복해서 같은 질문을 할 필요 없이 더 효율적인 의사소통을 실현할 수 있습니다.

요점은 대화를 얼마나 잘 요약하는가에 있습니다. 이것은 프롬프트의 요약 예를 얼마나 잘 지시할 수 있는가에 달려 있습니다. '기계의 상태가 나쁘다'라는 질문에 대한 답변 요약을 '기계의 종류와 문제 현상을 사용자에게 확인'이라는 형태로 예를 제시했지만 좀 더 좋은 요약 예가 있을 것입니다. 이 부분은 여러분의 프롬프트 엔지니어링의 능력을 보여주는 부분일 것입니다.

그 외 중요한 부분은 답변을 답변 내용과 그 요약으로 나누기 위해 JSON 형식으로 출력하도록 지정하는 것입니다. 프롬프트에서 JSON 형식으로의 출력을 강조하고 출력 예를 통해 상당히 강하게 지시하고 있지만 가끔 평문으로 출력하기도 합니다. 이를 안정적으로 JSON 형식으로 받기 위해서는 직전의 대화에서 이를 지시하는 것이 가장 효과적이었습니다. 따라서 `user` 역할 안에서 다음과 같이 확실하게 JSON 형식으로의 출력을 요청합니다. 이 방법을 통해 꽤 안정적으로 JSON 데이터를 얻을 수 있습니다.

```
{
    "role": "user",
    "content": f"JSON 형식으로 출력해주세요: [{user_text}]+"
}
```

이 방법 외에도 `system` 역할의 프롬프트를 좀 더 최적의 상태로 지정하는 방법을 통해 원하는 형태의 JSON 출력이 가능할 수도 있습니다. 이렇게 설정하더라도 결과 JSON 데이터에 불필요한 데이터가 포함되는 경우도 자주 있습니다. 따라서 얻은 결과 데이터에서 다음과 같이 JSON 형식의 데이터만 추출합니다. 이에 더해, JSON 복호화 오류가 발생한 경우에는 JSON 형식이 유지되지 않았을 가능성이 있기 때문에, `user_text`에 `...응답 시 JSON 형식을 지켜주세요.`라는 문장을 추가하고 재시도하면 다음 응답은 꽤 높은 확률로 `JSON` 형식으로 반환됩니다. 이는 모두 실험을 반복해가면서 얻은 노하우입니다. 앞의 코드에서는 다음 블록이 `JSON` 관련 처리를 실행합니다.

```python
try:
    # 응답으로부터 JSON 형식의 데이터만 추출
    json_str = re.search(r'\{.*\}', response.choices[0].message.content).group(0)
    return json.loads(json_str)
except JSONDecodeError:
    # 잘못된 JSON 데이터가 반환된 경우 재시도하고, 이때 AI에게 주의를 던짐
    if DEBUG:
        print("JSON Parse Error: ", response.choices[0].message.content)
    print("...AI의 출력에 오류가 발생했습니다. 재시도합니다......")
    user_text += '...응답 시 JSON 형식을 지켜주세요.'
    time.sleep(1)
    continue
```

이 방법은 예로 든 고장 진단 등과 같이 대화의 문맥이 필요한 경우에 효과를 발휘합니다. 프롬프트를 어떻게 정의하는가에 따라 여러 가지 진단이나 대화에 응용할 수 있을 것입니다. 한 가지 주의할 점은 프롬프트와 대화의 기록은 규정된 크기에 들어가야만 합니다.

그렇다면 사용자 지원과 같이 외부 데이터가 필요한 경우에는 어떻게 해야 좋을까요? 결론부터 말하자면 랭체인과 같은 외부 연계 프로세스 자동화용 라이브러리를 사용하는 것이 일반적인 선택입니다. 하지만 API에 대한 이해를 높이기 위해 일단 간단하게 직접 구현해보는 것을 추천합니다. 이는 API 자체의 사용 방법과 작동 방식을 이해하는 데 필요한 과정입니다.

7.3 자연어로 사내 데이터베이스 질의하기

사용자 지원을 고려할 경우 고객 데이터 등은 이미 사내 데이터베이스 내에 막대한 양이 저장되어 있을 것입니다. 그 데이터베이스에 접근해 필요한 고객의 데이터를 검색하고 그 결과를 참조하면 해당 고객에 맞는 지원을 할 수 있지 않을까요? 또한 고객 데이터뿐만 아니라 제품 마스터와 주문 마스터 정보와 같이 상황에 따른 질의에 대해 ChatGPT에게 어떤 판단을 하게 하는 사용 사례가 있을 것입니다.

이를 위한 첫 단계로 데이터베이스를 **자연어**natural language, NL로 질의query해보겠습니다. 테스트를 위해 데이터를 준비합니다. 다음과 같은 간단한 구성을 가정해봅시다. ChatGPT에 생성을 부탁하였습니다.

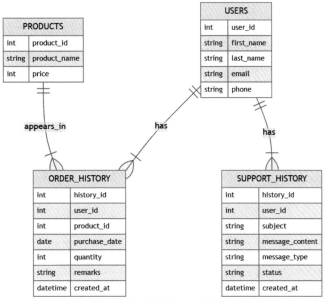

그림 7.6 **재고 관리 데이터베이스 개체 관계 구성도**

그림 7.6의 개체 관계 구성도를 기반으로 데이터베이스를 생성합니다. 데이터베이스 관리 계통으로는 SQLite를 사용합니다. 다음 코드는 ChatGPT에게 작성을 부탁하였습니다.

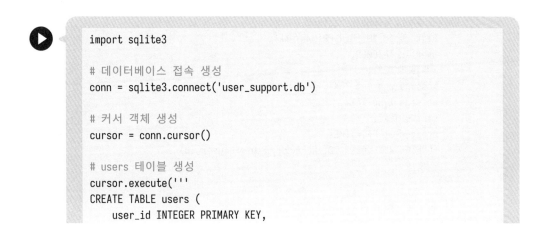

```
import sqlite3

# 데이터베이스 접속 생성
conn = sqlite3.connect('user_support.db')

# 커서 객체 생성
cursor = conn.cursor()

# users 테이블 생성
cursor.execute('''
CREATE TABLE users (
    user_id INTEGER PRIMARY KEY,
```

```python
    first_name TEXT,
    last_name TEXT,
    email TEXT,
    phone TEXT
)
''')

# products 테이블 생성
cursor.execute('''
CREATE TABLE products (
    product_id INTEGER PRIMARY KEY,
    product_name TEXT,
    price INTEGER
)
''')

# order_history 테이블 생성
cursor.execute('''
CREATE TABLE order_history (
    history_id INTEGER PRIMARY KEY,
    user_id INTEGER,
    product_id INTEGER,
    purchase_date DATE,
    quantity INTEGER,
    remarks TEXT,
    created_at DATETIME,
    FOREIGN KEY (user_id) REFERENCES users(user_id),
    FOREIGN KEY (product_id) REFERENCES products(product_id)
)
''')

# support_history 테이블 생성
cursor.execute('''
CREATE TABLE support_history (
    history_id INTEGER PRIMARY KEY,
    user_id INTEGER,
    subject TEXT,
    message_content TEXT,
    message_type TEXT,
    status TEXT,
    created_at DATETIME,
    FOREIGN KEY (user_id) REFERENCES users(user_id)
)
''')
```

```
# 변경 사항 커밋
conn.commit()

# 데이터베이스 접속 종료
conn.close()
```

이번에는 테스트 데이터를 준비합니다. 이번에도 ChatGPT에게 예시의 작성을 부탁한 후 테스트에 알맞도록 수정하였습니다.

```
import sqlite3
from datetime import datetime

# 데이터베이스 접속 생성
conn = sqlite3.connect('user_support.db')

# 커서 객체 생성
cursor = conn.cursor()

# users 테이블에 한국어 테스트 데이터 삽입
users_data = [
    (1, '태진', '윤', 'taejin@example.com', '099-1234-5678'),
    (2, '은미', '김', 'eunmi@example.com', '098-9876-5432')
]

for user in users_data:
    cursor.execute('''
    INSERT INTO users (user_id, first_name, last_name, email, phone)
    VALUES (?, ?, ?, ?, ?)
    ''', user)

# products 테이블에 한국어 테스트 데이터 삽입
products_data = [
    (1, '제품A', 10000),
    (2, '제품B', 20000),
    (3, '제품C', 30000)
]

for product in products_data:
    cursor.execute('''
    INSERT INTO products (product_id, product_name, price)
    VALUES (?, ?, ?)
```

```
    ''', product)

# order_history 테이블에 한국어 테스트 데이터 삽입
order_history_data = [
    (1, 1, 1, '2023-10-01', 2, '빠른 발송', datetime.now()),
    (2, 2, 3, '2023-10-05', 1, '선물 포장', datetime.now())
]

for order in order_history_data:
    cursor.execute('''
    INSERT INTO order_history (history_id, user_id, product_id, purchase_
date, quantity, remarks, created_at)
    VALUES (?, ?, ?, ?, ?, ?, ?)
    ''', order)

# support_history 테이블에 한국어 테스트 데이터 삽입
support_history_data = [
    (1, 1, '청구 관련 문제', None, None, 'open', datetime.now()),
    (2, 1, None, '청구에 문제가 있습니다.', 'user', None, datetime.now()),
    (3, 1, None, '문의해주셔서 감사합니다. 문제를 조사합니다.', 'support',
None, datetime.now())
]

for support in support_history_data:
    cursor.execute('''
    INSERT INTO support_history (history_id, user_id, subject, message_
content, message_type, status, created_at)
    VALUES (?, ?, ?, ?, ?, ?, ?)
    ''', support)

# 변경 사항 커밋
conn.commit()

# 데이터베이스 접속 종료
conn.close()
```

테스트 데이터가 제대로 준비되었는지 확인합니다.

```
import sqlite3

# 데이터베이스 접속 생성
conn = sqlite3.connect('user_support.db')

# 커서 객체 생성
cursor = conn.cursor()

# 각 테이블에서 데이터를 얻어 표시
tables = ['users', 'products', 'order_history', 'support_history']

for table in tables:
    print(f"{table} 테이블의 데이터:")
    cursor.execute(f"SELECT * FROM {table}")
    rows = cursor.fetchall()

    for row in rows:
        print(row)

    print()  # 보기 쉽도록 빈 행 추가

# 데이터베이스 접속 종료
conn.close()
```

데이터가 목록 형태로 표시되면 데이터가 잘 작성된 것입니다. 준비가 완료되었습니다.

사용자의 질문에 대해 데이터베이스를 검색해 답변하는 다음과 같은 챗봇 코드를 구상했습니다. 다음 코드를 구글 코랩에 붙여 넣어 실행해봅니다.

```
from openai import OpenAI
from sqlalchemy import create_engine, MetaData
from sqlalchemy.orm import sessionmaker
from sqlalchemy.sql import text
from sqlalchemy.exc import SQLAlchemyError
from tabulate import tabulate
from json.decoder import JSONDecodeError
import json
import re

engine = create_engine('sqlite:///user_support.db', echo=False)
```

```python
client = OpenAI()

DEBUG = False

# 기정의된 시스템 메시지
SYSTEM_MESSAGE = """
다음과 같이 정의된 테이블이 있습니다.
정의 데이터:
{meta_text}

이 정의 데이터를 바탕으로 사용자의 요청문에 가장 적합한 SQL 문을 생성합니다.
다음과 같은 JSON 형식으로만 출력해주세요. 설명은 150자 이내로 작성해주세요.

{{
    "sql": (SQL 문),
    "description": (설명)
}}

## 대화 예시
USER->사용자 목록을 출력해주세요.
AI->{{"sql" : "SELECT user_id, first_name, last_name, email, phone FROM
users","description" : "사용자 목록을 얻기 위해, users 테이블에서 필요한 정보
를 얻는 SELECT 문을 생성했습니다."}}
"""

def create_sql_response(text, meta_text):
    response = client.chat.completions.create(
        model="gpt-3.5-turbo",
        temperature = 0.3,
        messages=[
            {
                "role": "system",
                "content": SYSTEM_MESSAGE.format(meta_text=meta_text)
            },
            {
                "role": "user",
                "content": f"요청문: {text}...결과는 JSON 형식으로 출력해주세요"
            }
        ],
    )
    try:
        if DEBUG:
            print(response.choices[0].message.content)
        json_str = re.search(r'\{.*\}', response.choices[0].message.content,
re.DOTALL).group(0)
```

```python
        return json.loads(json_str)
    except JSONDecodeError:
        return {
            "sql": None,
            "description": None
        }

def get_meta_data():
    metadata = MetaData()
    metadata.reflect(bind=engine)

    meta_text = ''
    for table in metadata.tables.values():
        meta_text += '테이블 이름: '+ table.name + '\n'
        for column in table.columns:
            meta_text += f'컬럼 이름: {column.name}, 형식: {column.type}\n'
        meta_text += '\n'
    return meta_text

def exec_sql(sql):
    Session = sessionmaker(bind=engine)

    try:
        with Session() as session:
            t = text (sql)
            result = session.execute(t)

            header = [k for k in result.keys()]

            rows = result.fetchall()
            tabled = tabulate(rows,header, tablefmt="github")
            print(tabled)

    except SQLAlchemyError as e:
        print(f'Exception Excute SQL: {e}\n')

def repl():
    meta_text = get_meta_data()
    if not meta_text:
        print("메타데이터가 입력되어 있지 않습니다")
        return
    print('메타데이터를 읽었습니다\n')
    while True:
        try:
            user_input = input(">")
```

```
        if user_input:
            response = create_sql_response(user_input, meta_text)
            sql = response['sql']
            description = response['description']

            print('SQL 문:\n', sql)
            print('설명:\n', description)
            print()
            if sql:
                exec_sql(sql)
        except (KeyboardInterrupt, EOFError):
            print()
            break

if __name__ == "__main__":
    repl()
```

다음의 대화 예와 같이 자연어(여기서는 한국어)로 데이터베이스를 질의할 수 있습니다.

get_meta_data() 함수는 데이터베이스에서 테이블 이름과 컬럼 이름 정보를 얻고 이를 메타데이터로 지정합니다. '사용자 목록을 출력해주세요'라는 요청에 대해 ChatGPT는 '사용자'라는 문맥으로 메타데이터를 검색해보겠지만 그런 데이터는 존재하지 않습니다. 하지만 users는 존재하기 때문에 분명히 이것이 맞다고 판단하고 추가로 users 테이블의 메타데이터에서 자동적으로 user_id, first_name, last_name, email, phone 등의 컬럼을 선택해 SQL 문을 생성했습니다.

또한 다음 질문인 '김은미 님이 구입한 제품의 이력을 알려주세요'에서 users 외에 구입한 제품의 이력이라는 문맥을 통해 메타데이터에서 order_history를 찾고 이에 더해 제품 이름을 추출하기 위해 products도 검색한 다음 select 기반의 SQL 문을 조합합니다. 이때 놀랍게도 세 개의 테이블을 JOIN하고 이름을 키로 이름, 제품 이름, 구입일, 비고라는 지시에 대응하는 테이블의 컬럼을 선택합니다. 작성된 SQL은 exec_sql() 함수를 통해 실행되며 그 결과를 표 형식으로 출력하는 흐름을 보여주었습니다.

SQL 문을 사용하지 않고 자연어로 질의할 수 있는 것은 대단한 일입니다. 필자는 이전에 자연어로 이와 같은 것을 리스프Lisp로 구현해보려했으나 단 하루 만에 좌절했던 적이 있습니다.

ChatGPT를 사용하면 어떤 어려움도 없이 해낼 수 있는 일인데 말입니다. 정말 놀랄 일만 가득합니다.

메타데이터를 읽었습니다.

>사용자 목록을 출력해주세요.

• SQL 문:

```
SELECT user_id, first_name, last_name, email, phone FROM users
```

• 설명:

사용자 목록을 얻기 위해, users 테이블에서 필요한 정보를 얻는 SELECT 문을 생성했습니다.

user_id	first_name	last_name	email	phone
1	태진	윤	taejin@example.com	099-1234-5678
2	은미	김	eunmi@example.com	098-9876-5432

>김은미 님이 구입한 제품의 이력을 알려주세요. 출력 항목은 이름, 제품 이름, 구입일, 비고입니다.

• SQL 문:

```
SELECT u.first_name, u.last_name, p.product_name, oh.purchase_date, oh.remarks
FROM users u JOIN order_history oh ON u.user_id = oh.user_id JOIN products p ON
oh.product_id = p.product_id WHERE u.first_name = '은미' AND u.last_name = '김'
```

• 설명:

김은미 님이 구입한 제품의 이력을 얻기 위해, users, order_history, products 테이블을 조인하고 필요한 정보를 얻는 SELECT 문을 생성했습니다.

first_name	last_name	product_name	purchase_date	remarks
은미	김	제품C	2023-10-05	선물 포장

이렇게 자연어(한국어)로 사내 데이터베이스에 접근할 수 있게 되었습니다.

7.4 사내 데이터베이스와 연계한 사용자 지원

자연어로 사내 데이터베이스에 접근할 수 있게 되었지만, 그렇다고 이것만 가지고 사용자 지원에 대응할 수 있는가 하면 그리 간단하지 않습니다.

7.4.1 역할을 분담시키기

현실의 사용자 지원이라는 사용 사례를 고려할 경우 이 방법만으로는 실현이 불가능합니다. 사용자 지원을 전제로 하는 챗봇은 사용자에게 가공되지 않은 데이터를 보이면 안 될뿐더러 다른 사용자의 데이터에 접근해서도 안 됩니다.

하지만 반대로 맥락적 원칙in-context principle의 연장선에서 생각해보면, 사용자로부터 문의가 발생하면 그 정보를 대조하고 사용자가 식별되는 시점에 데이터베이스의 사용자 데이터에서 필요한 부분만 읽습니다. 마치 의사가 환자를 볼 때 참조하는 차트처럼 이를 기본 정보로 설정하여 프롬프트에 밀어 넣기만 하면 됩니다. 이 기본 정보를 기반으로 지원하는 방법이 효과가 있을 것입니다. 해당 방법을 실현하려면 어떻게 해야 할까요? 지원과 데이터베이스 접근의 역할을 나누어 각각의 일을 분담시키면 되지 않을까요?

이에 대해 설명해보겠습니다. 사용자 지원 흐름은 다음과 같습니다.

1. 사용자를 식별하는 작업에서 문의 중인 사용자를 식별한다(ID, 이름, 전화번호 등). → 사용자 식별 작업
2. 식별이 가능하면 기본 정보 획득 작업에 질의해, 데이터베이스에서 사용자 지원에 필요한 데이터를 전부 읽어들여, 이를 기본 정보로 설정한다. → 기본 정보 획득 작업
3. 그 기본 정보를 기반으로 ChatGPT가 지원을 실시한다. → 사용자 지원 작업

지금부터 설명하는 각 작업을 구글 코랩에서 하나하나 실행하고, 그 결과 실행되는 사용자 지원용 챗봇과 직접 대화를 해보기를 바랍니다.

1 선행 준비

각 작업을 실행하기 전에 먼저 해야 하는 전처리를 실행합니다. 7.3절에서 설명한 것과 동일한 함수를 사용합니다. `init_meta_data()` 함수는 데이터베이스에서 테이블 정보 등의 메타데

이터를 얻기 위한 함수입니다. 이번에는 여러 가지 형태의 프롬프트를 실행할 수 있도록 GPT API를 호출하는 함수를 작성합니다. 이 함수는 단순히 프롬프트에 매개변수를 전달하여 밀어 넣은 후에 API를 호출하는 함수로, 이를 통해 여러 가지 작업을 준비합니다. 실제로 하는 작업은 전달받은 매개변수를 `prompt.format()` 함수에 밀어 넣고 API를 호출하는 것이 전부입니다.

```python
import os
import sys
from openai import OpenAI
from sqlalchemy import create_engine, MetaData
from sqlalchemy.orm import sessionmaker
from sqlalchemy.sql import text
from sqlalchemy.exc import SQLAlchemyError
from tabulate import tabulate
import json
from json.decoder import JSONDecodeError


client = OpenAI()

engine = create_engine('sqlite:///user_support.db', echo=False)

def init_meta_data():
    # 메타데이터 작성, 테이블 정보를 반영하기 위해 엔진에서 테이블 정보를 읽음
    metadata = MetaData()
    metadata.reflect(bind=engine)

    # 메타데이터의 테이블 정보로부터 테이블 이름과 컬럼 이름을 편집
    meta_text = ''
    for table in metadata.tables.values():
        meta_text += '테이블 이름: '+ table.name + '\n'
        for column in table.columns:
            meta_text += f'컬럼 이름: {column.name}, 형식: {column.type}\n'
        meta_text += '\n'
    return meta_text

def exec_sql(sql):
    Session = sessionmaker(bind=engine)

    error_text = "None"
    rows = []
    tabled = ""
    dict_array = []
```

```python
    try:
        with Session() as session:
            t = text (sql)
            result = session.execute(t)

            header = [k for k in result.keys()]

            rows = result.fetchall()
            tabled = tabulate(rows,header, tablefmt="plain")

            dict_array = []
            for row in rows:
                dict_row = {}
                for i in range(len(header)):
                    dict_row[header[i]] = row[i]
                dict_array.append(dict_row)
            # print(tabled)
            # print()

    except SQLAlchemyError as e:
        print(f'Exception Excute SQL: {e}\n')
        error_text = str(e)

    return {
        "read_count": len(rows),
        "tabled": tabled,
        "dict_array": dict_array,
        "error": error_text
    }

def exec_api(user_text="", user_info="", prompt="", meta_text="", summary="",
temperature=0):
    response = client.chat.completions.create(
        model="gpt-3.5-turbo",
        temperature = temperature,
        messages=[
            {
                "role": "user",
                    "content": prompt.format(
                        user_text=user_text,
                        user_info=user_info,
                        prompt=prompt,
                        meta_text=meta_text,
                        summary=summary)
            }
        ],
```

```python
    )

    return response.choices[0].message.content.strip()
```

2 사용자 식별 작업

```python
def find_user(user_text):
    prompt="""
        {{
            "prompt": "
            ## 데이터베이스 정보
            {meta_text}

            ## 처리
            사용자 테이블을 참조하여 다음 요청문에 대해 고유한 사용자를 식
별하고 싶습니다.
            그 답변(SQL 문은 포함하지 않음)과 SQL 문(ID, 이름, 전화번호, 이
메일)을 엄격한 JSON 형식으로 다음과 같이 제공해주기를 바랍니다.
            참고로, 한글 이름은 last_name이 먼저입니다.
            설명문은 필요하지 않으므로 표시하지 않도록 해주세요.:
                {{
                    "response": {{
                        "message": "사용자를 DB에 질의합니다",
                        "sql_query": "SQL 문"
                    }}
                }}

                요청: [{user_text}]
            }}
        }}
    """

    meta_text = init_meta_data()
    response = exec_api(user_text=user_text, prompt=prompt, meta_text=meta_
text)
    # print(response)
    json_answer = json.loads(response)
    sql = json_answer['response']['sql_query']

    if sql:
        result = exec_sql(sql)
        # print(result['read_count'])
        # print(result['tabled'])
        # print(result['dict_array'])
```

```
            if result['read_count'] == 1:
                return result['tabled']
            else:
                return ""

if __name__ == "__main__":
    print("고객 정보를 확인합니다. 이름, 전화번호, 사용자 ID, 이메일 등 고
객을 식별할 수 있는 정보를 입력해주세요.")

    while True:
        user_text = input("\n>")
        user = find_user(user_text)
        print(user)

        if user:
            print("고객 정보를 확인했습니다. 감사합니다.")
            break
        else:
            print("고객 정보를 확인할 수 없습니다. 다시 입력해주세요.")
```

고객 정보를 확인합니다. 이름, 전화번호, 사용자 ID, 이메일 등 고객을 식별할 수 있는 정보를 입력해주세요.

```
>ID=1
  user_id  first_name    last_name    email                 phone
       1   태진          윤           taejin@example.com    099-1234-5678
```

고객 정보를 확인했습니다. 감사합니다.

이 예에서는 갑자기 ID=1이라는 고유한 키로 사용자를 식별하지만, 이름이나 전화번호로도 가능합니다. 입력한 데이터를 이용해 사용자 테이블을 검색하라는 문맥에 따라 ChatGPT가 적절한 SQL 문을 생각해줍니다. 그리고 결과의 SQL 문을 받아 exec_sql() 함수에서 그것을 실행합니다. 레코드 수가 0인 경우에는 키의 지정이 잘못된 것이므로 while 순환을 통해 다시 입력을 반복합니다. 레코드 수가 1인 경우에는 고유하게 식별이 가능한 상태로 목적이 달성되어 순환을 빠져나옵니다. 즉, 이 시점에서 지원해야 할 사용자가 식별된 것입니다.

이 작업에서는 고유한 사용자를 식별하기 위해 프롬프트에서 사용자 테이블만 지정합니다. 데이터베이스의 정의 데이터에서 이에 맞는 것이 있는지 ChatGPT가 자동으로 판단해 `users`라는 테이블을 참조합니다. 그 테이블에서 `SQL` 문을 작성하는 데 주어진 키에 맞는 컬럼에서 `where` 구문을 생성합니다. 데이터베이스의 정의가 있고 테이블 이름이 문맥적으로 알맞다면 적절한 `SQL` 문을 생성해주는 것입니다. 한 가지 더 프롬프트에서 주의할 것은 `한글 이름은 last_name이 먼저입니다.` 부분입니다. 이렇게 지정한 이유는 '윤태진'이라는 한글 이름의 경우, 이름인 `first_name`과 성인 `last_name`이 반대로 되어 있기 때문에 이와 같은 보충 설명을 넣어주면 이름 검색이 더 쉬워집니다.

③ 기본 정보 획득 작업

지금부터 ChatGPT의 묘미를 맛볼 수 있습니다. 사용자가 확인되면 `user`라는 전역 변수에 사용자 정보가 저장됩니다. 이를 참조할 수 있도록 다음의 `get_user_info(user)` 작업으로 넘깁니다.

```
def get_user_info(user):
    prompt = """
    {{
        "prompt": "
        ## 데이터베이스 정보
        {meta_text}

        ## 사용자 정보
        {user_info}

        ## 처리
        DB 정보를 참조하여, 사용자 정보를 바탕으로 해당 사용자에 대한 모든
것을 알 수 있는 작업(구매 이력, 대응 이력, 구매 완료 제품 정보 등)을 나열
하고, 해당 작업의 설명(SQL 문장은 포함하지 않음)과 제목, SQL 문장을 엄격한
JSON 형식으로 다음과 같이 제공해주세요. 설명문은 불필요하므로 숨겨주기를
바랍니다.:
            {{
                "message":"(답변 메시지)",
                "queries": [{{
                    "title": "(작업 제목)",
                    "description": "(작업 설명)",
                    "sql_query": "(SQL 문)"
                }}]
            }}
```

```
        }}
        """

    meta_text = init_meta_data()
    user_text = ""
    response = exec_api(user_info=user, prompt=prompt, meta_text=meta_text)
    # print(response)
    json_answer = json.loads(response)
    user_info = "\n사용자 정보\n" + user + "\n"

    for query in json_answer['queries']:
        description = query['description']
        user_info += "\n" + query['title'] + "\n"
        # print(title)
        sql = query['sql_query']

        if sql:
            result = exec_sql(sql)
            user_info +=  result['tabled']+"\n"
    return user_info

if __name__ == "__main__":
    print("고객님의 정보를 데이터베이스에 질의합니다. 잠시 기다려주십시
오.")
    user_info = get_user_info(user)
    print(user_info)
    print("고객님의 정보를 데이터베이스에서 읽어왔습니다.")
```

다음 프롬프트에 주목해주세요.

DB 정보를 참조하여, 사용자 정보를 바탕으로 해당 사용자에 대한 모든 것을 알 수 있는 작업
(구매 이력, 대응 이력, 구매 완료 제품 정보 등)을 나열하고, 해당 작업의 설명(SQL 문장은
포함하지 않음)과 제목, SQL 문장을 엄격한 JSON 형식으로 다음과 같이 제공해주세요. 설명문
은 불필요하므로 숨겨주기를 바랍니다.:
```
    {{
        "message":"(답변 메시지)",
        "queries": [{{
            "title": "(작업 제목)",
            "description": "(작업 설명)",
            "sql_query": "(SQL 문)"
        }}]
    }}
```

이 프롬프트에서는 ChatGPT가 '사용자 정보를 바탕으로 해당 사용자에 대한 모든 것을 알 수 있는 작업을 나열하는' 것이 요점 중의 요점입니다. 데이터베이스의 메타 정보를 보고해야 할 작업을 자동적으로 작성하는 것입니다. 데이터베이스 정의에는 주문 이력, 대응 이력, 구입 제품 등의 테이블이 존재합니다. 여기에서 다음과 같은 작업을 자동으로 판단하고 생성합니다.

- 사용자의 주문 이력을 얻는다.
- 사용자가 지원에 문의한 이력을 얻는다.
- 사용자가 구입한 제품 정보를 얻는다.

그리고 그 작업에 맞는 사용자를 알기 위해 자동적으로 여러 개의 SQL 문을 동시에 작성해줍니다. 이렇게 생성된 SQL 문을 실행하면 다음과 같이 확정된 사용자에 대한 정보가 출력됩니다.

그림 7.7 **사용자 정보 출력**

이와 같이 사용자의 주문 이력, 대응 이력, 구입 제품의 정보 등을 자동적으로 얻을 수 있었습니다.

```
user_info = get_user_info(user)
```

여기서 얻은 사용자 정보는 고객 정보로서 위와 같이 전역 변수인 `user_info`에 대입됩니다.

4 **사용자 지원 작업**

필요한 정보를 얻었다면 이번에는 그 정보를 기반으로 ChatGPT의 힘을 충분히 보여줄 차례입니다.

```python
def user_support(user_info):
    summary = ""
    prompt = """
        {{
            "prompt": "
            ## 대화 요약
            {summary}
            ## 사용자 정보
            {user_info}

            ## 처리
            당신은 고객 응대 전문가입니다. 고객의 요청문에 대해 정확하게 답변
해주세요.
            고객 응대 시, 사용자 정보를 참고하여 친절하고 정중하게 고객 응대를
해주세요.
            단, DB 정보에 있는 사실만 답변해주세요.
            고객의 요청글이 "감사합니다. 그럼 또 뵙겠습니다. 안녕히 가세요." 등
종료를 암시하는 문구가 입력된 경우 지원 종료로 간주합니다.
            답변을 포함하여 다음과 같이 엄격한 JSON 형식으로 출력해주기를 바
랍니다.:
                {{
                    "message": "(답변 메시지)",
                    "status": "(지원 상태. 지원 시작, 지원 중, 지원 종료)",
                    "summary": "(요청문과 답변 내용 요약)"
                }}

            요청문[{user_text}]
            "
        }}
    """

    while True:
        user_text = input(">")
        response = exec_api(user_text=user_text, user_info=user_info,
prompt=prompt, summary=summary, temperature=0.5)
        # print(response)
        json_answer = json.loads(response)
        message = json_answer['message']
        print(f"{message}\n")

        if json_answer['status'] == '지원 종료':
            return summary
        summary += f"요청: {user_text}\n답변: {json_answer['message']}\n"

if __name__ == "__main__":
```

```
print("고객님, 궁금한 사항이나 불편한 점이 있으십니까?")
meta_text = init_meta_data()
result_summary = user_support(user_info)
# print(result_summary)
print("감사합니다. 그럼 이만 실례하겠습니다.")
```

이 프로그램을 실행하면 사용자 지원 대화가 시작됩니다.

다음은 실제 대화 예입니다.

고객님, 궁금한 사항이나 불편한 점이 있으십니까?

>제가 누구인지 알고 있나요?
네. 당신의 이름은 윤태진 님으로, 전화번호는 099-1234-5678이며, 메일 주소
는 taejin@example.com입니다. 궁금한 점은 언제든지 물어보기를 바랍니다.

>제가 구입한 제품은 무엇인지 알고 있나요?
네. 제품A를 2023년 10월 1일에 두 개 구입하셨습니다.

>그 가격은 얼마였나요?
제품A는 10000원이었습니다.

>언제쯤 발송되었습니까?
제품A는 2023년 10월 1일에 발송되었습니다.

>청구서 건은 어떻게 되었나요?
물어봐주셔서 감사합니다. 청구서 건에 대해서는 현재 조사 중입니다. 조사 결
과가 나오면 연락 드리겠습니다.

>그때는 연락해주십시오.
알겠습니다. 무슨 일이 있으시면, 언제든지 문의해주십시오.

>감사합니다.
이용해주셔서 감사합니다. 그럼 또 뵙겠습니다. 안녕히 가세요. 감사합니다.
그럼 이만 실례하겠습니다.

이와 같이 ChatGPT는 사용자의 기본 정보를 가짐으로써, 그 지식의 범위 내에서 사용자 지원
을 해줍니다. SQL 생성 시점에는 엄격할 필요가 있기 때문에 temperature 매개변수가 기본값

인 0이지만, 지원 작업에 있어서는 어느 정도 창의성이 필요할 것 같아 0.5로 설정했습니다.

지금까지 ChatGPT를 사내 데이터베이스와 연계해 이용하는 구체적인 방법을 사용 사례와 함께 소개했습니다. 여기서 소개한 코드는 가급적 간단하게 작성했기 때문에 완벽하지 않은 부분도 있을 것입니다. 하지만 이와 같은 흐름을 느꼈다면 자신만의 복잡한 작업을 가정하고 그것을 상태 관리를 통해 상태별로 작업을 나누어 실행하는 응용 방법으로 연결할 수도 있으며, 더욱 세밀한 처리도 구현할 수 있을 것입니다.

또한 API를 사용하는 이 부분의 내용을 이해하면, 뒤에서 설명할 랭체인 안에서 무엇이 일어나는지 이해하는 데 도움이 됩니다. 결국 랭체인은 여기서 직접 코딩했던 내용을 편리한 라이브러리로 집약한 것입니다. 따라서 랭체인을 사용해야 할 때는 랭체인을 사용하고, 간단한 질의 응답 시스템이라면 지금까지 설명했던 방법으로 구현하는 것을 상황에 따라 선택할 수 있다는 점이 중요합니다.

이번에 소개한 각 작업들은 깃허브 저장소에 있으니 참조하기를 바랍니다.

- https://github.com/Choonholic/jpub_chatgpt/tree/main/notebooks

이 책에서는 GPT, 즉 텍스트 생성에 관련된 API만 설명했습니다. 이 밖에도 벡터 데이터를 생성하는 임베딩이 있지만, 해당 내용은 8장과 9장에서 다양한 라이브러리를 설명할 때 소개하겠습니다.

음성 인식 API인 Whisper는 설명하지 않습니다. 이는 많은 블로그와 동영상 등에서 설명하니 참조하기를 바랍니다. 7장을 읽은 독자라면 간단히 구현할 수 있을 것입니다. 필자가 Whisper API를 이용해 애플리케이션을 만들었는데 실제 현장에서도 잘 작동합니다. 사용이 편리하고 비용 대비 효과가 금방 나타나는 API입니다.

이번 장에서는 객체 관계 매핑으로 SQLAlchemy를 사용했습니다. 데이터베이스 엔진은 간단한 구현을 위해서 SQLite를 사용했지만, 주요 코드를 대폭 변경하지 않고도 SQL 서버, MySQL, 오라클, PostgreSQL 등의 데이터베이스 엔진과도 연결할 수 있습니다.

- https://docs.sqlalchemy.org/en/20/

2023년 6월 13일에 OpenAI에서 새로운 기능을 발표했습니다.

- https://platform.openai.com/docs/guides/function-calling

함수 호출function calling이라는 기능입니다. GPT-3.5 Turbo와 GPT-4의 모델이 사용자가 자연어로 요구한 사항을 해석하여 그에 기반하여 외부 함수를 호출할 것인가를 판단하고 필요한 매개변수를 포함한 `JSON` 객체를 출력합니다. 이 JSON 객체를 사용하여 개발자가 자신의 코드 안에서 함수를 호출할 수 있습니다.

ChatGPT로 장문 데이터 다루기

Divide each difficulty into as many parts as is feasible and necessary to resolve it.

난제는 그것을 풀기 위해 적절하고 필요한 부분까지 나누어야 한다.

르네 데카르트

지금까지 설명했던 API를 이용한 일련의 테크닉은 대화의 문장 범위 내에 밀어 넣은 문맥을 이용하여 답변을 이끌어내는 것이었습니다. 하지만 안타깝게도 프롬프트에 밀어 넣을 수 있는 크기는 한정되어 있기 때문에 긴 문장을 다루기 어려운 경우가 있습니다. 8장에서는 프롬프트 크기의 제약을 극복하면서 긴 문장을 요약하거나 그것을 기반으로 질의 응답할 수 있는 방법을 설명합니다. 이를 통해 좀 더 다양한 정보 소스(사내 문서, 기술 문서 등)를 이용해 답변을 생성합니다.

ChatGPT(API인 GPT 모델 포함)는 대화의 문맥에 존재하지 않는 한 특정 장문 데이터를 참조하는 것은 불가능합니다. 따라서 질문에 가장 적합한 장문 데이터를 검색하고 처리 가능한 양의 문맥을 프롬프트에 추가해서 ChatGPT가 질문에 대한 답변을 생성하게 하는 방법이 일반적입니다. 이를 구현하려면 **색인 검색**index search이 필요합니다. 그리고 이를 구현하는 첫 번째 단계가 바로 대형 언어 모델, 즉 LLM과의 연계가 가능한 **벡터 데이터**vector data 구축입니다.

벡터 데이터는 특정 요소(이 경우에는 문장 또는 문장의 일부)의 특성과 관련성을 수치화한 것입니다. **토큰화**tokenization는 문장을 단어와 구문으로 분할하는데 이를 통해 텍스트는 기계가 이해하기 쉬운 형태로 변합니다. 또한 각각의 토큰은 벡터화(수치화)되며 이 벡터들은 토큰이 가지는 의미와 문맥을 표현합니다. 이러한 과정은 여러 가지 알고리즘을 통해 진행됩니다. 각각의 벡터는 그 토큰이 다른 토큰과 관련된 정도를 표현하며 이를 통해 이야기 사이의 의미적인 관계를 수학적으로 구할 수 있게 됩니다.

이 벡터 데이터를 검색하면 목적에 해당하는 문맥을 찾을 수 있습니다. 이 검색은 검색하는 단어와 벡터 데이터의 '수학적 거리'를 구하는 것이기 때문에 기존의 검색과는 다릅니다.

예를 들어 음악 데이터베이스가 있다고 가정해보겠습니다. 일반적으로는 작곡가, 곡 이름, 장르 등의 핵심 단어keyword를 입력하여 검색하지만, 벡터 데이터를 이용한 검색에서는 '빠른 템포의 밝은 가수의 K-POP'과 같은 두리뭉실한 표현이라도 그 표현에 벡터적으로 '가까운' 음악을 찾을 수 있습니다.

이런 검색을 가능하게 하는 것이 바로 **색인화**indexing입니다. 이것은 벡터 데이터를 효율적으로 정리하고 검색을 순식간에 가능하게 하는 과정입니다. 벡터 데이터는 파일로 보존되어 영구적인 데이터베이스로 사용될 수 있습니다. 이 색인에 대한 검색 시에는 질문하는 문장도 같은 알고리즘에 의해 벡터화되기 때문에 벡터 데이터베이스에서 그와 '가까운' 벡터를 찾을 수 있습니다. 이때 벡터 사이의 수학적 거리를 계산하기 위해 **코사인 유사도 알고리즘**cosine similarity algorithm[1] 등이 사용됩니다.

벡터 데이터의 색인화에는 여러 가지 방법이 있지만, 효율적이면서도 널리 사용되는 것을 사용하는 것이 좋습니다. 먼저 주요 라이브러리를 이용해 벡터 데이터를 작성해보겠습니다. 또한 이 테크닉은 특정 모델에 한정된 것이 아니기에 GPT-3.5 Turbo를 시작으로 다른 모델에도 적용할 수 있습니다.

8.1 LlamaIndex로 장문 데이터 처리

8.1.1 장문의 외부 데이터와의 연계 체험하기

외부의 장문 데이터와 연계하기 위해 빠르게 색인을 생성하고 검색하는 실험에는 단 몇 줄 만으로 대상이 되는 장문의 벡터 데이터베이스를 구성할 수 있는 **LlamaIndex**가 유용합니다.

공식 웹페이지의 URL은 다음과 같습니다.

- https://llamaindex.ai/

주의할 것은 LlamaIndex는 지금 이 순간에도 개발이 활발하게 진행되고 있기 때문에 때에 따라서는 급격한 변경이 있을 수 있습니다. 이 책을 집필하는 도중에도 어제까지 잘 작동하던 예제 코드가 갑자기 작동하지 않는 일이 있었습니다. 지금부터 설명하는 내용이 작동하지 않더라도 하등 이상한 일이 아닙니다. 만약 변경 사항이 있다면 역자의 깃허브에서 확인할 수 있습니다(https://github.com/Choonholic/jpub_chatgpt/).

먼저 구글 코랩을 사용하여 공식 문서를 따르는 형태를 예로 들어 시작하겠습니다.

라이브러리를 설치합니다.

---

1 내적 공간의 두 벡터 간 각도의 코사인값을 이용하여 측정된 벡터 사이의 유사도를 측정하는 방법으로, 벡터 크기는 결과에 아무런 영향을 미치지 않으며, 벡터의 방향만이 의미를 가집니다.

```
!pip install llama-index
```

설치가 끝났다면 예제를 실행시켜 보겠습니다.

먼저 공식 문서의 Starter Tutorial 페이지[2]에서 첫 번째 예제를 실행해보겠습니다. 테스트를 위해 다음의 저장소를 가져옵니다.

```
!git clone https://github.com/run-llama/llama_index.git
```

구글 코랩의 파일 사이드 바에 그림 8.1과 같이 llama_index라는 디렉터리가 생길 것입니다.

그림 8.1 llama_index 디렉터리 생성

공식 문서에서는 테스트 데이터가 있는 디렉터리로 이동하는 형태이지만, 구글 코랩에서는 현재 디렉터리를 변경하려면 파이썬으로 코드를 작성해야 하기 때문에 많이 번거롭습니다. 여기서는 테스트 데이터가 필요한 것뿐이므로 해당 데이터를 현재 디렉터리로 복사하겠습니다. 테스트 데이터의 위치는 다음과 같이 확인합니다.

```
[7] !ls llama_index/docs/docs/examples/data/
    10k  10q  csv  email  gpt4_experiments  images  paul_graham
```

그림 8.2 테스트 데이터 위치

---

2   https://docs.llamaindex.ai/en/stable/getting_started/starter_example.html

paul_graham이라는 디렉터리에 테스트 데이터가 저장되어 있습니다. paul_graham 디렉터리를 다음과 같이 현재 디렉터리에 data라는 이름으로 복사합니다. 디렉터리 안에는 에세이 텍스트 파일이 있는데 파일의 글자 수는 7만 개가 넘고 단어 수도 1만 3800개에 이릅니다. 프롬프트의 제한인 4097자를 아득히 넘는 크기입니다.

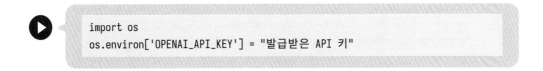

```
!cp -r llama_index/docs/docs/examples/data/paul_graham data
```

복사 과정이 완료되면 그림 8.3과 같이 현재 디렉터리에 data 디렉토리가 생성된 것을 확인할 수 있습니다.

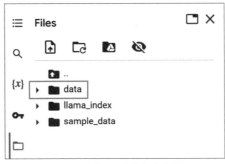

그림 8.3 **data 디렉터리 생성**

OpenAI의 API 키를 설정합니다.

```
import os
os.environ['OPENAI_API_KEY'] = "발급받은 API 키"
```

이전과 같이 OpenAI의 파이썬 라이브러리를 설치합니다.

```
!pip install openai
```

이제 드디어 색인을 생성할 차례입니다.

```
from llama_index.core import VectorStoreIndex, SimpleDirectoryReader

documents = SimpleDirectoryReader('data').load_data()
index = VectorStoreIndex.from_documents(documents)
```

오류 없이 종료되면 색인이 생성된 것입니다. `SimpleDirectoryReader()` 함수가 매개변수로 지정된 data 디렉터리에 있는 텍스트 데이터를 읽어 `documents`에 설정합니다. 이 변수의 내용이 바로 장문의 파일 내용입니다. 이어서 `VectorStoreIndex.from_documents(documents)` 함수에 의해 색인이 생성됩니다. 이게 전부일까요? 네, 그렇습니다.

색인이 생성되었으므로 이를 기반으로 질의해봅시다. 질의 방법도 매우 간단합니다.

다음과 같이 '저자는 어떤 성장 과정을 거쳐왔는가?'라는 질문을 해보았습니다.

```
query_engine = index.as_query_engine()
response = query_engine.query("What did the author do growing up?")
print(response)
```

잠시 기다리면 다음과 같은 답변을 받을 수 있습니다. 답변 결과는 동일하지 않을 수 있으며, 시도할 때마다 달라질 가능성도 있습니다.

Growing up, the author wrote short stories, programmed on an IBM 1401, and nagged his father to buy a TRS-80 microcomputer. He wrote simple games, a program to predict how high his model rockets would fly, and a word processor. He also studied philosophy in college, but switched to AI after becoming bored with it. He then took art classes at Harvard and applied to art schools, eventually attending RISD.
기계 번역: 어린 시절, 저자는 단편 소설을 썼고, IBM 1401로 프로그래밍을 했으며, 아버지에게 TRS-80 마이크로컴퓨터를 사달라고 잔소리를 하기도 했습니다. 그는 간단한 게임과 모형 로켓이 얼마나 높이 날아갈지 예측하는 프로그램, 워드 프로세서를 만들었습니다. 대학에서 철학을 공부하기도 했지만 지루함을 느껴 AI로 전공을 바꿨습니다. 그 후 하버드에서 미술 수업을 듣고 미술 학교에 지원하여 결국 RISD에 진학했습니다.

질문에 대해 잘 정리해 답변을 합니다.

단지 색인이 아직 메모리 내에 존재하므로 추후 사용할 수 있도록 파일로 저장합니다.

```
index.storage_context.persist()
```

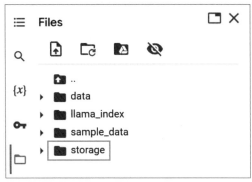

그림 8.4 **색인 데이터 저장 완료**

저장이 완료되면 그림 8.4와 같이 storage라는 디렉터리가 생성됩니다. 이것이 영속화된 벡터 데이터베이스입니다. 기본적으로 storage라는 이름으로 저장되며 이 데이터베이스는 다음과 같이 읽을 수 있습니다.

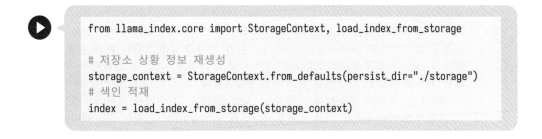

```
from llama_index.core import StorageContext, load_index_from_storage

# 저장소 상황 정보 재생성
storage_context = StorageContext.from_defaults(persist_dir="./storage")
# 색인 적재
index = load_index_from_storage(storage_context)
```

공식 웹페이지에서의 설명은 여기서 마무리됩니다. 몇 가지 질문을 해보고 올바르게 답해주는지 확인해보기를 바랍니다.

이번에는 한국어로 질문을 던지고 한국어로 답변을 받아보겠습니다.

```
response = query_engine.query("저자는 어떤 성장 과정을 거쳐왔나요? 한국어로
답변 부탁드립니다.")
print(response)
```

저자는 학교 밖에서 글쓰기와 프로그래밍에 많은 시간을 보냈습니다. 그는 어릴 때 IBM 1401 컴퓨터를 사용하여 프로그래밍을 시작했고, 이후에는 TRS-80와 같은 개인용 컴퓨터를 사용하여 게임을 만들고 워드 프로세서를 개발했습니다. 대학에서는 철학을 전공하려고 했지만, 철학 수업이 지루해서 인공지능에 관심을 가지게 되었습니다. 그는 인공지능과 관련된 소프트웨어를 개발하기 위해 다른 사람들과 함께 일하고, 나중에는 자신만의 Lisp 언어인 Arc를 개발했습니다. 이후에는 Y Combinator를 설립하고, 다양한 스타트업을 지원하면서 자신의 경험과 지식을 공유합니다.

영어 외의 언어에도 답변해줍니다. 혹시 원문이 영어이기 때문에 한국어로 답변하는 것과는 다르지 않을까요? 그럼 영어로 질문하고 한국어로 답변해달라고 부탁하면 어떻게 될까요?

```
response = query_engine.query("What did the author do growing up? Please
give a response in Korean.")
print(response)
```

저자는 고등학교 시절에 글쓰기와 프로그래밍을 했습니다. 글쓰기로는 짧은 이야기를 썼는데, 이 이야기들은 거의 줄거리가 없었고 주인공들의 강한 감정만 있었습니다. 프로그래밍은 IBM 1401 컴퓨터에서 시작했는데, 이 컴퓨터는 구멍 뚫린 카드에 저장된 데이터를 입력으로 받았습니다. 그러나 저자는 카드에 저장된 데이터가 없어서 컴퓨터를 사용할 수 없었습니다. 그 후에는 마이크로컴퓨터가 등장하면서 컴퓨터를 직접 사용할 수 있게 되었습니다. 저자는 TRS-80이라는 컴퓨터를 구입하여 게임을 만들고 로켓의 비행 고도를 예측하는 프로그램을 작성했습니다. 그리고 대학에서는 철학을 공부하기로 했지만, 철학 수업이 지루해서 인공지능에 관심을 갖게 되었습니다.

꽤 괜찮은 느낌입니다.

이를 통해 알게 된 것은 원문이 영어인 경우에는 영어로 질문하는 것이 좋을 수도 있다는 점입니다. 출력은 영어로 하는 쪽이 토큰 수의 제한이 연관되어서인지 정밀도가 약간 더 높았습니다.

한국어 검색을 테스트하기에는 한국어가 더 적합하기에 이번에는 한국어 자료를 한국어로 질의해보겠습니다. 여기서는 테스트로 대한민국 헌법을 대상으로 하겠습니다. 국가법령정보센터의 대한민국 헌법 페이지[3]에서 그림 8.5와 같이 저장 아이콘을 눌러 헌법의 내용을 .doc 파일 형식으로 저장합니다. '대한민국헌법(헌법)(제00010호)(19880225).doc'라는 이름의 워드 파일을 다운로드합니다.

그림 8.5 헌법 문서 다운로드

워드 파일이기 때문에 데이터베이스로 활용하려면 **UTF-8** 코드 기반의 텍스트 파일로 저장합니다. 따라서 파일을 연 후에 그림 8.6과 같이 UTF-8 기반의 일반 텍스트 파일로 저장합니다. 이때 파일의 이름은 korean_constitution.txt로 설정합니다.

---

3 https://www.law.go.kr/법령/대한민국헌법

그림 8.6 **UTF-8로 저장**

이제 이 파일을 기반으로 색인화하겠습니다.

현재 디렉터리에 새로 data2 디렉터리를 생성하고 그 안에 korean_constitution.txt 파일을 업로드해주세요.

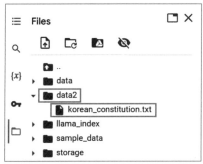

그림 8.7 **데이터 파일 업로드**

앞서 색인을 생성했던 코드를 복사하여 새로운 셀에 붙여 넣은 다음, `data`를 `data2`로 변경하고, `index`를 `index2`로 변경한 후 실행합니다.

```
from llama_index.core import VectorStoreIndex, SimpleDirectoryReader

documents = SimpleDirectoryReader('data2').load_data()
index2 = VectorStoreIndex.from_documents(documents)
```

색인이 생성되면 이번에도 마찬가지로 파일로 저장합니다. 기본적으로 storage라는 디렉터리에 색인 데이터가 저장되지만, 여기서는 index_constitution 디렉터리에 색인 데이터를 저장하겠습니다.

```
index2.storage_context.persist('index_constitution')
```

생성된 `index2`를 질의 엔진(쿼리 엔진)query engine으로 설정합니다.

```
query_engine2 = index2.as_query_engine()
```

이제 다음과 같이 질문해봅니다.

```
response = query_engine2.query("국민이 가진 권리 중 중요한 것을 목록으로
나열해주세요. 그것이 몇 조에 있는 항목인지도 알려주세요.")
print(response)
```

국민이 가진 권리 중 중요한 것은 다음과 같습니다:
1. 인간으로서의 존엄과 가치를 가지며, 행복을 추구할 권리 (제10조)
2. 법 앞에 평등하다는 권리 (제11조)
3. 신체의 자유를 가진다는 권리 (제12조)
이 중, 제10조에는 국민이 인간으로서의 존엄과 가치를 가지며, 행복을 추구할 권리를 가진다고 명시되어 있습니다.

꽤 훌륭한 답변이 돌아왔습니다. 한국어 자료의 경우 한국어로 질문하면 어느 정도 만족할 수 있는 수준의 내용이 반환되는 것을 알 수 있습니다.

8.1.2 어떤 원리로 작동하는가

지금까지의 흐름을 다음과 같이 정리했습니다.

1. 텍스트를 벡터화하여 색인을 생성한다(embedding API).

2. 질문을 벡터화한다(embedding API).

3. 벡터화된 질문을 기반으로 벡터 데이터베이스에서 유사 노드를 검색한다.

4. 검색된 노드에서 단편화된 문맥을 추출해, 대형 언어 모델에 답변 생성을 요청한다.

5. 반환된 답변을 정리한다.

6. 정리된 결과를 반환한다.

그림 8.8 **장문 데이터 처리 흐름**

LlamaIndex는 그림 8.8과 같은 흐름에 따라 질문으로부터 답변을 생성합니다. 이 흐름을 직접 구현해야 한다면 망설여지겠지만 2부터 6까지의 일련의 작업을 `query_engine.query()`라는 단 하나의 메서드가 처리해줍니다. 매우 감사한 일입니다.

8.1.3 적재기 사용하기

LlamaIndex는 기본적으로 텍스트 데이터를 기반으로 벡터 데이터를 작성하지만, 실제 현장에서는 원본 데이터가 텍스트 형식만 있는 것은 아닙니다. 예를 들면 웹페이지, PDF 파일, 워드 파일, 엑셀 파일 등의 문서 파일이 매우 빈번하게 사용됩니다. 그렇기에 이 문서 파일을 읽어 텍스트 형식으로 처리해주는 **적재기**loader도 여러 가지가 준비되어 있습니다. 다음의 URL에서 대표적인 적재기들을 확인할 수 있습니다.

- https://docs.llamaindex.ai/en/stable/module_guides/loading/connector/root.html

위의 페이지에서 확인할 수 있듯이 LlamaIndex에서 사용 가능한 적재기와 도구들은 Llama Hub에서 관리되고 있으며, 이를 통해 원하는 적재기를 테스트해보고 사용할 수 있습니다.

- https://llamahub.ai/

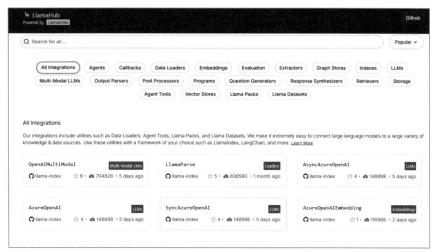

그림 8.9 **Llama Hub**

이 중에서 지금 당장 사용할 수 있는 편리한 적재기를 몇 가지 소개하겠습니다.

1 웹페이지에서 정보 적재하기

먼저 인터넷을 보다 보면 웹페이지에서 정보를 얻어 오는 적재기로 `SimpleWebPageReader`가 가장 많이 언급되는 것을 알 수 있습니다. 이 적재기는 웹페이지의 URL을 지정하면 그 내용을 적재한 후 문서를 생성합니다. 하지만 이 적재기는 문자 코드의 변환을 해주지 않고 그대로 문서화하기 때문에 오래전에 작성된 웹페이지에서 사용되었던 문자 코드인 `EUC-KR`이나 `Shift-JIS`가 사용된 페이지는 색인 유사 검색이 불가능합니다. 이런 경우에는 다른 선택지인 `BeautifulSoupWebReader`를 사용하는 것을 추천합니다.

지금부터 사용 방법을 설명하겠습니다. 이번에도 대한민국 헌법을 웹페이지에서 직접 적재해 봅시다.

```python
from llama_index.core import VectorStoreIndex, download_loader

BeautifulSoupWebReader = download_loader("BeautifulSoupWebReader")

loader = BeautifulSoupWebReader()
documents = loader.load_data(urls=['https://www.law.go.kr/법령/대한민국헌법'])
```

이와 같이 URL을 지정하는 것만으로 적재가 가능합니다. 또한 URL은 목록 형식이기 때문에 여러 개의 URL을 동시에 지정합니다. 따라서 대상 사이트가 여러 개라도 한 번에 검색할 수 있습니다.

웹페이지로부터 색인이 생성되면 이를 질의 엔진으로 설정합니다.

```
indexw = VectorStoreIndex.from_documents(documents)
query_engine_w = indexw.as_query_engine()
```

마지막으로 질의를 실행합니다.

```
response = query_engine_w.query("요약을 부탁합니다.")
print(response)
```

헌법은 한 나라의 기본 법률이며, 국가의 기본 원칙과 권리를 규정하는 문서입니다. 대한민국 헌법은 대한민국의 법률 체계를 구성하며, 국민의 권리와 의무, 정부의 구성과 권한, 법원의 역할 등을 명시합니다. 헌법은 국가의 핵심 가치와 원칙을 반영하며, 국민의 기본적인 권리와 자유를 보장하는 역할을 합니다.

2 PDF 문서에서 정보 적재하기

이번에는 PDF 파일에서 텍스트를 추출해주는 적재기를 소개하겠습니다. 여기서는 일반적으로 많이 소개되는 `PDFReader`를 사용하겠습니다.

먼저 `PDFReader`가 사용하는 `pypdf` 라이브러리를 설치합니다.

```
!pip install pypdf
```

테스트를 위해 유명한 논문인 <Attention is All You Need>[4]의 PDF 파일을 다운로드하여 구글 코랩의 현재 디렉터리에 attention.pdf라는 이름으로 업로드합니다.

PDFReader를 사용하는 방법은 다음과 같습니다.

```python
from pathlib import Path
from llama_index.core import VectorStoreIndex, download_loader

PDFReader = download_loader("PDFReader")

loader = PDFReader()
documents = loader.load_data(file=Path('./attention.pdf'))
```

위의 코드는 PDFReader의 사용을 선언하고 현재 디렉터리의 attention.pdf 파일을 적재합니다. 그 결과 PDF 파일의 내용이 적재됩니다.

이어서 다음과 같이 색인을 생성합니다.

```python
index_pdf = VectorStoreIndex.from_documents(documents)
query_engine_pdf = index_pdf.as_query_engine()
```

이제 다음과 같이 질의를 해보겠습니다.

이 논문을 요약해주세요. 아이도 알 수 있을 수준으로 설명해주세요.

```python
response = query_engine_pdf.query("Please summarize this. Please explain it
in a way that even a child can understand.")
print(response)
```

---

4 https://arxiv.org/pdf/1706.03762.pdf

This is a research paper about a new way to make computers understand. and translate languages. They made a special kind of computer program called a Transformer that uses attention to understand sentences and translate them. This new program is better than the old ones because it can work faster and make fewer mistakes. They tested it by translating English to German and French, and it did a really good job!

기계 번역: 컴퓨터가 언어를 이해하고 번역할 수 있는 새로운 방법에 대한 연구 논문입니다. 연구진은 주의력을 사용하여 문장을 이해하고 번역하는 트랜스포머라는 특별한 종류의 컴퓨터 프로그램을 만들었습니다. 이 새로운 프로그램은 더 빠르게 작동하고 실수를 줄일 수 있기 때문에 기존 프로그램보다 낫습니다. 그들은 영어를 독일어와 프랑스어로 번역하여 테스트했는데 정말 잘 해냈어요!

추가로 다음과 같은 질문도 해보았습니다.

주의 집중 헤드에 대해 설명해주세요. 아이도 알 수 있을 수준으로 설명해주세요.

```
response = query_engine_pdf.query("Explain about attention heads. Please
explain it in a way that even a child can understand.")
print(response)
```

Attention heads are like little helpers in a computer program that help the program understand sentences better. They look at different parts of the sentence and try to figure out what's important. Just like how we might focus on different words when we read a sentence, attention heads focus on different parts of the sentence to help the program understand it better. By doing this, the program can do things like translate sentences from one language to another or answer questions about a text.

기계 번역: 주의 집중 헤드는 컴퓨터 프로그램에서 프로그램이 문장을 더 잘 이해할 수 있도록 도와주는 작은 도우미와 같습니다. 주의 집중 헤드는 문장의 여러 부분을 살펴보고 무엇이 중요한지 파악하려고 노력합니다. 우리가 문장을 읽을 때 다른 단어에 집중하는 것처럼, 주의 집중 헤드는 문장의 다른 부분에 집중하여 프로그램이 문장을 더 잘 이해할 수 있도록 도와줍니다. 이를 통해 프로그램은 한 언어에서 다른 언어로 문장을 번역하거나 텍스트에 대한 질문에 답하는 등의 작업을 수행합니다.

8.2 랭체인으로 장문 데이터 처리

랭체인LangChain 은 대형 언어 모델을 외부 데이터와 연계하고 대형 언어 모델 작업을 자동화하는 작업 등에 사용하는 라이브러리입니다. 앞에서 설명한 LlamaIndex도 0.8.35 버전까지는 내부적으로 일부 기능의 구현에 랭체인을 사용했습니다. 이와 같이 수많은 대형 언어 모델 애플리케이션의 배후에서 랭체인이 활약하고 있는 경우가 많습니다.

랭체인은 대형 언어 모델에 질의하는 작업이나 인터넷 검색, 내부 데이터 검색 등의 작업을 분할해서 각각의 작업을 자동적으로 실행하는 기능을 가집니다. 이에 대해서는 9장에서 자세히 설명합니다.

이번 장에서는 랭체인을 사용해 벡터 데이터베이스를 생성하고 그것을 검색하기 위한 일련의 색인 처리에 초점을 맞춰 설명합니다. 이를 통해 효율적인 데이터 검색과 활용이 가능합니다.

더 자세한 내용에 대해서는 공식 문서를 참조하시기 바랍니다.

- https://python.langchain.com/

먼저 필요한 라이브러리를 설치하겠습니다. 먼저 랭체인을 설치합니다.

```
!pip install langchain
```

벡터 데이터베이스를 생성할 때 사용되는 라이브러리에는 여러 가지가 있지만, 공식 문서에서 추천하는 오픈소스 라이브러리인 `chromadb`를 설치하는 것을 추천합니다. `chromadb`는 벡터 데이터베이스의 효율적인 관리 기능을 제공하며 검색 기능도 우수합니다.

```
!pip install chromadb
```

구글 코랩에서 `chromadb`를 설치하면 마지막에 몇 가지 경고가 발생합니다. 하지만 이번 예제를 실행하는 데 문제가 있는 것은 아니므로 일단 무시해도 좋습니다.

이번에는 대상의 문장을 토큰화해주는 라이브러리인 `tiktoken`을 설치합니다. `tiktoken`은 문장을 효율적으로 토큰으로 쪼개는 기능이 있습니다.

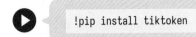

```
!pip install tiktoken
```

마지막으로 `openai` 라이브러리를 설치합니다.

```
!pip install openai
```

OpenAI의 API를 사용할 수 있도록 API 키를 환경변수로 등록합니다.

```
import os
os.environ['OPENAI_API_KEY'] = "발급받은 API 키"
```

이제 준비가 완료되었으므로 공식 문서를 참조하여 정리한 가장 간단한 색인화와 질의 응답 코드를 작성해 구글 코랩에서 실행해보겠습니다.

예제의 state_of_the_union.txt 파일[5]은 랭체인의 깃허브에서 다운로드합니다. 다운로드한 파일을 구글 코랩에 업로드합니다.

```
from langchain.llms import OpenAI
from langchain.indexes import VectorstoreIndexCreator
from langchain.document_loaders import TextLoader

loader = TextLoader('./state_of_the_union.txt', encoding='utf8')

index = VectorstoreIndexCreator().from_loaders([loader])

query = "What did the president say about Ketanji Brown Jackson"
index.query(query)
```

---

5 https://github.com/langchain-ai/langchain/blob/master/docs/docs/how_to/state_of_the_union.txt

The president said that Ketanji Brown Jackson is one of the nation's top legal minds, a former top litigator in private practice, a former federal public defender, and from a family of public school educators and police officers. He also said that she is a consensus builder and has received a broad range of support from the Fraternal Order of Police to former judges appointed by Democrats and Republicans.

참조 대상 정보도 함께 알고 싶을 경우에는 `query_with_sources()` 메서드를 사용하여 다음과 같이 질의합니다.

```
query = "What did the president say about Ketanji Brown Jackson"
index.query_with_sources(query)
```

{'question': 'What did the president say about Ketanji Brown Jackson', 'answer': " The president said that he nominated Circuit Court of Appeals Judge Ketanji Brown Jackson, one of the nation's top legal minds, who will continue Justice Breyer's legacy of excellence, and that she has received a broad range of support from the Fraternal Order of Police to former judges appointed by Democrats and Republicans.\n", 'sources': './state_of_the_union.txt'}

JSON 형식으로 반환되므로, sources 항목을 확인하면 참조 대상을 확인할 수 있습니다.

이와 같이 검색까지의 흐름은 일목요연하며 단순합니다. 전체적인 검색 처리의 흐름은 다음과 같습니다.

1. `TextLoader()`를 사용하여 적절한 텍스트 파일을 읽어들인다.
2. 읽어들인 텍스트 파일을 `VectorstoreIndexCreator().from_loaders()`에 전달해 색인을 생성한다.
3. `index.query()`를 사용해 검색을 실행한다.

이를 통해 간단한 흐름으로 검색 처리를 실행합니다.

공식 문서에서는 `VectorstoreIndexCreator()` 안에서 어떤 일을 하는지 설명하기 때문에 그 것을 먼저 읽어보는 것이 가장 좋지만, 일단 다음 코드에 문서의 모든 단계를 정리했으니 실행 시켜봅니다.

```python
from langchain.text_splitter import CharacterTextSplitter
from langchain.embeddings import OpenAIEmbeddings
from langchain.vectorstores import Chroma
from langchain.chains import RetrievalQA

# 문서 형태로 데이터 적재
documents = loader.load()

# 텍스트 분할
text_splitter = CharacterTextSplitter(chunk_size=1000, chunk_overlap=0)
texts = text_splitter.split_documents(documents)

# 임베딩 라이브러리 지정
embeddings = OpenAIEmbeddings()

# 임베딩 처리 후 색인 생성
db = Chroma.from_documents(texts, embeddings)

# 수신자 생성
retriever = db.as_retriever()
qa = RetrievalQA.from_chain_type(llm=OpenAI(), chain_type="stuff",
retriever=retriever)

# 질의 실행
query = "What did the president say about Ketanji Brown Jackson"
qa.run(query)
```

실행 결과는 다음과 같습니다.

The president said that Ketanji Brown Jackson is one of our nation's top legal minds, a former top litigator in private practice, a former federal public defender, and from a family of public school educators and police officers. He said she is a consensus builder and has received a broad range of support from the Fraternal Order of Police to former judges appointed by Democrats and Republicans.

기계 번역: 대통령은 케탄지 브라운 잭슨이 미국 최고의 법률가 중 한 명이며, 전직 개인 변호사, 전직 연방 국선 변호사, 공립학교 교육자 및 경찰관 집안 출신이라고 말했습니다. 그는 그녀가 공감대를 형성하는 사람이며 경찰 형제단부터 민주당과 공화당이 임명한 전직 판사까지 폭넓은 지지를 받고 있다고 말했습니다.

질의 응답이 훌륭하게 진행되었습니다. `VectorstoreIndexCreator()`에서는 다음과 순서로 처리가 진행됩니다.

1. 텍스트 적재

   `loader.load()`를 사용하여 문서 형태로 데이터를 적재합니다.

2. 텍스트 분할

   `CharacterTextSplitter` 클래스를 사용하여 문서를 1천 글자 크기로 분할합니다. 분할된 텍스트는 `texts`에 저장됩니다. 이와 관련하여 `chunk_size` 매개변수가 너무 클 경우 토큰 수 제한에 걸릴 수 있으며, 반대로 너무 작을 경우 문맥이 애매하게 되어 검색이 제대로 작동하지 않을 수 있습니다. 따라서 이 매개변수를 얼마나 적절하게 설정하느냐가 결과의 품질에 영향을 끼칩니다.

3. 임베딩 생성 전처리

   `OpenAIEmbeddings` 클래스를 사용하여 임베딩을 계산하기 위해 필요한 전처리를 실행합니다. 여기서는 OpenAI의 임베딩을 사용하도록 지정되어 있습니다. 임베딩이란 벡터 데이터를 생성하는 처리로서 여기서는 어떤 라이브러리와 API를 사용할 것인지를 지정합니다.

4. 색인 생성

   `Chroma.from_documents()`를 사용하여 분할된 텍스트와 그 임베딩으로부터 색인을 생성합니다. 이때 색인은 `db` 객체에 저장됩니다.

5. 수신자 생성

   `db.as_retriever()`를 사용하여 색인에서 수신자$_{retriever}$를 생성합니다. 수신자는 질문에 대해 관련성이 높은 문서를 검색하기 위해 사용되며 색인 데이터베이스를 검색하는 알고리즘을 의미합니다. 여기서는 기본 알고리즘으로 검색을 위한 인스턴스가 생성됩니다.

6. 질의 응답 시스템 설정

   `RetrievalQA.from_chain_type()`을 사용하여 수신자와 오픈AI의 대형 언어 모델을 사용한 질의 응답 시스템을 설정합니다. 여기서 지정한 대형 언어 모델을 통해 검색한 결과를

의미가 통하는 문맥으로 변환합니다. 또한 `chain_type`을 통해 전체 문서를 어떻게 검색하고 통합할 것인지 지정하는데 여기서는 `stuff`라는 기본 처리가 지정되어 있습니다. `stuff`는 모든 검색이 끝나고 통합한 후에 `llm`을 호출합니다. 반면에 `map_reduce`는 분할된 검색 결과 각각에 대해 `llm`을 호출하고 그 결과를 통합합니다. 이외에도 분할된 검색 결과별로 요약한 내용을 다음 연결 순서대로 요약하는 `refine`도 있습니다.

7. 질의 실행

`qa.run(query)`를 사용하여 질문에 대한 답변을 생성합니다. 이 예에서는 질문으로 `What did the president say about Ketanji Brown Jackson`을 사용했습니다.

`VectorstoreIndexCreator()`는 이러한 일련의 처리를 모아서 처리해주는 래퍼_{wrapper}입니다. 따라서 다음과 같이 설정하면 프로그램 내의 설정도 변경됩니다. 다음 코드는 위의 코드와 동일한 의미를 가집니다. 단, `VectorstoreIndexCreator()`를 사용하는 경우 `query()`로 검색합니다.

```python
loader = TextLoader('./state_of_the_union.txt', encoding='utf8')

index = VectorstoreIndexCreator(
    vectorstore_cls=Chroma,
    embedding=OpenAIEmbeddings(),
    text_splitter=CharacterTextSplitter(chunk_size=1000, chunk_overlap=0)
).from_loaders([loader])

query = "What did the president say about Ketanji Brown Jackson"
index.query(query)
```

8.2.1 색인 저장과 적재

생성된 색인을 다음에도 계속 이용하려면 영속화를 위해 색인을 저장해야 합니다.

벡터 스토어_{vector store}에 따라 색인을 저장하고 적재하는 방법은 모두 다릅니다. 랭체인 공식 문서에서 이번에 사용한 벡터 스토어인 `ChromaDB`를 찾아보겠습니다. [Integrations] → [Vector Stores]를 선택하면 크로마_{Chroma} 페이지[6]를 발견할 수 있습니다.

---

6 https://python.langchain.com/docs/integrations/vectorstores/chroma

이전 문서[7]에 따르면 구글 코랩의 노트북에서는 다음과 같이 `persist()` 메서드를 통해 명시적으로 영속화를 해야 했습니다.

```
vectordb.persist()
vectordb = None
```

하지만 최신 문서에 따르면, 단순히 다음과 같이 색인 생성 시 `persist_directory` 매개변수에 데이터베이스 저장 디렉터리를 지정하면 명시적 처리 없이도 영속화가 이루어집니다.

```
vectordb = Chroma.from_documents(texts, embeddings, persist_directory=persist_directory)
```

또한 색인을 읽어들이는 코드는 다음과 같습니다.

```
vectordb = Chroma(persist_directory=persist_directory, embedding_function=embedding)
qa = VectorDBQA.from_chain_type(llm=OpenAI(), chain_type="stuff", vectorstore=vectordb)
```

이 정보를 기반으로 색인을 영속화한 예제는 다음과 같습니다.

```python
from langchain.text_splitter import CharacterTextSplitter
from langchain.embeddings import OpenAIEmbeddings
from langchain.vectorstores import Chroma
from langchain.chains import RetrievalQA
from langchain.chat_models import ChatOpenAI

# 영속화 디렉터리 설정
persist_directory = 'db'

# 문서 형태로 데이터 적재
documents = loader.load()

# 텍스트 분할
text_splitter = CharacterTextSplitter(chunk_size=1000, chunk_overlap=0)
texts = text_splitter.split_documents(documents)
```

---

7 https://github.com/hwchase17/chroma-langchain/blob/master/persistent-qa.ipynb

```
# 임베딩 라이브러리 지정
embeddings = OpenAIEmbeddings()

# 임베딩 처리 후 색인 생성
db = Chroma.from_documents(texts, embeddings,persist_directory=persist_
directory)

# 수신자 생성
retriever = db.as_retriever()
qa = RetrievalQA.from_chain_type(llm=ChatOpenAI(), chain_type="stuff",
retriever=retriever)

# 질의 실행
query = "What did the president say about Ketanji Brown Jackson"
qa.run(query)
```

8.2.2 적재기 사용하기

적재기를 사용하면 여러 가지 입력 소스에서 색인을 생성할 수 있습니다. PDF 파일에서도 직접 생성할 수 있기 때문에 매우 편리합니다. 물론 웹사이트를 지정하는 것도 가능합니다. 이외에도 여러 가지 종류의 적재기가 존재합니다.

적재기에 대해서는 다음의 공식 문서 URL을 참조하시기 바랍니다.

- https://python.langchain.com/docs/integrations/document_loaders

1 웹페이지에서 정보 적재하기

웹페이지에서 정보를 적재하기 위해 먼저 `unstructured` 라이브러리를 설치합니다.

```
!pip install unstructured
```

이제 랭체인의 데이터 적재기인 `UnstructuredURLLoader`를 사용합니다. 이 적재기는 여러 개의 URL을 한꺼번에 지정해야 합니다.

다음 예에서는 위키피디아에서 '이순신'과 '세계의 역사'를 읽어 색인 데이터베이스로 생성합니다.

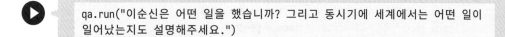

```
from langchain.text_splitter import CharacterTextSplitter,
RecursiveCharacterTextSplitter
from langchain.chat_models import ChatOpenAI
from langchain.embeddings import OpenAIEmbeddings
from langchain.vectorstores import Chroma
from langchain.chains import RetrievalQA
from langchain.document_loaders import UnstructuredURLLoader

urls = [
    'https://ko.wikipedia.org/wiki/이순신',
    'https://ko.wikipedia.org/wiki/세계의_역사'
]

loader = UnstructuredURLLoader(urls=urls)
documents = loader.load()
text_splitter = RecursiveCharacterTextSplitter(chunk_size=500, chunk_
overlap=0)
texts = text_splitter.split_documents(documents)
embeddings = OpenAIEmbeddings()
db = Chroma.from_documents(texts, embeddings)
retriever = db.as_retriever()

qa = RetrievalQA.from_chain_type(llm=ChatOpenAI(), chain_type="stuff",
retriever=retriever)
```

qa.run("이순신은 어떤 일을 했습니까? 그리고 동시기에 세계에서는 어떤 일이
일어났는지도 설명해주세요.")

이순신은 조선시대의 장군으로서 임진왜란이라는 전쟁에서 중요한 역할을 했습니
다. 임진왜란은 1592년부터 1598년까지 일어난 전쟁으로, 일본의 토요타쿠현족이
조선에 침략한 것입니다. 이순신은 조선의 수군을 이끄는 역할을 맡아 일본의 침
략을 막기 위해 많은 전투를 벌였습니다. 그중에서도 가장 유명한 전투는 명량해
전으로 알려져 있습니다. 이순신은 작은 거북선을 이용하여 강력한 일본의 함대를
상대로 승리를 거두었고, 이를 통해 전쟁의 전세를 바꾸는 기회를 얻었습니다.
동시에 세계에서는 다른 중요한 사건들이 일어났습니다. 유럽에서는 신성로마제국
의 붕괴와 종교개혁 운동이 일어났으며, 스페인의 대포르투갈 전쟁과 영국의 스페
인 전쟁이 발생했습니다. 또한, 영국과 스페인 사이에서는 아르마다 해전이 벌어

지고, 네덜란드와 스페인 사이에서는 80년 전쟁이 진행되었습니다. 이러한 사건들은 유럽에서의 국가 간 갈등과 싸움을 반영한 것입니다.

이와 같이 한국의 역사에서 '이순신'을 검색하고 동시에 세계의 역사에서 그 시기에 어떤 일이 일어났는가를 검색할 수 있습니다.

여러 개의 문서를 지정할 수 있으면 그만큼 검색 대상이 넓어지기 때문에, 문서의 참조나 비교적 큰 웹페이지가 항목별로 구조화된 문서도 검색 대상이 될 수 있습니다.

2 PDF 문서에서 정보 적재하기

LlamaIndex의 설명에서 사용했던 attention.pdf를 사용하여 설명하겠습니다. PDF 파일을 읽어 들이기 위해 사용되는 `pypdf` 라이브러리를 설치합니다.

```
!pip install pypdf
```

전체 코드는 다음과 같습니다.

```
from langchain.document_loaders import PyPDFLoader
from langchain.text_splitter import CharacterTextSplitter,
RecursiveCharacterTextSplitter
from langchain.chat_models import ChatOpenAI
from langchain.embeddings import OpenAIEmbeddings
from langchain.vectorstores import Chroma
from langchain.chains import RetrievalQA

loader = PyPDFLoader("./attention.pdf")
documents = loader.load()
text_splitter = RecursiveCharacterTextSplitter(chunk_size=1000, chunk_
overlap=0)
texts = text_splitter.split_documents(documents)
embeddings = OpenAIEmbeddings()
db = Chroma.from_documents(texts, embeddings)
retriever = db.as_retriever()

qa = RetrievalQA.from_chain_type(llm=ChatOpenAI(), chain_type="stuff",
retriever=retriever)
```

이제 다음과 같이 질문합니다.

주의 집중에 대해 설명해주세요. 아이도 알 수 있는 방법으로 설명해주세요. 답변은 한국어로
부탁드립니다.

```
qa.run("Please explain about Attention. Please explain it in a way that
even a child can understand. Please give a response in Korean.")
```

주의 집중은 컴퓨터가 어떤 작업을 수행할 때 중요한 정보에 집중할 수 있게 도와
주는 기술입니다. 예를 들어, 만약 컴퓨터가 사진 속에서 고양이를 찾아야 한다
면, 주의 집중은 컴퓨터에게 어디에 주의를 기울여야 하는지 알려줍니다. 이렇게
하면 컴퓨터는 고양이에 집중하고 다른 불필요한 정보를 무시할 수 있습니다. 주
의 집중은 마치 우리가 집중해서 한 가지를 생각하는 것과 비슷한 역할을 합니다.
컴퓨터도 주의 집중을 사용하여 문제를 해결하고, 이미지를 인식하고, 번역을 수
행할 수 있습니다. 주의 집중은 컴퓨터가 더 똑똑하고 정확하게 일을 할 수 있게
도와주는 중요한 기술입니다.

추가로 `PyPDFLoader`는 지역 환경의 파일뿐만 아니라 URL도 지정하여 적재할 수 있습니다. 만
약 PDF 문서가 외부의 웹사이트에 있는 경우에는 다음과 같이 URL을 직접 지정하여 데이터
를 읽어올 수 있습니다.

```
loader = PyPDFLoader("https://arxiv.org/pdf/1706.03762.pdf")
```

8.2.3 장문을 ChatGPT에서 취급할 때의 요령

지금까지 API를 사용하여 장문 데이터를 처리하는 방법으로 LLamaIndex와 랭체인 등의 라
이브러리를 사용하는 기본적인 방법에 대해 설명했습니다.

답변 정밀도를 향상시키기 위한 구체적인 방법은 여러분이 직접 고민해보기를 바랍니다. 단지
몇 가지 힌트를 주자면 다음과 같은 것이 있습니다.

1 입력 데이터는 가능한 한 구조화합니다

HTML과 같이 태그tag가 붙어 있는 텍스트는 태그가 처리에 방해가 되기 때문에 정밀도가 떨어집니다. 따라서 가능한 한 평문 텍스트로 입력하는 것이 좋습니다. 또한 늘어진 텍스트보다는 구조화된 편이 좋습니다. 따라서 YAML이나 마크다운 형식처럼 구조화된 데이터 형식을 검토해보기를 바랍니다.

2 조각 크기를 조정합니다

입력 데이터의 글자 수 제한 등으로 조각chunk 크기를 결정하게 되는데, 항목별로 구분된 문서는 비교적 짧은 조각 크기가 좋지만, 소설처럼 긴 글의 경우에는 조각 크기를 크게 잡는 것이 좋을 수도 있습니다. 검색 대상이 어떤 구성인지 미리 확인하여 조각 크기를 결정하고 여러 번 시도하여 최적의 조각 크기를 결정하는 작업이 필요합니다.

3 대상에 따라 검색 알고리즘과 색인 생성 도구를 선택합니다

랭체인의 설명에서 잠깐 언급했던 것처럼 수신자의 유사 검색 알고리즘에 따라 검색 정밀도가 달라지는 경우가 있습니다. 일반적으로는 기본 설정으로도 충분하지만 최적화를 하는 경우에는 대상에 따라 알고리즘을 선택해야 할 수도 있습니다. 또한 색인을 생성하는 도구도 목적에 맞는 것을 사용하는 것이 좋습니다.

간단한 것 같지만 실제 현장에서는 그리 간단하지 않습니다. 관계형 데이터베이스의 최적화와 마찬가지로 많은 경험과 지식이 필요한 기술 영역입니다. QA 최적화 기술은 마치 장인의 세계와 같아서 여러분의 기술을 시험해볼 수 있는 기회가 될 것입니다.

LlamaIndex와 랭체인의 공식 문서는 여러 번 대규모 변경이 있었기 때문에 버전에 따라 예제 코드가 정상적으로 작동하지 않는 경우[8]가 있을 수 있습니다. 만약 예제 코드가 작동하지 않는 경우가 발생하면 다음의 깃허브 저장소에 접속하여, 변경된 대응 상황을 확인해주세요.

---

8 원서 코드가 일부 작동하지 않아 수정한 코드를 실은 경우가 있으므로 참고하시기 바랍니다.

- https://github.com/Choonholic/jpub_chatgpt/

예제 코드에서 사용된 예제 데이터인 state_of_the_union.txt나 paul_graham_essay.txt는 URL이 빈번하게 변경되기 때문에 깃허브 저장소에서 변경된 URL을 확인해주기를 바랍니다. 만약 검색이 어려울 경우, 다음의 깃허브 저장소에서 해당 파일을 다운로드하시기 바랍니다.

- https://github.com/Choonholic/jpub_chatgpt/tree/main/data

또한 공식 문서에서는 HTML 적재에 `UnstructuredHTMLLoader`를 사용하고 URL을 적재하기 위해서는 `UnstructuredURLLoader`를 사용한다고 언급되어 있지만, HTML 적재기는 단일 URL만 지정이 가능하기 때문에 여러 개의 웹 문서를 적재하려면 책에서 언급한 대로 `UnstructuredURLLoader`를 사용하면 됩니다.

9

랭체인을 이용한 과정 자동화

ゆく河の流れは絶えずして、
しかももとの水にあらず。
淀みに浮かぶうたかたは、
かつ消えかつ結びて、
久しくとどまりたるためしなし。

흐르는 강물은 끊임없이 흐른다.
원래의 물이 아님에도.
고인 물에 떠다니는 노래는,
사라지고 또 사라지고 또 묶여,
오래도록 머물러 있을 수 없다.

가모노 초메이《《방장기》(제이앤씨, 2004)에서)

9.1 랭체인 구조

랭체인은 대형 언어 모델 기반 서비스 개발에 적합한 라이브러리입니다. 예를 들면 ChatGPT 와 같은 AI와 대화가 가능한 서비스를 개발할 때 ChatGPT의 API가 간단하면서도 사용하기 편하기 때문에 랭체인이 굳이 필요하지 않다고 느낄 수도 있습니다. 하지만 개발 요건에 '최신 검색 결과를 기반으로 AI가 답변한다'는 조건이 있다면 랭체인이 효과적입니다. 랭체인에는 검색 엔진의 검색 결과를 반환하는 도구가 있어 이런 요구 사항을 단 몇 줄의 코드로 구현할 수 있습니다.

또한 7장에서 설명했지만 질의 응답 시스템을 개발할 때도 단순 질의 응답만 가능한 ChatGPT만으로는 한계가 있기 때문에 현실적인 애플리케이션의 개발은 어려운 경우가 있습니다. 외부 연계는 물론이고 섬세한 애플리케이션을 구현하려면 작업별로 역할을 나누어 실행하고 하나로 통합하는 작업이 반드시 필요합니다. 다행히도 랭체인은 이러한 작업 연계를 훌륭하게 지원합니다. 랭체인은 대형 언어 모델 기반의 서비스 개발에 필요한 편리한 기능을 제공하는 라이브러리이며, 개발자의 요구에 유연하게 대응할 수 있는 강력한 도구입니다.

랭체인 기능을 간단하게 설명하겠습니다. 가장 먼저 언급해야 할 것은 LLMChain입니다.

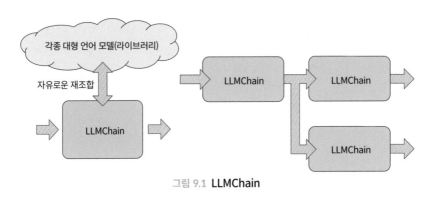

그림 9.1 **LLMChain**

랭체인의 Chains는 작업의 연계에 사용되는 강력한 도구입니다. LLMChain을 연결하는 방법에는 여러 가지 있지만, 그중에서도 그림 9.1과 같이 임의의 LLMChain을 프로그램 안에서 연결하는 방법이 가장 간단합니다. 하지만 간단한 대신 제어를 모두 직접해야 한다는 문제가 있습니다. 하지만 입력과 출력이 확실하게 결정되어 있다면 자동으로 과정을 제어하도록 처리할 수 있으며, 그것이 `Chains`가 맡은 역할입니다.

그림 9.2의 `SimpleSequentialChain`은 단독으로 작동하는 간단한 체인으로, 입력과 출력을 하나씩만 갖는 구조입니다. 단순히 작업을 연결하는 경우 사용합니다.

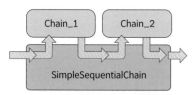

그림 9.2 **SimpleSequentialChain**

그림 9.3의 `SequentialChain`은 입력과 출력 모두 여러 개 존재할 때, 복합적으로 작업을 연결해가는 것이 가능합니다. 주로 작업의 배치 처리 등에 사용합니다.

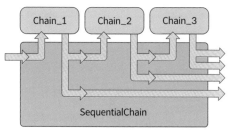

그림 9.3 **SequentialChain**

ChatGPT와 비슷한 기능을 다른 대형 언어 모델에서도 구현하고 싶다면 `Chat`을 사용합니다. ChatGPT에서 상당히 영향을 받았으며, `system`과 `user`의 프롬프트를 나눠서 구현합니다. 그리고 대화 내용을 기억하는 `Memory` 기능을 함께 사용하면 `Chat`을 더 효과적으로 구현할 수 있습니다.

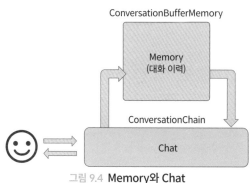

그림 9.4 **Memory와 Chat**

이 밖에도 Agent 기능도 있습니다. Chains와 비슷하지만, Chains가 사람이 직접 작업을 설계하고 그것을 연결하는 형태로 복잡한 처리를 구현하는 데 반해, Agent는 그 과정을 Agent라는 로봇에게 맡기는 형태입니다. 미리 편리한 도구 모음을 정의하고 테마를 설정한 다음, Agent가 질문을 받으면 그 질문이 어떤 도구에 적합한지 직접 판단합니다. 해당 도구를 사용하여 결과를 얻고 다시 그 결과를 다른 도구를 사용하여 추가 결과를 얻는 것을 반복하여 최종 판단 후 결과를 출력합니다.

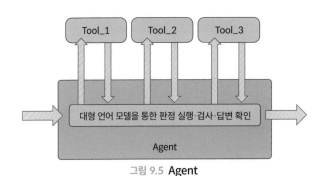

그림 9.5 **Agent**

랭체인은 이와 같은 기능들을 기본으로 해 여러 가지 도구를 제공합니다. 대형 언어 모델 애플리케이션을 개발하는 데 모든 것이 랭체인에 연결chain되어 있다고 해도 과언이 아닙니다. 9장에서는 그 기본을 설명합니다. 또한 파이썬을 사용하는 경우 랭체인의 공식 문서는 다음의 URL에서 확인할 수 있습니다.

- https://python.langchain.com/

갱신이 자주 일어나기 때문에 항상 공식 문서를 참조하기를 바라며, 이번 장에서 사용된 소스 코드는 다음의 깃허브 저장소에 있습니다.

- https://github.com/Choonholic/jpub_chatgpt/tree/main/notebooks

9.2 Chains로 작업 연결하기

랭체인에는 과정의 자동화를 편리하게 해주는 Chains가 있습니다. 이를 이용하여 대형 언어 모델 과정을 효율적으로 자동화할 수 있습니다.

9.2.1 일단 사용해보기

먼저 랭체인의 간단한 사용 방법을 설명합니다. 다음과 같이 필요한 라이브러리를 설치합니다.

```
!pip install langchain
!pip install openai
```

이어서 OpenAI의 API 키를 설정합니다.

```
import os
os.environ['OPENAI_API_KEY'] = "발급받은 API 키"
```

간단한 `llm()` 함수를 구현해보겠습니다. `llm()` 함수는 단순히 OpenAI의 API를 읽어 답변합니다.

```
from langchain.llms import OpenAI

llm = OpenAI(temperature=0.5)
text = "피보나치 수를 구하는 파이썬 프로그램을 작성해주세요."
print(llm(text))
```

```
def fibonacci(n):
    if n == 0:
        return 0
    elif n == 1:
        return 1
    else:
        return fibonacci(n-1) + fibonacci(n-2)

for i in range(10):
    print(fibonacci(i))
```

이것이 대형 언어 모델에 질의하는 가장 간단한 방법입니다.

9.2.2 단독 체인으로 질의하기

지금부터 Chains의 진면목을 살펴보겠습니다. 이를 위해 먼저 **프롬프트 템플릿**prompt template을 이해해야 합니다. 글자 그대로 프롬프트에 템플릿을 추가하는 역할로 입력에 매개변수를 추가합니다.

```
from langchain.prompts import PromptTemplate
from langchain.chat_models import ChatOpenAI
from langchain.chains import LLMChain

llm = ChatOpenAI()
prompt = PromptTemplate(
    input_variables=["product"],
    template="파이썬으로 다음 프로그램 코드에 테스트 코드를 추가하여 작성해
주세요.: {product}",
)

chain = LLMChain(llm=llm, prompt=prompt)
chain.run("피보나치 수를 구한다")
```

다음은 파이썬으로 피보나치 수를 구하는 프로그램 코드입니다. 이 코드에 테스트 코드를 추가하여 작성해드리겠습니다.

```python
def fibonacci(n):
    if n <= 0:
        return []
    elif n == 1:
        return [0]
    elif n == 2:
        return [0, 1]
    else:
        fib_seq = [0, 1]
        while len(fib_seq) < n:
            next_num = fib_seq[-1] + fib_seq[-2]
            fib_seq.append(next_num)
        return fib_seq
```

```
# 테스트 코드
print(fibonacci(0))    # 빈 리스트 출력
print(fibonacci(1))    # [0] 출력
print(fibonacci(2))    # [0, 1] 출력
print(fibonacci(5))    # [0, 1, 1, 2, 3] 출력
print(fibonacci(10))   # [0, 1, 1, 2, 3, 5, 8, 13, 21, 34] 출력
'''
```

출력 결과:

```
'''
[]
[0]
[0, 1]
[0, 1, 1, 2, 3]
[0, 1, 1, 2, 3, 5, 8, 13, 21, 34]
'''
```

위의 테스트 코드는 `fibonacci()` 함수의 다양한 입력에 대해 예상된 출력이 나오는지 확인하는 역할을 합니다. 테스트 결과가 예상과 일치한다면, 프로그램이 정상적으로 작동하는 것을 의미합니다.

`input_variables=["product"]`에 `product`라는 입력 매개변수가 정의되어 있습니다.

`LLMChain()` 함수에서 체인을 생성합니다. 여기서 생성된 체인은 단독으로 작동하지만 이와 같이 질의 응답이 가능합니다. 지금까지의 `llm()`과 별로 다르지 않으나 하나의 작업 단위로서 이를 연결합니다.

`chain.run()`에 매개변수로 주어진 '피보나치 수를 구한다'가 변수 `product`에 대입된 결과 프롬프트가 파이썬으로 다음 프로그램 코드에 테스트 코드를 추가하여 작성해주세요.: 피보나치 수를 구한다로 바뀌고, 바뀐 프롬프트가 실행됩니다.

해당 체인은 사용자가 요청한 과제인 파이썬 코드를 작성합니다. 즉 '코드 작성 작업'입니다. 이 결과를 전달하여 코드 부분만 추출해 프로그램 안에서 `subprocess()`를 사용하여 실행하는 것도 가능합니다. 간단한 프로그램이지만 난데없이 '자연어에 의한 코드 번역기code interpreter'가 태어났습니다. 여기서는 다루지 않지만 관심이 있다면 만들어보는 것을 추천합니다. 체인을 하나밖에 사용하지 않았음에도 굉장한 위력을 보여줍니다.

9.2.3 단독 체인을 연결해보기

드디어 `Chains`의 설명입니다. 가장 간단한 체인인 `LLMChain`에서 작업을 단독으로 실행할 수 있기 때문에 여러 개의 작업에 대해 이야기해봅시다. 여기서는 다음과 같은 사용 사례를 구현해보겠습니다.

1. 기획서를 쓰고 싶은 테마를 결정한다. 그 테마가 어떤 가치를 갖는지 새로운 사업의 제안 가능성을 알기 위해 먼저 개념을 파악한다.
2. 그 개념에서 새로운 사업 계획을 IT 공헌도가 높은 순으로 다섯 개를 추려낸다.
3. 좀 더 상위 계획을 상세하게 쪼개서breakdown 기획서 형태로 제공한다.

여기서는 '농업'이라는 테마를 살펴봅시다.

```
from langchain.prompts import PromptTemplate
from langchain.chat_models import ChatOpenAI
from langchain.chains import LLMChain

llm = ChatOpenAI()

prompt = PromptTemplate(
    input_variables=["product"],
    template="다음에 제시한 테마의 가치를 정의하고 새로운 비즈니스의
가능성을 개념적으로 800자 이내로 생각해주세요: {product}",
)

chain = LLMChain(llm=llm, prompt=prompt)
idea = chain.run("농업")

print(idea)
```

농업은 인류의 삶과 생존에 필수적인 역할을 담당하는 핵심 산업입니다.
농업은 식량 생산부터 생명유지와 생태계 보전에 이르기까지 다양한 가치를 갖습니다.
첫째, 식량 생산과 식품 안정성을 위한 가치입니다. 인구 증가와 도시화로 인해 식량 수요가 급증합니다. …생략…
농업은 인류의 핵심 가치인 식량과 환경을 보존하며, 지역 경제와 사회에도 긍정

적인 영향을 미치는 산업입니다. 이를 바탕으로 스마트 농업, 친환경 농업, 농산물 직거래 등 새로운 비즈니스 아이디어를 개발한다면, 농업 관련 기업과 소비자들에게 큰 가치를 제공할 수 있을 것입니다.

이제 idea라는 변수에 위의 내용이 대입되어 있습니다. 그럼 이어서 idea를 기반으로 IT가 효과적으로 공헌할 수 있는 기획의 책정을 요청해보겠습니다.

```
prompt = PromptTemplate(
    input_variables=["idea"],
    template="다음 아이디어로 구체적인 계획을 다섯 개 생각하고, IT가 효과적으로 공헌 가능한 순서대로 제시해주세요: {idea}",
)

chain2 = LLMChain(llm=llm, prompt=prompt)
plan = chain2.run(idea)

print(plan)
```

1. 스마트팜과 IoT 기술을 활용한 스마트 농업
- 센서와 자동화 기술을 이용하여 작물의 상태를 모니터링하고, 적절한 관리를 자동화함으로써 생산성을 높일 수 있습니다.
- 데이터 분석을 통해 예측 모델을 구축하여 작물의 성장과 수확 시기를 최적화할 수 있습니다.
- 자원 사용을 최소화하고, 작물의 품질과 안전성을 보장할 수 있습니다.
 …생략…
- 온라인 플랫폼을 통해 농업 정보와 전문가와의 상담 등을 제공하여 농업 현장에서 발생하는 문제를 해결할 수 있습니다.

이제 변수 plan에 위의 내용이 저장되어 있습니다. plan 중에 가장 상위에 있는 항목으로 기획서의 작성을 요청해보겠습니다.

```
prompt = PromptTemplate(
    input_variables=["plan"],
    template="제시된 다섯 개의 계획 중에 첫 번째 계획만 브레이크다운해서,
기획서의 형태로 구성하고, 상세 내용을 포함해서 제시해주세요: {plan}"
)

chain3 = LLMChain(llm=llm, prompt=prompt)
proposal = chain3.run(plan)

print(proposal)
```

1. 스마트팜과 IoT 기술을 활용한 스마트 농업 기획서

• 목표:
- 센서와 자동화 기술을 이용하여 작물의 상태를 모니터링하고, 적절한 관리를 자동화함으로써 생산성을 높이는 스마트 농업 시스템 개발
• 목표 세부 내용:
- 센서와 IoT 기술을 활용하여 작물의 온도, 습도, 조도 등의 상태를 실시간으로 모니터링할 수 있는 시스템 구축
　…생략…
• 구현 방안:
1. 센서와 IoT 기술을 적용하여 작물의 온도, 습도, 조도 등의 상태를 실시간으로 모니터링할 수 있는 시스템 개발

- 작물 밭에 필요한 센서를 설치하고, 각 센서로부터 수집한 데이터를 클라우드 서버로 전송하는 IoT 기기 개발
- 클라우드 서버에서 수집한 데이터를 저장하고, 사용자가 접근할 수 있는 웹 또는 앱 인터페이스 개발
　…생략…
• 일정:
- 시스템 설계 및 개발: 6개월
- 데이터 분석 및 예측 모델 개발: 4개월
- 자원 최소화와 안전성 보장을 위한 기술 개발: 6개월
- 시스템 테스트 및 보완: 2개월
- 상용화 및 서비스 제공: 2개월

- 예산:

- 하드웨어 개발 및 설치 비용: 50,000,000원

- 소프트웨어 개발 비용: 30,000,000원

- 인력 및 운영 비용: 20,000,000원

- 총 예산: 100,000,000원

- 기대 효과:

- 스마트 농업 시스템의 도입으로 농작물의 생산성을 향상시켜 경제적인 이익
 을 얻을 수 있음

- 자동화된 관리 시스템을 통해 농가의 인력 부족 문제를 해결하고 생산성을
 향상시킬 수 있음

- 데이터 분석과 예측 모델을 활용하여 작물의 성장과 수확 시기를 최적화하여
 효율적인 작물 관리가 가능함

- 자원 사용을 최소화하여 환경 보존에 기여하고, 작물의 품질과 안전성을 보장할 수 있음

이와 같이 변수를 각각의 작업에 순서대로 연결해가면 최종적인 출력에 도달합니다. 물론 이 대로도 나쁘지 않지만, 사실 체인 하나로 처리 한 번에 한꺼번에 순서대로 연결하는 것이 가능합니다. 그것이 바로 `SequentialChain`입니다. 그중에서도 가장 기본적인 연결 방법이 `SimpleSequentialChain`입니다.

9.2.4 SimpleSequentialChain으로 한 번에 연결하기

하는 일은 매우 간단합니다. 단 한 줄로 단독 체인인 작업이 연결됩니다. 이때 ChatGPT 특성 상 같은 내용이 출력되지 않을 수 있습니다. 하지만 과정의 실행에 대한 생각은 모두 같다는 점을 이해해주세요.

```
from langchain.chains import SimpleSequentialChain

overall_chain = SimpleSequentialChain(chains=[chain, chain2, chain3],
verbose=True)
print(overall_chain("농업"))
```

> Entering new SimpleSequentialChain chain...

농업은 인류의 존속과 번영에 필수적인 산업으로, 식량 생산 및 식품 안정성을 보장하고 자원의 효율적인 관리를 통해 지속 가능한 개발을 지원하는 역할을 담당합니다. 이에 따라 농업의 가치는 다음과 같이 정의될 수 있습니다.

1. 식량 안보와 식량 안정성: 농업은 인구 증가로 인한 식량 수요를 충족시키고 식량 안정성을 보장하는 역할을 합니다. 이를 통해 식품 부족 문제를 해결하고 국가의 식량 안보를 유지하는 가치가 있습니다.

…생략…

이처럼 농업의 가치를 기반으로 한 새로운 비즈니스 아이디어들은 지속 가능한 개발과 환경 보호, 지역 사회와 경제 발전 등의 가치를 창출하며, 농업 산업의 성장과 발전을 이끌어낼 수 있습니다.

1. 유기농 농업 비즈니스:
- 유기농 기술을 활용하여 식품 생산 및 판매를 진행한다.
- 유기농 제품의 수요가 높아질 것으로 예상되므로, 유기농 농업 기술과 생산 과정에 대한 교육 및 지원을 제공한다.
- 유기농 제품의 마케팅 및 판매를 위한 새로운 경로를 개척한다.

…생략…

유기농 농업 비즈니스 기획서:
• 목표:
- 유기농 기술을 활용하여 식품 생산 및 판매를 진행하여 지속 가능한 농업 비즈니스를 구축한다.
- 유기농 제품의 수요가 높아질 것으로 예상되므로, 유기농 농업 기술과 생산 과정에 대한 교육 및 지원을 통해 농부들의 기술력을 향상시킨다.
- 유기농 제품의 마케팅 및 판매를 위한 새로운 경로를 개척하여 수익을 극대화한다.
• 계획:

1. 유기농 생산 및 판매:
- 유기농 기술을 활용하여 식품 생산을 진행한다.
- 농부들에게 유기농 기술 교육 프로그램을 제공하여 농작물 품질과 생산성을 향상시킨다.
- 유기농 제품의 수요가 높은 도시 지역을 대상으로 판매 네트워크를 구축한다.
- 제품의 브랜딩을 강화하여 고객들에게 믿음과 신뢰를 제공한다.

…생략…

```
> Finished chain.
{'input': '농업', 'output': '유기농 농업 비즈니스 기획서:\n\n목표:\n- 유기농
```

기술을 활용하여 식품 생산 및 판매를 진행하여 지속 가능한 농업 비즈니스를 구축한다.\n- 유기농 제품의 수요가 높아질 것으로 예상되므로, 유기농 농업 기술과 생산 과정에 대한 교육 및 지원을 통해 농부들의 기술력을 향상시킨다.\n- 유기농 제품의 마케팅 및 판매를 위한 새로운 경로를 개척하여 수익을 극대화한다.\n\n계획:\n\n1. 유기농 생산 및 판매:\n- 유기농 기술을 활용하여 식품 생산을 진행한다. \n- 농부들에게 유기농 기술 교육 프로그램을 제공하여 농작물 품질과 생산성을 향상시킨다.\n- 유기농 제품의 수요가 높은 도시 지역을 대상으로 판매 네트워크를 구축한다.\n- 제품의 브랜딩을 강화하여 고객들에게 믿음과 신뢰를 제공한다.\n\n2. 유기농 농업 기술 교육 및 지원:\n- 유기농 기술에 대한 교육 프로그램을 개발하여 농부들에게 제공한다.\n- 유기농 생산 과정에서 발생하는 문제에 대한 상담 및 지원 서비스를 제공한다.\n- 유기농 인증을 위한 절차와 기준에 대한 정보를 제공하여 농부들이 인증을 받을 수 있도록 돕는다.\n\n3. 새로운 마케팅 및 판매 경로 개척:\n- 온라인 판매 채널을 개발하여 유기농 제품을 고객들에게 직접 판매한다.\n- 유기농 제품을 지역 슈퍼마켓 및 식품점과의 협력을 통해 유통한다.\n- 유기농 제품의 가치를 강조하는 마케팅 전략을 구축하여 고객들의 관심을 끌고 구매를 유도한다.\n\n4. 지속 가능성과 확장:\n- 유기농 농업의 지속 가능성을 확보하기 위해 농부들과의 장기적인 계약을 체결한다.\n- 연구 및 개발을 통해 유기농 기술을 지속적으로 개선하고 혁신한다.\n- 유기농 농업의 성공 사례를 바탕으로 다른 지역으로 확장하여 비즈니스 영역을 넓힌다.\n\n5. 생태계 보전과 사회적 책임:\n- 환경에 친화적인 유기농 기술을 적용하여 생태계 보존을 실천한다.\n- 지역사회와의 협력을 강화하여 사회적 책임을 다한다.\n- 농부들에게 공정한 가격과 조건으로 협력하여 상호 이익을 극대화한다.\n\n이와 같은 계획을 통해 유기농 농업 비즈니스를 성공적으로 운영하고, 지속 가능한 농업을 실현할 수 있다.'}

각각 실행되던 과정이 순차적으로 실행되어 최종 답변은 변수 `overall_chain`에 저장됩니다. 따라서 사전 형식인 `overall_chain['output']`을 통해 기획서의 전체 내용을 참조합니다.

이와 같이 '농업'이라는 사업 도메인을 입력하면 IT 공헌도가 높다고 생각되는 기획서가 출력됩니다. 사업 도메인은 농업뿐만 아니라 금융, 부동산, 음식 등 무엇이든 가능합니다. 참 편리하죠? `Chains`의 위력입니다.

이를 웹 서비스화하면 'IT 기업에 희소식! 모든 사업 도메인에 대응하는 차세대형 기획 생성 서비스!'라는 서비스가 하늘에서 뚝 떨어지게 되는 것입니다.

9.2.5 SequentialChain으로 여러 개의 결과 얻기

`SimpleSequentialChain`에서 최종적으로 출력되는 결과는 하나뿐이었습니다. 하나의 입력에 대해 하나의 출력이 이루어지는 형태입니다.

하지만 여러 개의 출력이 필요한 경우가 있습니다. 예를 들면 아이디어나 계획과 같이 앞의 기획서를 작성하는 중간에 생성되었던 것들도 함께 출력하거나, 첫 번째 항목 외의 두 번째 항목의 기획서도 필요한 경우 등이 이에 해당합니다. 이런 경우 `SimpleSequentialChain`만으로는 역부족입니다.

이제 여기서 `SequentialChain`이 등장할 차례입니다. 여러 개의 입력에 대해 여러 개의 출력이 가능합니다.

```python
from langchain.chains import SequentialChain
from langchain.chains import LLMChain
from langchain.chat_models import ChatOpenAI
from langchain.prompts import PromptTemplate

llm = ChatOpenAI()

# 아이디어 생성(LLMChain)
template = "다음에 제시한 테마의 가치를 정의하고 새로운 비즈니스의 가능성을
개념적으로 800자 이내로 생각해주세요: {job}"
prompt_template = PromptTemplate(input_variables=["job"], template=template)
idea_chain = LLMChain(llm=llm, prompt=prompt_template, output_key="idea")

# 아이디어를 기반으로 계획 생성(LLMChain)
template="다음 아이디어로 구체적인 계획을 다섯 개 생각하고, 각 계획별로 세
부 실행 사항을 나열하되, IT가 효과적으로 공헌 가능한 순서대로 제시해주세요:
{idea}"
prompt_template = PromptTemplate(input_variables=["idea"], template=template)
plan_chain = LLMChain(llm=llm, prompt=prompt_template, output_key="plan")

# 아이디어와 계획의 두 개의 입력을 받아 첫 번째 계획의 계획서 작성
template = "제시된 다섯 개의 계획 중에 첫 번째 계획만 브레이크다운해서, 기획
서의 형태로 구성하고, 상세 내용을 포함해서 제시해주세요: {plan}"
prompt_template = PromptTemplate(input_variables=["plan"], template=template)
proposal_chain_1 = LLMChain(llm=llm, prompt=prompt_template, output_
key="proposal_1")

# 아이디어와 계획의 두 개의 입력을 받아 두 번째 계획의 계획서 작성
template = "제시된 다섯 개의 계획 중에 두 번째 계획만 브레이크다운해서, 기획
서의 형태로 구성하고, 상세 내용을 포함해서 제시해주세요: {plan}"
prompt_template = PromptTemplate(input_variables=["plan"], template=template)
proposal_chain_2 = LLMChain(llm=llm, prompt=prompt_template, output_
key="proposal_2")
```

```
# 이 네 개의 체인을 순차적으로 실행하는 전체적인 체인
overall_chain = SequentialChain(
    chains=[idea_chain, plan_chain, proposal_chain_1,proposal_chain_2],
    input_variables=["job"],
    output_variables=["idea", "plan", "proposal_1", "proposal_2"],
    verbose=True,
)

# 최적화 후 결과 반환
results = overall_chain("농업")

# 결과 출력
print(results)
```

```
> Entering new SequentialChain chain...

> Finished chain.
{
 'job': '농업',
 'idea': '농업은 인류가 살아가기 위해 필수적인 산업으로서, 식량 생산과 자원
공급을 담당하며, 경제적, 사회적 가치를 지닙니다. …생략… 스마트 농업 기술과
식품 가치 연계를 통해 농업을 더욱 발전시키고, 새로운 비즈니스 모델을 창출할
수 있을 것입니다.',
 'plan': '1. 스마트 농업 기술 계획:\n- 센서를 이용하여 토양의 영양 상태, 수
분 상태 등을 실시간으로 모니터링하는 시스템 구축\n- 인공지능 알고리즘을 적용
하여 적정한 비료, 물 사용량을 예측하고 조절하는 시스템 개발\n …생략… 농작
물의 종자 관리와 생산 과정을 관리하는 시스템 구축',
 'proposal_1': '1. 스마트 농업 기술 계획:\n\n- 프로젝트 개요:\n 스마트 농업
기술을 활용하여 토양 상태, 수분 상태 등을 실시간으로 모니터링하고, 적정한 비
료와 물 사용량을 예측하고 조절하는 시스템을 개발하여 농작물 생산성을 향상시
키고, 병충해 발생 시 즉각적인 조치를 취할 수 있는 스마트 농업을 구현하는 것
이 목표입니다.\n\n …생략… 2. 드론을 활용하여 작물의 성장 상태와 병충해 유
무 등을 모니터링하고, 필요한 조치를 즉시 취할 수 있는 시스템을 구축하여 농작
물의 품질을 향상시킬 수 있습니다.',
 'proposal_2': '2. 식품 가치 연계 계획:\n\n기획서\n\n목표: 지역 특산품을 활
용하여 고부가가치 제품을 생산하고, 지역 경제를 활성화하는 식품 가치 연계 계
획을 수립한다. …생략… 이러한 계획을 통해 우리는 지역 특산품을 활용하여 고
부가가치 제품을 생산하고, 지역 경제를 활성화할 수 있을 것이다. 또한, 지속 가
능한 방식으로 생산하며 환경 보호에도 기여할 것이다. 이를 위해 공장 설립과 생
산 과정의 혁신, 마케팅 전략의 수립, 다양한 제품 생산, 지역 협력 네트워크 구
축 등의 활동을 추진할 것이다.'
}
```

`job`, `idea`, `plan`, `proposal_1`, `proposal_2`라는 키 기반의 사전식 배열로 결과가 반환됩니다. 첫 번째 계획서 내용을 확인하려면 다음과 같이 합니다.

```
print(results['proposal_1'])
```

1. 스마트 농업 기술 계획:

• 프로젝트 개요:
스마트 농업 기술을 활용하여 토양 상태, 수분 상태 등을 실시간으로 모니터링하고, 적정한 비료와 물 사용량을 예측하고 조절하는 시스템을 개발하여 농작물 생산성을 향상시키고, 병충해 발생 시 즉각적인 조치를 취할 수 있는 스마트 농업을 구현하는 것이 목표입니다.
…생략…

같은 방법으로 `job`, `idea`, `plan`, `proposal_2` 각각을 참조할 수 있습니다.

이와 같이 `SequentialChain`을 사용하면 중간 생성 결과를 포함한 여러 개의 결과를 얻는 것이 가능합니다.

'어젯밤에 너무 많이 마셔서 오늘 기획 회의에 제출할 자료를 아직 작성하지 않았다는 것을 깨닫고 말았다'라는 상황에 처했을 때 이 작업이 당신을 도와줄지도 모릅니다. 컵라면에 뜨거운 물을 부어서 다 먹을 즈음이면 개요와 계획이 나오고 최종적인 기획서의 내용을 두 개 받아볼 수 있으니까요.

 Chains 기반의 챗봇 예제

7장에서 살펴보았던 데이터베이스와의 연계를 `Chains`를 사용하여 구현해보겠습니다. 데이터베이스 연계 작업을 사용해서 챗봇에 연결하는 일련의 흐름을 설명하겠습니다. 이 작업을 구현하려면 필요한 몇 가지가 있는데, 바로 `Chat` 기능과 SQL 데이터베이스 질의입니다.

9.3.1 랭체인을 이용한 기본적인 챗봇

랭체인은 `Chat` 기능을 제공합니다. 이를 이용하여 여러 가지 대형 언어 모델로 ChatGPT와 같은 챗봇을 구현하는 것이 가능합니다.

API 때 설명한 것처럼 단일 `LLMChain`에서는 대화의 내용을 이어갈 수 없습니다. 따라서 ChatGPT와 같은 형태로 성립되는 대화는 `ConversationChain()`을 사용해 구현해야 합니다. 동시에 `Memory` 기능을 활성화해 대화 이력을 기억하는 작업을 해야만 합니다.

다음의 예제 코드를 실행해보겠습니다.

```python
from langchain.prompts import (
    ChatPromptTemplate,
    MessagesPlaceholder,
    SystemMessagePromptTemplate,
    HumanMessagePromptTemplate
)
from langchain.chains import ConversationChain
from langchain.chat_models import ChatOpenAI
from langchain.memory import ConversationBufferMemory

prompt = ChatPromptTemplate.from_messages([
    SystemMessagePromptTemplate.from_template("""
        다음은 인간과 AI의 친근한 대화입니다.
        AI는 말이 많고, 맥락에 따라 구체적인 내용을 많이 알려줍니다.
        AI는 질문에 대한 답을 모르면 정직하게 '모른다'고 대답합니다.
    """),
    MessagesPlaceholder(variable_name="history"),
    HumanMessagePromptTemplate.from_template("{input}")
])
llm = ChatOpenAI(temperature=0)
memory = ConversationBufferMemory(return_messages=True)
conversation = ConversationChain(memory=memory, prompt=prompt, llm=llm)

while True:
    command = input(">")
    if command == "q":
        break
    response = conversation.predict(input=command)
    print(f"AI:{response}")
```

`memory = ConversationBufferMemory(return_messages=True)`에서 기억을 위한 인스턴스를 생성하며 이를 통해 대화 내용이 기억됩니다. 이와 같이 대화의 내용을 기억하기 때문에 ChatGPT와 거의 같은 일이 가능합니다. `conversation = ConversationChain(memory=memory, prompt=prompt, llm=llm)`에서 `memory` 인스턴스를 프롬프트에 전달하여 대화를 위한 인스턴스를 생성하고 `conversation.predict()`에서 실제 대화 텍스트로 대화를 진행합니다.

> 지금부터 기억의 실험을 합니다. 당신의 이름은 챗군이라고 하겠습니다. 괜찮은가요?
>
> AI: 네, 저는 챗군이라고 불리는 것에 전혀 문제가 없습니다. 기억의 실험을 시작해도 좋습니다. 어떤 실험을 진행하시겠습니까?
>
> >제 이름은 Choonholic입니다.
>
> AI: 알겠습니다, Choonholic님. 기억에 기록하겠습니다. 저는 챗군이라고 불리는 AI입니다. 어떤 도움을 드릴까요?
>
> >오늘은 정말 추운 날씨네요.
>
> AI: 네, 날씨가 추운 것 같습니다. 혹시 어떤 지역에서 이야기하시는 건가요? 저는 지역별 날씨 정보를 알려드릴 수 있습니다.
>
> >한국의 서울입니다.
>
> AI: 서울은 현재 매우 추운 날씨입니다. 기온은 영하로 떨어져서 외출 시에는 따뜻하게 입고 다니시는 것이 좋을 것 같습니다. 또한, 외출 시에는 얼음이나 미끄러운 길에 주의하셔야 합니다. 안전한 하루 보내시기 바랍니다. 추가로 날씨에 대해 더 자세한 정보가 필요하시면 말씀해주세요.
>
> >제 이름과 당신의 이름을 알려주세요.
>
> AI: 저는 챗군이라고 불리는 AI입니다. 여러분의 이름은 Choonholic이라고 알고 있습니다.
>
> >실험 종료입니다. 감사합니다.
>
> AI: 알겠습니다. 실험이 종료되었다니 아쉽지만, 저를 이용해주셔서 감사합니다. 언제든지 다시 도움이 필요하시면 저에게 연락해주세요. 좋은 하루 되세요!
>
> >q

`memory`의 내용을 한 번 살펴보겠습니다.

```
print(memory)
```

다음과 같이 객체로서 일련의 대화가 기억된 것을 알 수 있습니다.

```
chat_memory=ChatMessageHistory(messages=[HumanMessage(content='지금부터 기억의
실험을 합니다. 당신의 이름은 챗군이라고 하겠습니다. 괜찮은가요?'),
AIMessage(content='네, 저는 챗군이라고 불리는 것에 전혀 문제가 없습니
다. 기억의 실험을 시작해도 좋습니다. 어떤 실험을 진행하시겠습니까?'),
HumanMessage(content='제 이름은 Choonholic입니다.'), AIMessage(content='알
겠습니다, Choonholic님. 기억에 기록하겠습니다. 저는 챗군이라고 불리는 AI입
니다. 어떤 도움을 드릴까요?'), HumanMessage(content='오늘은 정말 추운 날씨
네요.'), AIMessage(content='네, 날씨가 추운 것 같습니다. 혹시 어떤 지역에
서 이야기하시는 건가요? 저는 지역별 날씨 정보를 알려드릴 수 있습니다.'),
HumanMessage(content='한국의 서울입니다.'), AIMessage(content='서울은 현재
매우 추운 날씨입니다. 기온은 영하로 떨어져서 외출 시에는 따뜻하게 입고 다니
시는 것이 좋을 것 같습니다. 또한, 외출 시에는 얼음이나 미끄러운 길에 주의하
셔야 합니다. 안전한 하루 보내시기 바랍니다. 추가로 날씨에 대해 더 자세한 정
보가 필요하시면 말씀해주세요.'), HumanMessage(content='제 이름과 당신의 이름
을 알려주세요.'), AIMessage(content='저는 챗군이라고 불리는 AI입니다. 여러분
의 이름은 Choonholic이라고 알고 있습니다.'), HumanMessage(content='실험 종료
입니다. 감사합니다.'), AIMessage(content='알겠습니다. 실험이 종료되었다니 아
쉽지만, 저를 이용해주셔서 감사합니다. 언제든지 다시 도움이 필요하시면 저에게
연락해주세요. 좋은 하루 되세요!')]) return_messages=True
```

9.3.2 SQL 질의 방법

랭체인에는 흥미로운 도구가 많습니다. 그중에서도 SQL 질의라는 목적에 맞춰 `SQLDatabase Chain`을 사용하겠습니다. 이를 사용하면 단 몇 줄만으로 7장에서 구현했던 SQL 질의를 손쉽게 구현할 수 있습니다.

`SQLDatabaseChain`을 사용하려면 랭체인의 실험용 모듈이 담긴 `langchain-experimental` 라이브러리를 먼저 설치해야 합니다.

```
!pip install langchain-experimental
```

이제 다음 코드를 살펴봅시다.

```
from langchain import OpenAI
from langchain import SQLDatabase
from langchain_experimental.sql import SQLDatabaseChain
from langchain.chat_models import ChatOpenAI
from langchain import PromptTemplate

sql_uri = "sqlite:///user_support.db"
db = SQLDatabase.from_uri(sql_uri)
llm = ChatOpenAI(temperature=0.2)
template = \
    """
    사용자 테이블만 대상으로 합니다.
    답변은 JSON 형식으로 표시해주세요: [{question}]
    예:
    [{{
        "last_mame": "",
        "first_name": "",
        "phone": "",
        "email": ""
    }}]
    """
prompt = PromptTemplate(template=template, input_variables=["question"])
db_chain = SQLDatabaseChain.from_llm(llm, db, verbose=True, output_key=
"Answer")
user = db_chain.run(prompt.format(question="모든 사용자를 알려주세요"))
print(user)
```

```
> Entering new SQLDatabaseChain chain...

    사용자 테이블만 대상으로 합니다.
    답변은 JSON 형식으로 표시해주세요: [모든 사용자를 알려주세요]
    예:
    [{
        "last_mame": "",
        "first_name": "",
        "phone": "",
        "email": ""
    }]

SQLQuery:SELECT last_name AS "last_name", first_name AS "first_name", phone
AS "phone", email AS "email" FROM users
```

```
SQLResult: [('윤', '태진', '099-1234-5678', 'taejin@example.com'), ('김', '
은미', '098-9876-5432', 'eunmi@example.com')]
Answer:[{
    "last_name": "윤",
    "first_name": "태진",
    "phone": "099-1234-5678",
    "email": "taejin@example.com"
},
{
    "last_name": "김",
    "first_name": "은미",
    "phone": "098-9876-5432",
    "email": "eunmi@example.com"
}]
> Finished chain.
[{
    "last_name": "윤",
    "first_name": "태진",
    "phone": "099-1234-5678",
    "email": "taejin@example.com"
},
{
    "last_name": "김",
    "first_name": "은미",
    "phone": "098-9876-5432",
    "email": "eunmi@example.com"
}]
```

먼저 `langchain` 라이브러리에서 필요한 모듈을 가져옵니다. 데이터베이스는 7장에서 작성한 데이터베이스 파일을 사용합니다. 데이터베이스 접속 정보를 설정하고 `SQLDatabase` 객체를 생성합니다. 이어서 `ChatOpenAI` 객체도 생성하고 `temperature` 매개변수를 `0.2`라는 낮은 값으로 설정하여 답변이 높은 일관성을 가지도록 설정합니다. 0.2라는 값은 필자가 제멋대로 설정한 값이며, 사실 0으로 설정해도 상관없습니다.

프롬프트 템플릿을 정의하고 질문을 받을 때 사용할 변수를 설정합니다. 해당 프롬프트는 출력 형식으로서 `JSON` 형식을 지정하고 출력 예시도 함께 지정합니다.

`SQLDatabaseChain` 객체를 생성하고 해당 객체에 대형 언어 모델 객체인 `llm`과 데이터베이스

객체 `db`를 연결하고 디버깅 정보를 출력하도록 설정합니다. 마지막으로 `run()` 메서드를 호출하여 실제 질문을 던지고 결과 객체인 `user`를 얻습니다.

놀랍게도 단 몇 줄만으로 7장에서 설명했던 작업의 일부가 구현되었습니다.

`SQLDatabaseChain()`이 `output_key="Answer"`로 설정되어 있기 때문에, `Answer` 키를 반환합니다. `SQL Result:`의 결과는 순수한 데이터를 얻을 때 사용할 수 있습니다. `output_key`를 설정하지 않은 경우의 기본값은 `Answer`입니다.

9.3.3 챗봇 구현

자, 배우들이 모두 모였으니 7장과 같은 흐름으로 실제 작업을 구현해봅시다.

1. 사용자 식별
2. 해당 사용자에 대한 모든 정보 획득
3. 지원 제공

1 사용자 식별

```python
import json

sql_uri = "sqlite:///user_support.db"
db = SQLDatabase.from_uri(sql_uri)
llm = ChatOpenAI(temperature=0.2)

def find_user(user_text):
    template = \
        """
        사용자 테이블만 대상으로 합니다. 다음 요청문에 대해 사용자를 고유하게
식별하고 싶습니다.
        답변은 예와 같이 JSON 형식으로 표시해주세요: 요청문[{question}]

        예:
        [{{
            "user_id": ,
            "last_mame": "",
            "first_name": "",
            "phone": "",
            "email": ""
```

```
            }}]
        """
    prompt = PromptTemplate(template=template, input_variables=["question"])
    db_chain = SQLDatabaseChain.from_llm(llm, db, verbose=True, output_key=
"Answer")
    return db_chain.run(prompt.format(question=user_text))


if __name__ == "__main__":
    print("\n고객 정보를 확인합니다. 이름, 전화번호, 사용자 ID, 이메일 등 고객을
식별할 수 있는 정보를 입력해주세요.")
    while True:
        user_text = input(">")
        user_json = find_user(user_text)
        try:
            users = json.loads(user_json)
        except:
            print("고객 정보를 확인할 수 없습니다. 다시 입력해주세요.")
            continue

        if users is None:
            print("고객 정보를 확인할 수 없습니다. 다시 입력해주세요.")
          continue
      if len(users) > 1:
            print("고객의 고유 정보를 식별할 수 없습니다. 다시 입력해주세요.")
            continue

        print("고객 정보를 확인했습니다. 감사합니다.")
        break

    user = '\n'.join(f'{key}: {value}' for key, value in users[0].items())

    print(user)
```

 고객 정보를 확인합니다. 이름, 전화번호, 사용자 ID, 이메일 등 고객을 식별할 수 있는 정보를 입력해주세요.
>태진

> Entering new SQLDatabaseChain chain...

        사용자 테이블만 대상으로 합니다. 다음 요청문에 대해 사용자를 고유하게
식별하고 싶습니다.
        답변은 예와 같이 JSON 형식으로 표시해주세요: 요청문[태진]

```
예:
[{
    "user_id": ,
    "last_mame": "",
    "first_name": "",
    "phone": "",
    "email": ""
}]

SQLQuery:SELECT user_id, last_name, first_name, phone, email
FROM users
WHERE first_name = "태진"
LIMIT 1;
SQLResult: [(1, '윤', '태진', '099-1234-5678', 'taejin@example.com')]
Answer:[{
    "user_id": 1,
    "last_name": "윤",
    "first_name": "태진",
    "phone": "099-1234-5678",
    "email": "taejin@example.com"
}]
> Finished chain.
고객 정보를 확인했습니다. 감사합니다.
user_id: 1
last_name: 윤
first_name: 태진
phone: 099-1234-5678
email: taejin@example.com
```

위와 같이 user 에 검색한 데이터가 대입됩니다.

2 해당 사용자에 대한 모든 정보를 획득

이어서 식별한 사용자 정보를 기반으로 구매 이력과 대응 이력을 검색합니다.

```
from langchain.chains import SQLDatabaseSequentialChain

def get_user_info(user):
    template = \
```

```
        """
                다음 요청문에서 지정된 사용자 ID의 제품 이름, 가격도 포함한 구매 이력
        (테이블) 내용을 알고 싶습니다.
                답변은 헤더가 있는 CSV 형식으로 출력해주기를 바랍니다.
                요청문[{user}]
        """
    prompt = PromptTemplate(template=template, input_variables=["user"])
    chain = SQLDatabaseSequentialChain.from_llm(llm, db, verbose=True)
    order_history = chain.run(prompt.format(user=user))

    template = \
        """
                다음 요청문에서 지정된 사용자 ID의 대응 이력(테이블) 내용을 알고 싶습
        니다.
                답변은 헤더가 있는 CSV 형식으로 출력해주기를 바랍니다.
                요청문[{user}]
        """
    prompt = PromptTemplate(template=template, input_variables=["user"])
    chain = SQLDatabaseSequentialChain.from_llm(llm, db, verbose=True)
    support_history = chain.run(prompt.format(user=user))

    return f"구매 이력:\n{order_history}\n\n대응 이력:\n{support_history}\n\n"

if __name__ == "__main__":
    user_info = get_user_info(user)
```

```
> Entering new SQLDatabaseSequentialChain chain...
Table names to use:
['order_history', 'products', 'users']


> Entering new SQLDatabaseChain chain...
        다음 요청문에서 지정된 사용자 ID의 제품 이름, 가격도 포함한 구매 이력
(테이블) 내용을 알고 싶습니다.
        답변은 헤더가 있는 CSV 형식으로 출력해주기를 바랍니다.
        요청문[user_id: 1
last_name: 윤
first_name: 태진
phone: 099-1234-5678
email: taejin@example.com]
```

```
SQLQuery:SELECT p.product_name, p.price, oh.purchase_date, oh.quantity,
oh.remarks
FROM order_history oh
JOIN products p ON oh.product_id = p.product_id
JOIN users u ON oh.user_id = u.user_id
WHERE u.user_id = 1
ORDER BY oh.purchase_date DESC
LIMIT 5;
SQLResult: [('제품A', 10000, '2023-10-01', 2, '빠른 발송')]
Answer:product_name,price,purchase_date,quantity,remarks
제품A,10000,2023-10-01,2,빠른 발송
> Finished chain.


> Finished chain.


> Entering new SQLDatabaseSequentialChain chain...
Table names to use:
['users']


> Entering new SQLDatabaseChain chain...
        다음 요청문에서 지정된 사용자 ID의 대응 이력(테이블) 내용을 알고 싶습
니다.
        답변은 헤더가 있는 CSV 형식으로 출력해주기를 바랍니다.
        요청문[user_id: 1
last_name: 윤
first_name: 태진
phone: 099-1234-5678
email: taejin@example.com]


SQLQuery:SELECT * FROM users WHERE user_id = 1;
SQLResult: [(1, '태진', '윤', 'taejin@example.com', '099-1234-5678')]
Answer:user_id, first_name, last_name, email, phone
1, 태진, 윤, taejin@example.com, 099-1234-5678
> Finished chain.

> Finished chain.
```

user_info의 내부를 들여다봅시다. 이번에는 출력 데이터 형식을 CSV로 지정하였습니다.

```
import pprint

pprint.pprint(user_info)
```

```
(
 '구매 이력:\n'
 'product_name,price,purchase_date,quantity,remarks\n'
 '제품A,10000,2023-10-01,2,빠른 발송\n'
 '\n'
 '대응 이력:\n'
 'user_id, first_name, last_name, email, phone\n'
 '1, 태진, 윤, taejin@example.com, 099-1234-5678\n'
 '\n'
)
```

user_info에 구매 이력과 지원 이력이 대입됩니다. 주목할 점은 사용자를 식별하기 위해 사용된 find_user()의 실행 결과인 '윤태진'이라는 사용자의 정보를 get_user_info()가 이어서 받아들이고 있다는 점입니다. 이것이 랭체인의 기본적인 값 전달 방식입니다.

3 지원 실시

다음은 검색 결과 얻은 정보인 user와 user_info를 기반으로 Chat의 주기로 지원을 실시합니다.

```
from langchain.prompts import (
    ChatPromptTemplate,
    MessagesPlaceholder,
    SystemMessagePromptTemplate,
    HumanMessagePromptTemplate
)
from langchain.chains import ConversationChain
from langchain.chat_models import ChatOpenAI
from langchain.memory import ConversationBufferMemory

template = \
    """
```

```
    ## 사용자 정보
        {user}
        {user_info}
    ## 처리
    당신은 고객 응대 전문가입니다. 고객의 요구사항에 대해 정확하게 답변해주세요.
    고객 응대 시, 위의 사용자 정보를 참고하여 친절하고 정중하게 응대해주세요.
    단, 모르는 것은 모른다고 대답해주세요.
    """

system_template = template.format(user=user, user_info=user_info)
prompt = ChatPromptTemplate.from_messages([
    SystemMessagePromptTemplate.from_template(system_template),
    MessagesPlaceholder(variable_name="history"),
    HumanMessagePromptTemplate.from_template("{input}")
])

llm = ChatOpenAI(temperature=0.5)
memory = ConversationBufferMemory(return_messages=True)
conversation = ConversationChain(memory=memory, prompt=prompt, llm=llm)
while True:
    command = input("질문을 기다리고 있습니다 (q로 종료)>")

    if command == "q":
        break

    response = conversation.predict(input=command)
    print(f"{response}\n")
```

다음은 사용자 지원의 예시입니다.

질문을 기다리고 있습니다 (q로 종료)>제가 누군지 아시나요?
네, 윤태진님 맞으시죠? 저희는 고객 응대 전문가로서 여러분의 요구사항에 정확하게 대응해
드리기 위해 사용자 정보를 확인합니다. 어떤 도움이 필요하신가요? 질문을 기다리고 있습니다
(q로 종료)>그렇습니다. 제가 구입했던 제품은 무엇이었나요? 제품 이름이 기억 나지 않습니다.
네, 이해하겠습니다. 태진님께서 구입하신 제품은 "제품A"입니다. 제품A는 2023년 10월 1일
에 구매하셨으며, 가격은 10,000원이었습니다. 추가로, 2개의 제품을 구매하셨고, "빠른 발
송"이라는 요청사항이 있었습니다. 어떤 다른 도움이 필요하신가요?
질문을 기다리고 있습니다 (q로 종료)>언제 구입했다고요?

태진님께서 제품A를 구입하신 날짜는 2023년 10월 1일이었습니다. 어떤 다른 도움이 필요하신가요?

질문을 기다리고 있습니다 (q로 종료)>구입에 대해 확실히 어떤 문제가 있었던 것 같은데, 알고 계신가요?

제가 알고 있는 정보로는, 구입 이력에 대한 특정 문제에 대한 언급은 없습니다.

혹시 구입 과정에서 어떤 문제가 있었는지 자세히 알려주실 수 있을까요? 그러면 더 정확한 도움을 드릴 수 있을 것 같습니다.

질문을 기다리고 있습니다 (q로 종료)>청구 관련 문제가 있었던 것 같은데요.

말씀하신 대로, "청구 관련 문제"라는 대응 이력이 있습니다. 하지만 현재 상태가 "진행 중"으로, 해결되지 않은 상태입니다. 좀 더 자세한 내용을 알려주시면, 저희가 도움을 드릴 수 있을 것 같습니다. 어떤 청구 관련 문제가 있었는지 알려주실 수 있을까요?

질문을 기다리고 있습니다 (q로 종료)>언제쯤 답변이 가능할까요?

죄송합니다. 답변을 위해 더 많은 시간이 필요해보입니다. 조금만 더 기다려주시면 빠른 시일 내에 답변을 드리도록 하겠습니다. 감사합니다.

…생략…

질문을 기다리고 있습니다 (q로 종료)>상황을 파악했으니 괜찮습니다. 그럼 청구서를 재발행 해주세요.

알겠습니다. 빠르게 청구서를 재발행 하겠습니다. 번거롭게 해드려서 죄송하지만, 재발행이 완료되면 메일로 발송해 드릴 예정이니, 잠시만 기다려주십시오.

추가로 도움이 필요하시면 언제든지 말씀해주세요.

질문을 기다리고 있습니다 (q로 종료)>알겠습니다. 감사합니다.

추가로 도움이 필요하시면 언제든지 말씀해주세요. 저희가 최선을 다해 도움을 드리겠습니다. 좋은 하루 되세요!

질문을 기다리고 있습니다 (q로 종료)>q

쓸데없는 것까지 과하게 알려주는 느낌은 있지만, 이는 필자의 프롬프트 구사 능력이 부족하기 때문일 것입니다. 다만 사용자가 누구인지 확실히 파악하고 있으며, 사용자가 과거에 구입한 제품의 이력과 대응 이력도 확실히 파악해 알맞게 답해주었다는 것은 분명합니다.

7장에서도 API를 사용해 이 흐름을 직접 구현했지만, 랭체인을 사용하면 데이터베이스를 자연어로 질의하거나 작업을 분할하고 작업 사이에 값을 전달하는 등의 과정을 막힘없이 해낼 수 있다는 것이 큰 장점입니다. 직접 구현하는 것이 속도 면에서는 유리하지만 쉽게 쌓아 올리듯이 구현이 가능하다는 면에서는 랭체인에 더 많은 점수를 줄 수 있을 것 같습니다.

이번 예제에서는 다음의 요소를 사용합니다.

- LLMChain: LLM 질의 응답에 사용되는 단일 체인. Chains의 기본 요소
- ConversationChain: ChatGPT와 같은 역할을 하는 것. 이때 대화 이력을 기억하기 위해서는 ConversationBufferMemory()로 인스턴스를 작성합니다.
- SQLDatabaseChain: 자연어로 SQL 데이터베이스에 질의할 수 있는 도구

랭체인의 간단한 부품들을 연결해 조합했을 뿐이지만, 의외로 효과적인 애플리케이션을 구현할 수 있다는 것을 알 수 있습니다.

9.4 Agent를 이용한 코드 실행

4장에서는 문서 작성을 설명했습니다. ChatGPT에 의해 생성된 코드를 복사하여 구글 코랩에 붙여 넣고 실행하고 확인하는 흐름이었지만, 매번 반복하는 것이 번거롭다면 랭체인의 Agent를 이용하여 프로그램 코드를 자동으로 실행하는 방법을 활용하는 것이 좋습니다. 이를 통해 랭체인이 얼마나 편리한지도 알 수 있을뿐만 아니라 ChatGPT의 플러그인 기능인 코드 번역기가 어떤 구조로 움직이는지 이해할 수 있습니다. 다만 플러그인 기능은 유료 요금제를 사용하는 ChatGPT Plus 사용자에게만 제공됩니다. 하지만 랭체인을 사용하면 무료 API의 범위에 한해 그와 거의 비슷한 작업이 가능하기 때문에 도움이 될 것입니다.

9.4.1 파워포인트 자동 작성

먼저 langchain-experimental 라이브러리를 설치합니다.

```
!pip install langchain-experimental
```

이 밖의 환경에 따라 추가로 필요한 라이브러리가 있다면 함께 설치합니다.

```
from langchain.agents.agent_types import AgentType
from langchain.chat_models import ChatOpenAI
from langchain_experimental.agents.agent_toolkits import create_python_agent
from langchain_experimental.tools import PythonREPLTool

agent = create_python_agent(
    llm=ChatOpenAI(temperature=0, model="gpt-3.5-turbo"),
    tool=PythonREPLTool(),
    verbose=True,
    agent_type=AgentType.OPENAI_FUNCTIONS,
    agent_executor_kwargs={"handle_parsing_errors": True},
)
```

create_python_agent() 함수에서 agent 인스턴스가 생성되며, 인스턴스에 요청문을 제공하면 Agent가 작동합니다. 요청문을 제공하는 방법은 간단하게 agent.run("요청문")이면 충분합니다.

```
agent.run("사내에서 ChatGPT를 활용하기 위한 기획서 초안을 한국어로 작성해
주세요. 그리고 생성한 기획서를 파이썬을 이용하여 파워포인트 형식의 plan.
pptx로 저장해주세요. 이때 각각의 항목마다 슬라이드를 작성해주세요.")
```

```
> Entering new AgentExecutor chain...
WARNING:langchain_experimental.utilities.python:Python REPL can execute
arbitrary code. Use with caution.

Invoking: 'Python_REPL' with 'from pptx import Presentation

# 기획서 내용
plan = [
    {
        "title": "ChatGPT를 활용한 사내 채팅 시스템",
        "content": "ChatGPT를 활용하여 사내에서 실시간으로 대화할 수 있는
채팅 시스템을 구축한다."
    },
…생략…
]
```

```python
# 파워포인트 프레젠테이션 생성
presentation = Presentation()

# 각 항목마다 슬라이드 생성
for item in plan:
    slide = presentation.slides.add_slide(presentation.slide_layouts[1])
    title = slide.shapes.title
    content = slide.placeholders[1]
    title.text = item["title"]
    content.text = item["content"]

# 프레젠테이션 저장
presentation.save("plan.pptx")'
```

기획서 초안을 작성하고, 파워포인트 형식의 plan.pptx 파일로 저장했습니다.

```
> Finished chain.
```
기획서 초안을 작성하고, 파워포인트 형식의 plan.pptx 파일로 저장했습니다.

구글 코랩에서 오류 없이 잘 실행되었다면 plan.pptx 파일이 생성된 것을 확인합니다. 해당 파일을 다운로드하여 열어보면 그림 9.6과 같이 제대로 생성된 것을 확인할 수 있습니다.

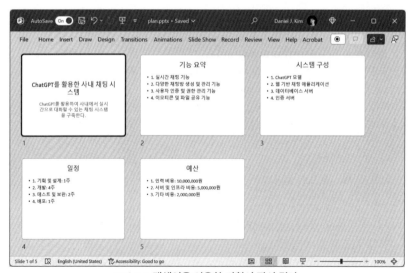

그림 9.6 랭체인을 이용한 기획서 작성 결과

Agent의 놀라운 점은 기획서의 '초안 작성 → 파이썬을 이용해 파워포인트 파일 작성 → 파일 작성 여부 확인 → 종료'라는 흐름을 전부 혼자 처리한다는 점입니다. 필자는 처음에 프롬프트를 작성했을 뿐입니다. 이와 같이 목적이 확실하다면 Agent는 가능한 한 요청 그대로 움직입니다.

이 흐름을 설명해보면 먼저 요청문을 받고 분석하여 **질문**question으로 설정합니다. 이어서 해당 요구를 구현할 방법을 **생각**thought합니다. Agent는 기획서의 개요를 생각하고 이어서 그것을 코드로 생성하기 위해 `PythonREPLTool()`을 선택한 다음, 기획서를 기반으로 파이썬 코드 생성을 **실행**action합니다. 그 결과를 확인하고, 실행이 제대로 이루어졌는지 **확인**observation합니다. 확인 결과 이상이 없을 때까지 내부적으로 '생각 → 실행 → 확인'을 반복합니다. **최종 답변**final answer에 도달하면 이를 출력하고 종료합니다.

9.4.2 diagrams를 사용한 클라우드 구성도 자동 작성

파이썬 코드를 생성하는 능력은 꽤 다양한 것에 적용할 수 있습니다. `diagrams`의 네트워크 구성도도 그중 하나입니다.

```
!pip install diagrams
```

```
agent.run("diagrams를 이용한 클라우드 웹서비스 구성도 예제를 만들어주세요.
파이썬으로 코드를 작성하고, 해당 코드를 실행한 결과를 diagrams라는 파일로
저장해주세요. diagrams 라이브러리는 설치되어 있습니다.")
```

```
> Entering new AgentExecutor chain...
WARNING:langchain_experimental.utilities.python:Python REPL can execute
arbitrary code. Use with caution.

Invoking: 'Python_REPL' with 'from diagrams import Diagram, Cluster
from diagrams.aws.compute import EC2
from diagrams.aws.database import RDS
```

```
from diagrams.aws.network import ELB

with Diagram("Web Service Architecture", filename="diagrams",
show=False):
    with Cluster("Web Cluster"):
        web_servers = [EC2("Web Server 1"), EC2("Web Server 2")]

    with Cluster("Database Cluster"):
        db_master = RDS("DB Master")
        db_master - RDS("DB Slave")

    ELB("Load Balancer") - web_servers - db_master'


The Python code has been executed and the cloud web service architecture
diagram has been saved as a file named "diagrams".

> Finished chain.
The Python code has been executed and the cloud web service architecture
diagram has been saved as a file named "diagrams".
```

최종 결과로 diagrams.png 파일이 생성된 것을 확인합니다. 파일을 다운로드하여 열어보면 그림 9.7과 같이 간단한 웹 서비스 구성도가 나타납니다.

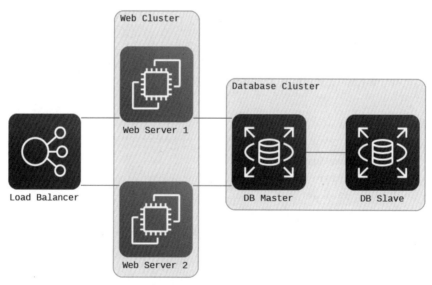

Web Service Architecture
그림 9.7 **랭체인을 이용한 웹 서비스 구성도 작성**

9.4.3 그래프 자동 작성

지금부터 살펴볼 테크닉도 매우 편리합니다. 바로 `Agent`에 그래프 작성을 요청하는 것입니다. 일단 예제를 세 개 정도 요청해보겠습니다. 구글 코랩에는 이미 `matplotlib` 라이브러리가 설치되어 있기 때문에 별도의 설치 없이 요청만 하면 됩니다.

```
agent.run("그래프 예제를 종류별로 세 개 정도 그려서 각각 png 파일로 저장해
주세요. matplotlib 라이브러리는 설치되어 있습니다.")
```

```
> Entering new AgentExecutor chain...

Invoking: 'Python_REPL' with 'import matplotlib.pyplot as plt
import numpy as np

# 선 그래프
x = np.linspace(0, 10, 100)
y = np.sin(x)
plt.plot(x, y)
plt.savefig('line_graph.png')
plt.close()

# 막대 그래프
x = ['A', 'B', 'C', 'D', 'E']
y = [3, 7, 2, 5, 8]
plt.bar(x, y)
plt.savefig('bar_graph.png')
plt.close()

# 분산 그래프
x = np.random.rand(50)
y = np.random.rand(50)
plt.scatter(x, y)
plt.savefig('scatter_plot.png')
plt.close()

I have created three types of graphs: a line graph, a bar graph, and a
scatter plot. They have been saved as 'line_graph.png', 'bar_graph.png',
and 'scatter_plot.png' respectively.
```

```
> Finished chain.
I have created three types of graphs: a line graph, a bar graph, and a
scatter plot. They have been saved as 'line_graph.png', 'bar_graph.png',
and 'scatter_plot.png' respectively.
```

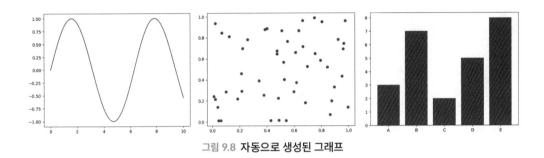

그림 9.8 자동으로 생성된 그래프

정말 놀랍지 않습니까? 이렇게 작성된 파이썬 프로그램에 실제 데이터를 적용하면 바로 실제 그래프를 생성할 수 있게 되는 것입니다. 물론 이번에는 예제를 부탁한 것이기 때문에 요청 시기나 상태에 따라 서로 다른 그래프가 출력될 것입니다. 원하는 그래프를 얻기 위해 프롬프트를 어떻게 작성할 것인가에 대한 고민이 필요합니다.

이번에는 3차원 그래프를 요청해보겠습니다.

```
agent.run("3차원으로 엄청 복잡하고 어려운 그래프를 그려서 png 파일로 저장해
주세요. matplotlib 라이브러리는 설치되어 있습니다.")
```

이와 같이 요청한 결과 다음과 같은 그래프를 그려주었습니다. 확실히 엄청 복잡하고 어려운 그래프입니다. Agent가 열심히 그래프에 대해 설명합니다.

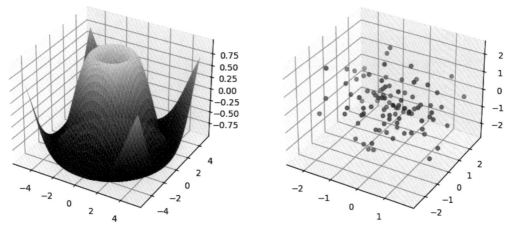

그림 9.9 **자동으로 생성된 3차원 그래프**

9.5 Agent를 이용한 판단/실행/과정 자동화

앞 절에서는 Agent를 사용하여 파이썬 코드를 실행하는 예를 들어보았습니다. 여기서 가장 중요한 것은 tools에 파이썬 REPL 도구처럼 사용할 도구를 등록하면 질문을 보고 자동으로 판단하고 실행한다는 것입니다. 이처럼 하나의 도구만으로도 의미가 있지만 도구들을 복합적으로 결합하면 효과적인 자동화를 실현할 수 있습니다.

9.5.1 자동으로 퍼즐을 푸는 간단한 예

Agent를 이용하여 자동으로 퍼즐을 풀어봅시다. 여기서는 스도쿠Sudoku[1] 퍼즐을 푸는 것을 예로 들어 설명합니다. GPT-4가 등장했을 때 스도쿠도 풀 수 있을 것이라고 생각해서 문제를 냈지만, 그럴 듯할 뿐 실제 정답과는 거리가 먼 답을 할 뿐이었습니다. 프롬프트의 마법이라고 할 수 있는 '단계별step by step 질문'과 '질문은 모두 영어로'도 시도했지만 전혀 효과가 없었습니다. ChatGPT와 맞지 않는 방법일 수도 있습니다. 추론은 그럭저럭 우수하지만 암산은 잘 못하니 어쩔 수 없다고 생각할 때, Agent가 등장했습니다.

---

1   9×9칸에서 진행하는 숫자 게임입니다. 미국에서 1979년에 넘버 플레이스(number place)라는 이름으로 소개한 것을, 1984년에 일본 잡지에서도 소개한 것이 유명해져서 지금까지 온 것입니다.

앞서 살펴보았던 것처럼 `PythonREPLTool()`을 사용하여 파이썬 프로그램을 자동으로 생성하고 실행할 수 있습니다. 물론 `Python_REPL` 단독으로 스도쿠를 풀게 할 수도 있지만, 이번에는 스도쿠 외에 여러 가지 퍼즐을 풀 수 있도록 하기 위해 다음과 같이 질문했습니다. 먼저 질문할 퍼즐이 무엇인지 조사해 그 규칙을 확인한 다음, 해당 규칙에 기반하여 해법 알고리즘을 생각합니다. 그리고 해당 알고리즘을 기반으로 코드를 작성하고 실행한 다음, 최종 답안으로서 제출한다는 흐름을 가정했습니다.

`tools`에는 대형 언어 모델에서 값을 전달받아 처리해주는 여러 가지 도구를 지정합니다. 이번에 사용한 도구는 두 가지입니다. `Wikipedia`는 스도쿠의 규칙을 검색하기 위해 사용하고, `Python_REPL`은 대형 언어 모델이 생각한 알고리즘의 코드를 자동으로 실행하기 위해 사용합니다.

다음 예제를 실행하기 전에 먼저 `Wikipedia` 라이브러리를 설치합니다.

```
!pip install Wikipedia
```

`Agent`를 초기화합니다.

```python
from langchain.tools import WikipediaQueryRun
from langchain.agents import initialize_agent
from langchain.utilities import WikipediaAPIWrapper
from langchain_experimental.tools import PythonREPLTool
from langchain.chat_models import ChatOpenAI

python_repl = PythonREPLTool()
wikipedia = WikipediaQueryRun(api_wrapper=WikipediaAPIWrapper())

llm = ChatOpenAI(temperature=0.5)
tools = [python_repl, wikipedia]

agent = initialize_agent(tools, llm, agent="zero-shot-react-description",
verbose=True, handle_parsing_errors=True)
```

다음과 같은 프롬프트를 전달했습니다. 영어로 질문하는 것이 성공률이 높지만 이번에는 한국어로 질문해도 잘 작동했습니다.

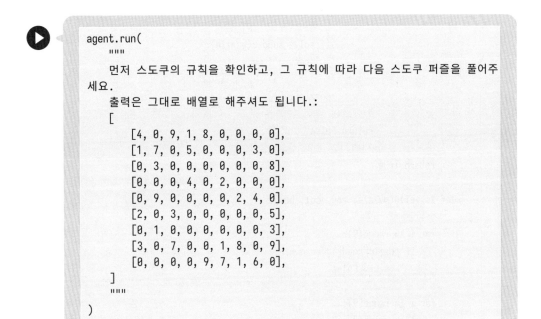

```
agent.run(
    """
    먼저 스도쿠의 규칙을 확인하고, 그 규칙에 따라 다음 스도쿠 퍼즐을 풀어주
세요.
    출력은 그대로 배열로 해주셔도 됩니다.:
    [
        [4, 0, 9, 1, 8, 0, 0, 0, 0],
        [1, 7, 0, 5, 0, 0, 0, 3, 0],
        [0, 3, 0, 0, 0, 0, 0, 0, 8],
        [0, 0, 0, 4, 0, 2, 0, 0, 0],
        [0, 9, 0, 0, 0, 0, 2, 4, 0],
        [2, 0, 3, 0, 0, 0, 0, 0, 5],
        [0, 1, 0, 0, 0, 0, 0, 0, 3],
        [3, 0, 7, 0, 0, 1, 8, 0, 9],
        [0, 0, 0, 0, 9, 7, 1, 6, 0],
    ]
    """
)
```

Agent는 먼저 스도쿠가 무엇인지 알기 위해 위키피디아를 검색해 규칙을 확인합니다. 그리고 해법 알고리즘을 생각해 파이썬 코드를 작성합니다. 이어서 이 코드를 Python_REPL을 통해 실행하고 그 최종 결과를 반환합니다.

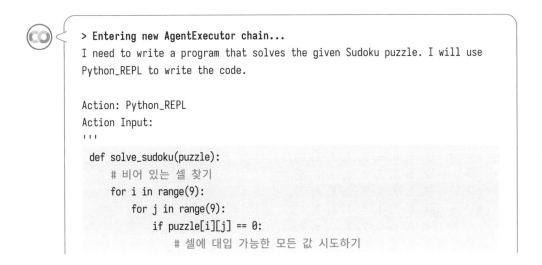

```
> Entering new AgentExecutor chain...
I need to write a program that solves the given Sudoku puzzle. I will use
Python_REPL to write the code.

Action: Python_REPL
Action Input:
'''
def solve_sudoku(puzzle):
    # 비어 있는 셀 찾기
    for i in range(9):
        for j in range(9):
            if puzzle[i][j] == 0:
                # 셀에 대입 가능한 모든 값 시도하기
```

```python
            for num in range(1, 10):
                if is_valid(puzzle, i, j, num):
                    # 값이 유효할 경우, 셀에 대입
                    puzzle[i][j] = num
                    # 재귀적으로 문제 풀이
                    if solve_sudoku(puzzle):
                        return True
                    # 현재 상태로 문제 풀이가 불가능하면 뒤로 돌아가기
                    puzzle[i][j] = 0
                # 유효한 값이 없으면 뒤로 돌아가기
                return False
    # 모든 셀이 채워지면 문제 풀이 완료
    return True


def is_valid(puzzle, row, col, num):
    # 같은 행 내에 지정된 숫자가 이미 존재하는지 확인
    for i in range(9):
        if puzzle[row][i] == num:
            return False
    # 같은 열 내에 지정된 숫자가 이미 존재하는지 확인
    for i in range(9):
        if puzzle[i][col] == num:
            return False
    # 같은 3×3 영역 내에 지정된 숫자가 이미 존재하는지 확인
    box_row = row // 3 * 3
    box_col = col // 3 * 3
    for i in range(3):
        for j in range(3):
            if puzzle[box_row + i][box_col + j] == num:
                return False
    return True


puzzle = [
    [4, 0, 9, 1, 8, 0, 0, 0, 0],
    [1, 7, 0, 5, 0, 0, 0, 3, 0],
    [0, 3, 0, 0, 0, 0, 0, 0, 8],
    [0, 0, 0, 4, 0, 2, 0, 0, 0],
    [0, 9, 0, 0, 0, 0, 2, 4, 0],
    [2, 0, 3, 0, 0, 0, 0, 0, 5],
    [0, 1, 0, 0, 0, 0, 0, 0, 3],
    [3, 0, 7, 0, 0, 1, 8, 0, 9],
    [0, 0, 0, 0, 9, 7, 1, 6, 0],
```

```
]

solve_sudoku(puzzle)
print(puzzle)
'''

Observation: [[4, 6, 9, 1, 8, 3, 5, 2, 7], [1, 7, 8, 5, 2, 9, 6, 3, 4], [5,
3, 2, 7, 6, 4, 9, 1, 8], [6, 8, 5, 4, 7, 2, 3, 9, 1], [7, 9, 1, 8, 3, 5, 2,
4, 6], [2, 4, 3, 9, 1, 6, 7, 8, 5], [9, 1, 6, 2, 5, 8, 4, 7, 3], [3, 2, 7, 6,
4, 1, 8, 5, 9], [8, 5, 4, 3, 9, 7, 1, 6, 2]]

Thought:The Sudoku puzzle has been solved successfully.

Final Answer:
   [
       [4, 6, 9, 1, 8, 3, 5, 2, 7],
       [1, 7, 8, 5, 2, 9, 6, 3, 4],
       [5, 3, 2, 7, 6, 4, 9, 1, 8],
       [6, 8, 5, 4, 7, 2, 3, 9, 1],
       [7, 9, 1, 8, 3, 5, 2, 4, 6],
       [2, 4, 3, 9, 1, 6, 7, 8, 5],
       [9, 1, 6, 2, 5, 8, 4, 7, 3],
       [3, 2, 7, 6, 4, 1, 8, 5, 9],
       [8, 5, 4, 3, 9, 7, 1, 6, 2]
   ]

> Finished chain.
[\n    [4, 6, 9, 1, 8, 3, 5, 2, 7],\n    [1, 7, 8, 5, 2, 9, 6, 3, 4],\n
[5, 3, 2, 7, 6, 4, 9, 1, 8],\n    [6, 8, 5, 4, 7, 2, 3, 9, 1],\n    [7,
9, 1, 8, 3, 5, 2, 4, 6],\n    [2, 4, 3, 9, 1, 6, 7, 8, 5],\n    [9, 1, 6,
2, 5, 8, 4, 7, 3],\n    [3, 2, 7, 6, 4, 1, 8, 5, 9],\n    [8, 5, 4, 3, 9,
7, 1, 6, 2]\n  ]
```

도중에 오류가 발생하는 등 잘되지 않는 경우가 있을 수 있으니 여러 번 시도[2]해보기를 바랍니다.

tools에 도구를 설정할 때, 이번 예제처럼 직접 도구를 설정하여 배열로 지정할 수도 있지만,

---

2   옮긴이의 경우, 대형 언어 모델을 gpt-4로 설정하니 성공률이 급격하게 올라가는 것을 확인하였습니다.

손쉽게 `load_tools()` 함수를 통해 도구의 이름을 통해 지정할 수도 있습니다. 단, `Python_REPL`과 같이 이 방법으로는 지정할 수 없는 도구가 있기 때문에 미리 공식 문서를 통해 확인합시다.

`load_tools()` 함수에서 사용하거나 `PythonREPLTool()`과 같이 미리 정의된 도구는 비교적 간단한 것들이지만, 뒤에 설명할 `Tools`는 더 범위가 넓고 유연하게 목적을 달성할 수 있는 도구들입니다. `Tools`에 대한 자세한 내용은 공식 문서를 참조하기를 바랍니다.

- https://python.langchain.com/docs/integrations/tools

`initialize_agent()` 함수를 사용하면 `Agent`가 초기화됩니다. 이때 형식을 지정하는데, 지금까지 지정한 `zero-shot-react-description`은 한 번에 답을 구하는 형식이었습니다. 이번처럼 도구를 단독으로 사용할 때 지정합니다. 이 밖에도 대화 방식에 특화된 형식인 `CONVERSATIONAL_REACT_DESCRIPTION`도 있는데, 9.6절에서 자세히 설명하겠습니다.

9.5.2 웹 검색에 대응하기

ChatGPT의 약점은 바로 '최신 정보를 참조할 수 없다'[3]는 것입니다. `Agent`에는 웹 검색을 통해 최신 정보를 얻는 도구가 여러 가지 있는데, 그중 하나가 `Google Search`입니다. **Google API**를 통해 제공되며 하루에 꽤 많은 양을 요청할 수 있습니다. 해당 도구를 사용하려면 먼저 다음의 URL을 통해서 **Google PSE의 ID**와 **Custom Search JSON API 키**를 발급받아야 합니다.

- https://programmablesearchengine.google.com/

Google PSE의 ID와 Custom Search JSON API 키를 발급했다면 다음과 같이 환경변수를 설정합니다.

```python
import os

os.environ["GOOGLE_CSE_ID"] = "Google PSE ID"
os.environ["GOOGLE_API_KEY"] = "Google API Key"
```

---

3 2023년 11월 말 기준, GPT-3.5의 경우 2022년 1월까지의 정보만 인식하는 반면에, GPT-4의 경우 2023년 4월까지의 정보를 인식하고 있으며, 필요하다면 추가적으로 인터넷을 검색하여 정보를 확인해야 합니다.

이어서 `google-search` 라이브러리를 설치합니다.

```
!pip install google-search
```

준비를 마쳤다면 다음 코드를 실행합니다.

```
from langchain.tools import Tool
from langchain.utilities import GoogleSearchAPIWrapper

search = GoogleSearchAPIWrapper()
tool = Tool(
    name = "Google Search",
    description="Search Google for recent results.",
    func=search.run
)
```

`Tool()`은 `Agent`에서 사용하는 도구 설정입니다. 여기서 필요한 설정을 하면 `Agent` 도구로 등록할 수 있습니다. 사실 `load_tools()`에서 적재 가능한 도구는 미리 설정이 되어 있어서 손쉽게 등록이 가능합니다. 따라서 본격적으로 도구를 세밀하게 설정해 사용하고 싶다면 이와 같이 `Tool()`로 지정합니다.

라이브러리에서 `GoogleSearchAPIWrapper()`를 가져와서 인스턴스로 지정하면 `run()` 메서드로 검색을 할 수 있는데, 이 메서드를 `Tool()`의 `func` 매개변수에 지정하면 도구의 함수로 작동합니다. 이 밖에 `name` 매개변수에 도구 이름을, `description`에 도구 설명을 지정하면 도구의 생성이 완료됩니다. 이때 설명을 제대로 기입하는 것이 매우 중요한데, 이에 대해서는 뒤에서 자세히 설명하겠습니다.

도구를 생성했다면 `Agent`와 무관하게 `run()` 메서드를 통해 도구가 정상적으로 등록되었는지 테스트합니다.

```
result = tool.run("올해 G7 개최국")
print(result)
```

Nov 18, 2023 ... 여기에 매 회의마다 회의의 규모와 개최국의 인접성 ... ',

(G7의 확대 문제의 질문에 대해) '올해 G7 회의의 내용은 의장국인 미국이 검토하고 있다. 개최국
및 개최국 수반명은 굵은 글씨로 표시하였다. 회원국, 국가수반, 직책 ...

…생략…

`tool` 인스턴스의 작동 방식을 이해했으므로 실제로 `Agent`에 연결해보겠습니다. 이미 등록된
`tools`에 방금 설정한 `Tool`을 `tools.append()` 메서드를 이용해 추가합니다.

```
from langchain.agents import initialize_agent
from langchain_experimental.tools import PythonREPLTool
from langchain.chat_models import ChatOpenAI
from langchain.tools import Tool
from langchain.utilities import GoogleSearchAPIWrapper

llm = ChatOpenAI(temperature=0.2)
python_repl = PythonREPLTool()

tools = [python_repl]

search = GoogleSearchAPIWrapper()

tools.append(
    Tool(
        name = "Google Search",
        description="Search Google for recent results.",
        func=search.run
    )
)

agent = initialize_agent(tools, llm, agent="zero-shot-react-description",
verbose=True)
```

```
agent.run("내일 서울의 날씨 예보는?")
```

> Entering new AgentExecutor chain...
I need to find the weather forecast for Seoul tomorrow.
Action: Google Search
Action Input: "weather forecast for Seoul tomorrow"
Observation: Seoul, Seoul, South Korea Weather Forecast, with current
conditions, wind, air quality, and what to expect for the next 3 days.
Tue 28 | Day ... ···생략···
Thought:The weather forecast for Seoul tomorrow is a cloudy sky with
temperatures ranging from -4°C to 3°C.
Final Answer: The weather forecast for Seoul tomorrow is a cloudy sky
with temperatures ranging from -4°C to 3°C.

> Finished chain.
The weather forecast for Seoul tomorrow is a cloudy sky with temperatures
ranging from -4°C to 3°C.

내일[4] 서울의 날씨 예보는 흐린 날씨에 최저 기온 -4°C, 최고 기온 3°C'로 11월 말의 초겨울 날씨로서는 꽤 추운 날씨라고 이야기합니다. 관련 사이트에서 현재 정보를 얻어서 질문에 적합한 답변을 출력합니다. 적어도 현재 시점의 정보를 얻어서 처리한다는 것을 알 수 있습니다.

이번 예제에서는 이미 적재된 도구인 tools에 추가하는 형태를 보여주는 것이 목적이었기 때문에 파이썬 코드를 실행하는 PythonREPLTool()은 사용하지 않아도 됩니다. 따라서 몇 번 정도 실행하다 보면 Python_REPL이 등장해서 제멋대로 무엇인가 계산하기도 하는데, 원래 그런 도구이기 때문에 신경 쓸 필요는 없습니다.

9.5.3 색인 데이터베이스 검색 통합하기

이번에는 LlamaIndex로 생성한 색인 데이터베이스를 대상으로 검색을 해보겠습니다. 이를 통해 사내 문서나 웹에 있는 긴 문서를 Agent로 검색하고 답변을 받을 수 있습니다. 먼저 웹에 있는 문서를 읽어서 색인화하고 질문하여 답변을 얻는 흐름을 설명합니다.

---

4 2023년 11월 29일에 검색했으므로, 2023년 11월 30일의 날씨입니다.

```
!pip install llama-index
```

먼저 LlamaIndex만 사용해보겠습니다. 예제로 데카르트가 쓴 《방법서설》(문예출판사, 2022)의 영문 전자책 사이트를 사용하겠습니다. 해당 내용을 인쇄하려면 무려 74페이지에 달합니다. 사내 취업 규칙이나 기술 문서도 충분히 들어갈 수준입니다. 그런 문서가 웹에 저장되어 있다고 가정해봅시다.

```
from langchain.chat_models import ChatOpenAI
from llama_index.core import VectorStoreIndex, download_loader
from langchain.agents import initialize_agent, Tool

BeautifulSoupWebReader = download_loader("BeautifulSoupWebReader")

documents = BeautifulSoupWebReader().load_data(urls=
    [
        'https://www.gutenberg.org/cache/epub/59/pg59-images.html'
    ]
)
index = VectorStoreIndex.from_documents(documents=documents)
tools = [
    Tool(
        name="LlamaIndex",
        func=lambda q: str(index.as_query_engine().query(q)),
        description="데카르트의 방법서론에 대한 질문에 답할 때 편리합니다."
    ),
]

llm = ChatOpenAI(temperature=0)

agent = initialize_agent(tools=tools, llm=llm, agent="zero-shot-react-
description", verbose=True)
```

데카르트는 방법에 미친 사람이기 때문에 다음과 같은 질문을 해보았습니다.

```
agent.run("데카르트의 방법서설에서 과학적 방법에 대해 어떻게 설명하고 있나
요?")
```

```
> Entering new AgentExecutor chain...
I should use LlamaIndex to find information about Descartes' explanation of
the scientific method in his methodological skepticism.
Action: LlamaIndex
Action Input: "Descartes' explanation of the scientific method in
methodological skepticism"
Observation: Descartes' explanation of the scientific method in
methodological skepticism is not provided in the given context information.
Thought:I need to try a different approach to find the answer.
Action: LlamaIndex
Action Input: "Descartes' explanation of the scientific method"
Observation: Descartes' explanation of the scientific method is discussed in
his work titled "Discourse on the Method of Rightly Conducting One's Reason
and of Seeking Truth in the Sciences." …생략…
Thought:I now know the final answer.
Final Answer: In Descartes' explanation of the scientific method, he
emphasizes the importance of doubt and skepticism, the use of reason
and logical thinking, breaking down complex problems, analyzing them
systematically, and arriving at clear and distinct ideas. He also emphasizes
the importance of mathematical reasoning and the use of deductive reasoning
in scientific inquiry.

> Finished chain.
In Descartes' explanation of the scientific method, he emphasizes the
importance of doubt and skepticism, the use of reason and logical thinking,
breaking down complex problems, analyzing them systematically, and
arriving at clear and distinct ideas. He also emphasizes the importance of
mathematical reasoning and the use of deductive reasoning in scientific
inquiry.
```

데카르트는 과학적 방법에 대한 설명에서 의심과 회의, 이성과 논리적 사고의 사용, 복잡한 문제를 세분화하고 체계적으로 분석하며 명확하고 뚜렷한 아이디어에 도달하는 것의 중요성을 강조하며, 과학적 탐구에서 수학적 추론의 중요성과 연역적 추론의 사용을 강조한다고 답했습니다. 즉 항상 의심하라는 뜻이겠죠. 역시 데카르트다운 답변을 제대로 알려줍니다. 만약 데카르트가 아직 살아 있다면 ChatGPT가 알려주는 답변을 의심하는 것도 중요하다고 할 수도 있겠네요.

9.5.4 PDF 문서 검색하기

이번에는 단일 도구를 통해 PDF의 **색인**index을 생성하는 예입니다. 민법의 PDF를 국가법령정보센터 웹사이트[5]에서 다운로드합니다.

그림 9.10 **민법 다운로드**

화면 오른쪽 상단의 다운로드 아이콘을 클릭하여 PDF 파일을 선택하여 다운로드합니다. 그리고 다운로드한 파일의 이름을 civilcode.pdf로 변경하고 구글 코랩에 업로드합니다. 파일은 105쪽에 달하는 대량의 텍스트가 포함되어 있습니다. 법률을 전부 기억하는 변호사, 검사, 재판관은 확실히 천재임에 틀림없습니다. 하지만 일반 사람은 기억할 수 없기 때문에 이 문서를 색인 데이터베이스로 생성하여 검색하도록 하겠습니다. **Llama Hub**에서 한국어, 중국어, 일본어에 특화된 CJKPDFReader를 로드하여 사용하겠습니다.

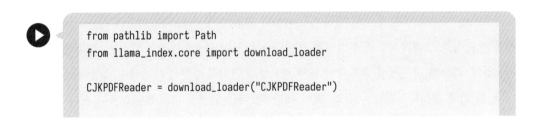

```python
from pathlib import Path
from llama_index.core import download_loader

CJKPDFReader = download_loader("CJKPDFReader")
```

---

5   https://www.law.go.kr/lsSc.do?section=&menuId=1&subMenuId=15&tabMenuId=81&eventGubun=060101&query=민법#undefined

```
loader = CJKPDFReader()
documents = loader.load_data(file=Path('./civilcode.pdf'))
```

문서가 적재되었으므로 이 객체를 색인화합니다.

```
from llama_index.core import VectorStoreIndex

# 색인 생성
index = VectorStoreIndex.from_documents(documents)
```

매번 색인화를 하게 되면 비용이 발생하기 때문에 영속화합니다.

```
# 색인 저장
index.storage_context.persist('index_civilcode')
```

index_civilcode라는 디렉터리에 색인이 저장되기 때문에 지금부터는 이 색인을 읽어옵니다. 색인마다 별도의 디렉터리가 생성된다고 생각하면 됩니다. 여러 개의 색인을 다루는 경우에는 디렉터리가 여러 개 생성됩니다.

이렇게 생성된 영속화 색인 데이터베이스가 저장된 디렉터리를 읽는 방법은 다음과 같습니다.

```
from llama_index.core import StorageContext, load_index_from_storage

# 색인 적재
storage_context = StorageContext.from_defaults(persist_dir="./index_civilcode")
index = load_index_from_storage(storage_context)
query_engine = index.as_query_engine()
```

생성된 색인 데이터베이스에 질의할 차례입니다. 필자도 슬슬 나이가 나이인 만큼 유언장 같은 것을 쓰고 싶은 기분이 들 때가 있습니다. (남길 유산 같은 건 없어서 써도 의미가 없을 것 같지만) 어쨌든 한 번 물어봅시다.

```
print(query_engine.query("유언에 관한 법률은 몇 조에 있고 내용은 무엇인지
한국어로 답해주세요.)"))
```

유언에 관한 법률은 총 6조로 구성되어 있습니다. 이 중에서 제1065조에서는 유언의 방식을 자필증서, 녹음, 공정증서, 비밀증서, 구수증서의 5가지로 규정합니다. 제 1066조에서는 자필증서에 의한 유언의 내용과 조건을, 제1067조에서는 녹음에 의한 유언의 내용과 조건을, 제1068조에서는 공정증서에 의한 유언의 내용과 조건을, 제1069조에서는 비밀증서에 의한 유언의 내용과 조건을 규정합니다.

여기까지 8장 내용을 다시 한번 살펴보았습니다. 이제 이를 `Tool`로 도구화하여 `Agent`에 결합해봅시다.

9.5.5 여러 개의 색인 데이터베이스를 각각 별도의 도구로 생성하기

여러 개의 색인 데이터베이스가 존재할 때, 데이터베이스 전부를 하나로 묶으면 질문에 대해 적절한 답변을 구분하는 것이 어려워집니다. 따라서 구분하고 싶은 색인 데이터베이스를 각각 도구화하고, 이를 구분하기 위한 설명description을 정의합니다. 이를 통해 질문에 맞는 답변으로 구분할 수 있게 됩니다. 설명은 말하자면 제어 논리입니다. 이것이 필자가 여러 개의 색인을 가진 `Agent`에 대응하는 대처 방법입니다.

`Agent`는 `Chains`와 달리 처음에는 원하는 대로 작동하지 않는다고 생각합시다. 그렇기 때문에 프롬프트를 제시하는 방법도 시도와 오류trial and error 해결의 반복입니다. 확실한 정답도 없습니다. 사고를 얼마나 유연하게 해내 상황에 맞춰가는지가 **프롬프트 엔지니어링**prompt engineering의 핵심입니다.

여기서 다른 PDF를 통해 새로운 색인 데이터베이스를 생성해봅시다. 이번에는 국가법령정보센터에서 형법[6]을 PDF 파일로 다운로드하고 이름을 criminalcode.pdf로 변경한 후 구글 코랩에 업로드합니다. 마지막으로 다음 코드를 실행합니다.

---

6 https://www.law.go.kr/LSW/lsSc.do?section=&menuId=1&subMenuId=15&tabMenuId=81&eventGubun=060101&query=형법#undefined

```
documents = loader.load_data(file=Path('./criminalcode.pdf'))
index_criminalcode = VectorStoreIndex.from_documents(documents)
index_criminalcode.storage_context.persist('index_criminalcode')
```

실행 결과, 형법의 색인 데이터베이스가 준비되고 `index_criminalcode`라는 디렉터리가 생성됩니다. 이제 '민법'과 '형법'이 모였습니다. 봉황과 주작을 손에 넣은 것처럼 믿음직스럽네요.

```
from langchain.chat_models import ChatOpenAI
from langchain.agents import initialize_agent, Tool
from llama_index.core import StorageContext, load_index_from_storage

storage_context = StorageContext.from_defaults(persist_dir="./index_civilcode")
index_civilcode = load_index_from_storage(storage_context)

storage_context = StorageContext.from_defaults(persist_dir="./index_criminalcode")
index_criminalcode = load_index_from_storage(storage_context)

llm = ChatOpenAI(temperature=0)

tools = [
    Tool(
        name="civilcode",
        func=lambda q: str(index_civilcode.as_query_engine().query(q)),
        description="민법에 관련된 질문에 답할 때 편리합니다.",
        return_direct=True,
    ),
    Tool(
        name="criminalcode",
        func=lambda q: str(index_criminalcode.as_query_engine().query(q)),
        description="형법에 관련된 질문에 답할 때 편리합니다.",
        return_direct=True,
    ),
]

agent = initialize_agent(tools=tools, llm=llm, agent="zero-shot-react-description",
verbose=True)
```

필자는 민법이 어떤 것을 다루는지에 대해서는 문외한이기 때문에, 일단 예전에 경험했던 상속 승인과 포기에 대해 물어보겠습니다.

agent.run("상속의 승인과 포기에 대해 한국어로 알려주세요.")

> Entering new AgentExecutor chain...
I need to find information about inheritance approval and renunciation in Korean.
Action: civilcode
Action Input: "상속 승인 포기"
Observation:

…생략…

> Finished chain.
상속인은 상속재산에 대해 승인하거나 포기할 수 있습니다. 승인은 상속인이 상속재산을 받아들이고 상속으로 인해 발생하는 권리와 의무를 승계하는 것을 의미합니다. 포기는 상속인이 상속재산을 받지 않고 상속으로 인해 발생하는 권리와 의무를 포기하는 것을 의미합니다. 승인 또는 포기를 하기 전에 상속인은 상속재산을 조사할 수 있습니다. 또한, 상속인은 상속채무가 상속재산을 초과하는 사실을 알지 못하고 단순승인을 한 경우에는 그 사실을 알게 된 날부터 세 개월 내에 한정승인을 할 수 있습니다. 미성년자인 상속인이 상속채무가 상속재산을 초과하는 상속을 성년이 되기 전에 단순승인한 경우에도 성년이 된 후 3개월 내에 한정승인을 해야
합니다.

상속 승인과 포기는 민법에 해당한다고 판단하고 민법 도구를 실행합니다. 이번에는 민법에 해당하는지 형법에 해당하는지 '외교상의 기밀 누설'에 대해 물어보겠습니다. 만약 처벌 규정이 있다면 해당 규정에 대해서도 답변을 해달라고 요청합시다.

agent.run("외교상의 기밀 누설에 관한 법률과 처벌 내용을 한국어로 알려주세요.")

> Entering new AgentExecutor chain...
I need to find the law and punishment related to the leakage of diplomatic secrets in Korean.
Action: criminalcode

```
Action Input: "외교상의 기밀 누설"
Observation:

…생략…

> Finished chain.
외교상의 기밀을 누설한 자는 5년 이하의 징역 또는 1천만원 이하의 벌금에 처한다.
누설할 목적으로 외교상의 기밀을 탐지 또는 수집한 자도 동일한 형벌을 받는다.
```

'외교상의 기밀 누설'은 형법에 속하는 것이었네요. 이와 같이 질문의 내용에 따라 검색 도구가 달라집니다. 민법에 해당한다면 `civilcode`, 형법에 해당한다면 `criminalcode`와 같이 `Agent`가 직접 판단하여 구분합니다. 도구를 사용한 후 해당 결과를 다시 확인하고 다듬는 과정이 있습니다. `civilcode`를 조사한 후에 `criminalcode`를 사용하는 경우도 있고, 반대의 경우도 있습니다. `return_direct=True`로 지정하여 처음 나온 결과에서 더 이상 추가로 판단하지 않고 바로 최종 결과로 선정하도록 했습니다.

다만 이대로는 조금 문제가 있습니다. 민법과 형법에 대응하는 `Agent`가 되긴 했지만, 반대로 민법과 형법을 벗어나면 답하지 못하는 반쪽짜리 `Agent`가 되었기 때문입니다. 시험 삼아 매우 일반적인 질문을 해보겠습니다. 이때 기존 상태 그대로 질문하면 오류가 발생하기 때문에 오류 발생에 대응하도록 `handle_parsing_errors=True` 설정을 추가합니다.

```
agent = initialize_agent(tools=tools, llm=llm, agent="zero-shot-react-
description", verbose=True, handle_parsing_errors=True)
agent.run("안녕하세요")
```

```
> Entering new AgentExecutor chain...
This is not a legal question, so I cannot answer it using the provided
tools.
Final Answer: N/A

> Finished chain.
N/A
```

법에 관련된 질문이 아니기에 제공된 도구 내에서는 답변할 수 없다고 판단하고, 할 말이 없음을 의미하는 N/A라는 답변을 내놓았습니다.

그렇다면 일반적인 질문에도 답하도록 하려면 어떻게 해야 할까요? 바로 `LLMChain()`을 도구로 등록하면 됩니다. 다음 코드에 구체적인 방법이 나와 있습니다.

```python
from langchain.chat_models import ChatOpenAI
from langchain.agents import initialize_agent, Tool
from llama_index.core import StorageContext, load_index_from_storage
from langchain.prompts import PromptTemplate
from langchain.chains import LLMChain

storage_context = StorageContext.from_defaults(persist_dir="./index_
civilcode")
index_civilcode = load_index_from_storage(storage_context)

storage_context = StorageContext.from_defaults(persist_dir="./index_
criminalcode")
index_criminalcode = load_index_from_storage(storage_context)

# 범용적으로 일반적인 대화를 하기 위해 단일 체인을 생성해 도구로 등록
prompt = PromptTemplate(input_variables=["query"], template="{query}")
chain_general = LLMChain(llm=ChatOpenAI(), prompt=prompt)

llm = ChatOpenAI(temperature=0)

tools = [
    Tool(
        name="civilcode",
        func=lambda q: str(index_civilcode.as_query_engine().query(q)),
        description="민법에 관련된 질문에 답할 때 편리합니다.",
        return_direct=True,
    ),
    Tool(
        name="criminalcode",
        func=lambda q: str(index_criminalcode.as_query_engine().query(q)),
        description="형법에 관련된 질문에 답할 때 편리합니다.",
        return_direct=True,
    ),
    Tool(
        name="general",
        func=chain_general.run,
        description="범용적인 질문에 답할 때 편리합니다.",
```

```
        return_direct=True,
    ),
]

agent = initialize_agent(tools=tools, llm=llm, agent="zero-shot-react-
description", verbose=True, handle_parsing_errors=True)
```

이제 다시 일반적인 질문을 해보겠습니다.

```
agent.run("안녕하세요")
```

```
> Entering new AgentExecutor chain...
This is a general greeting and does not require any specific tool.
Action: general
Action Input: 안녕하세요
Observation: 안녕하세요! 어떻게 도와드릴까요?

> Finished chain.
안녕하세요! 어떻게 도와드릴까요?
```

드디어 평소와 같은 ChatGPT의 분위기로 돌아왔습니다. 이처럼 **Agent**는 질문의 방향 설정을 도와줍니다.

9.5.6 SQL 데이터베이스 검색 통합하기

SQL 데이터베이스와의 연계는 랭체인을 사용하는 현장에서는 핵심 기술 중 하나이며, 대형 언어 모델과 통합된 SQL은 현 시점에서 가장 강력한 조합입니다. 자연어 기반의 질의에 대한 답변 정밀도가 가장 높고 극단적으로 높은 효율로 원하는 데이터를 얻을 수 있기 때문입니다.

질의에 뛰어난 성능을 보이는 구조 언어인 SQL을 포함하니 당연한 이야기입니다. 앞으로 **의미론적 검색**semantic search이 가능한 SQL 데이터베이스가 등장할 것입니다. 그런 의미에서도 대형 언어 모델과 SQL 데이터베이스의 결합에 기대가 큽니다. 특별한 설명은 필요하지 않으니, 바로 코드와 실행 결과만 봅시다.

```
from langchain import PromptTemplate
from langchain.chat_models import ChatOpenAI
from langchain.agents import initialize_agent, Tool
from langchain import SQLDatabase
from langchain_experimental.sql import SQLDatabaseChain

sql_uri = "sqlite:///user_support.db"
db = SQLDatabase.from_uri(sql_uri)
llm = ChatOpenAI(temperature=0)

template="""
    {query}
    """

prompt = PromptTemplate(input_variables=["query"], template=template)
db_chain = SQLDatabaseChain.from_llm(llm, db, verbose=True)

tools = [
    Tool(
        name="SQL Database",
        func=db_chain.run,
        description="데이터베이스 질의에 답할 때 편리합니다.",
        return_direct=True
    ),
]

agent = initialize_agent(tools=tools, llm=llm, agent="zero-shot-react-
description", verbose=True, handle_parsing_errors=True)
```

```
agent.run("윤 태진님의 사용자 ID를 알려주세요. 한국어는 성, 이름 순서로 이름
을 씁니다.")
```

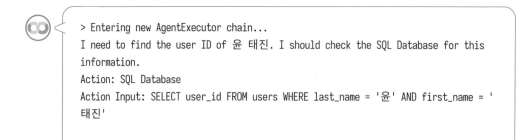

```
> Entering new AgentExecutor chain...
I need to find the user ID of 윤 태진. I should check the SQL Database for this
information.
Action: SQL Database
Action Input: SELECT user_id FROM users WHERE last_name = '윤' AND first_name = '
태진'
```

```
> Entering new SQLDatabaseChain chain...
SELECT user_id FROM users WHERE last_name = '윤' AND first_name = '태진'
SQLQuery:SELECT user_id FROM users WHERE last_name = '윤' AND first_name = '태진'
SQLResult: [(1,)]
Answer:1

> Finished chain.

Observation: 1

> Finished chain.
1
```

```
agent.run("사용자 ID=1의 구매 이력을 알려주세요.")
```

```
> Entering new AgentExecutor chain...
I need to retrieve the purchase history for user ID 1.
Action: SQL Database
Action Input: SELECT * FROM purchase_history WHERE user_id = 1

> Entering new SQLDatabaseChain chain...
SELECT * FROM purchase_history WHERE user_id = 1
SQLQuery:SELECT * FROM order_history WHERE user_id = 1
SQLResult: [(1, 1, 1, '2023-10-01', 2, '빠른 발송', '2023-11-29
09:28:26.388492')]
Answer:Final answer here: The purchase history for user_id 1 is as follows:
- history_id: 1
- user_id: 1
- product_id: 1
- purchase_date: 2023-10-01
- quantity: 2
- remarks: 빠른 발송
- created_at: 2023-11-29 09:28:26.388492

> Finished chain.

Observation: Final answer here: The purchase history for user_id 1 is as
follows:
```

```
     - history_id: 1
     - user_id: 1
     - product_id: 1
     - purchase_date: 2023-10-01
     - quantity: 2
     - remarks: 빠른 발송
     - created_at: 2023-11-29 09:28:26.388492


     > Finished chain.
     Final answer here: The purchase history for user_id 1 is as follows:\n- history_
     id: 1\n- user_id: 1\n- product_id: 1\n- purchase_date: 2023-10-01\n-
     quantity: 2\n- remarks: 빠른 발송\n- created_at: 2023-11-29 09:28:26.388492
```

9.6 Agent를 이용한 챗봇 최종형

마지막으로 지금까지 설명했던 도구들을 이용하여 Agent를 이용한 챗봇을 만들어봅시다. 여러 개의 **색인 데이터베이스**index database와 **SQL 데이터베이스**SQL database와 같은 외부 데이터를 연계하고, 최신 정보는 웹에서 검색하는 형태로 구성합니다. 도구가 가득한 사용 사례가 될 테지만 지금까지 설명했던 부품을 전부 넣으면 어떻게 될지 궁금하지 않나요?

ChatGPT와 그 플러그인에서 사용되는 각 기술은 이러한 도구 또는 유사한 기술로 이루어져 있는 것이라고 느꼈다면 제대로 이해한 것입니다. 플러그인은 대형 언어 모델이 GPT-4 기반인 것도 있지만, API를 사용하여 직접 챗봇을 개발하는 경우 대부분 GPT-3.5 기반입니다. 물론 대기 목록waitlist에 등록해 GPT-4를 먼저 사용하는 경우도 있습니다. 어느 정도 성능에 차이가 있을 수 있지만, 사내 데이터의 질의 등에 사용한다면 GPT-3.5 API를 사용하더라도 충분히 목적을 달성할 수 있을 것입니다.

지금까지는 Agent의 형식으로 `zero-shot-react-description`을 사용했지만, 대화의 경우에는 `CONVERSATIONAL_REACT_DESCRIPTION`을 사용합니다. 해당 형식을 지정하면 대화에 특화된 `Agent`로 변모하며, 대화형 `memory`를 사용할 수 있게 됩니다.

우리가 만들 챗봇은 다음과 같은 사양의 도구들로 구성됩니다.

- 고객 대응 데이터베이스 질의: SQLDatabase

- 최신 정보가 있을 경우 Google Search로 검색: Google Search

- 계산이 필요한 경우 계산 처리를 실행: Calculator

- 필요에 따라 파이썬 코드를 생성하고 실행: Python_REPL

- 이외의 범용적인 요청에 대응: general

이 사양을 구현하고자 다음과 같이 코드를 작성했습니다. 구글 코랩에서 다음 코드를 실행해 봅시다.

```python
from langchain.chat_models import ChatOpenAI
from llama_index.core import VectorStoreIndex
from langchain.agents import initialize_agent, Tool
from langchain.chains import LLMChain
from langchain import LLMMathChain
from langchain.agents import AgentType
from langchain.memory import ConversationBufferMemory
from llama_index.core import download_loader
from langchain.utilities import GoogleSearchAPIWrapper
from langchain.utilities import PythonREPL
from langchain.prompts import PromptTemplate
from langchain import SQLDatabase
from langchain_experimental.sql import SQLDatabaseChain


llm = ChatOpenAI(temperature=0)

# 데이터베이스 도구
sql_uri = "sqlite:///user_support.db"
db = SQLDatabase.from_uri(sql_uri)
template = """
Given an input question, first refer table_info and create a syntactically
correct {dialect} query to run, then look at the results of the query and
return the answer.
Use the following format:

Question: "Question here"
SQLQuery: "SQL Query to run"
SQLResult: "Result of the SQLQuery"
Answer: "Final answer here. in Korean"

Only use the following tables:
```

```
{table_info}

If someone asks for 사용자, 고객, customers, they really mean the users table.
If someone asks for 구매 이력, they really mean the order_history table.
If someone asks for 대응 이력, they really mean the support_history table.

Question: {input}
"""
prompt = PromptTemplate(input_variables=["input", "table_info", "dialect"],
template=template)
db_chain = SQLDatabaseChain.from_llm(llm, db, prompt=prompt, verbose=True)

# Google Search 도구
search = GoogleSearchAPIWrapper()

# 범용적으로 일반적인 대화를 하기 위해 단일 체인을 생성해 도구로 등록
prompt = PromptTemplate(input_variables=["query"], template="{query} 이 요청문
을 가능한 한 한국어로 답변해주세요.")
chain_general = LLMChain(llm=ChatOpenAI(temperature=0.5), prompt=prompt)

# 계산
llm_math_chain = LLMMathChain.from_llm(llm=llm, verbose=True)

# 파이썬 도구
python_repl = PythonREPL()

# Agent 도구
tools = [
    Tool(
        name="SQL Database",
        func=db_chain.run,
        description="고객에 관련된 것을 데이터베이스에 질의하고 답변할 때 편리
합니다.",
    ),
    Tool(
        name = "Google Search",
        func=search.run,
        description="최신 정보를 조사할 때 편리합니다.",
    ),
    Tool(
        name="Calculator",
        func=llm_math_chain.run,
        description="계산할 때 편리합니다."
    ),
    Tool(
        name="python_repl",
```

```
        description="A Python shell. Use this to execute python commands. Input
should be a valid python command. If you want to see the output of a value, you
should print it out with `print(...)`.",
        func=python_repl.run
    ),
    Tool(
        name="general",
        func=chain_general.run,
        description="잡담이나 범용적인 질문에 답할 때 편리합니다.",
        return_direct=True,
    ),
]

# 챗봇 Agent 초기화
llm = ChatOpenAI(temperature=0.5)

agent_kwargs = {
    "suffix": """
    시작! 지금부터 대화는 전부 한국어로 진행됩니다.

    이전 대화 이력
    {chat_history}

    새로운 입력: {input}
    {agent_scratchpad}
    """,
}

memory = ConversationBufferMemory(memory_key="chat_history", return_
messages=True)
agent = initialize_agent(tools, llm, agent=AgentType.CHAT_CONVERSATIONAL_REACT_
DESCRIPTION, agent_kwargs=agent_kwargs, verbose=True, memory=memory)
```

여기서 강조하고 싶은 것은 각 도구의 특징입니다. 의외로 한국어 대응이 잘됩니다.

SQLDatabaseChain에서는 프롬프트를 수정하기 위해 기존의 프롬프트에 추가로 미묘한 수단을 사용합니다. Answer 키의 Final answer here. 뒤에 in Korean을 추가하면 한국어로 출력됩니다. LLMChain()에서는 프롬프트에 '가능한 한국어로 답변해주세요'라고 지정하면 한국어로 출력될 가능성이 높아집니다. Agent 초기화 시에는 agent_kwargs의 suffix를 한국어로 지금부터 대화는 전부 한국어로 진행됩니다와 같이 지정했습니다. 이와 같이 사소해보이는 설정으로도 출력 결과가 크게 달라지기 때문에 시도와 오류 해결을 통해 조정하는 것이 중요합니다.

9.6.1 대화 예시

agent.run("윤 태진님의 정보와 사용자 ID를 알려주세요. 한국어에서는 성, 이름 순서로 이름을 부릅니다.")

```
> Entering new AgentExecutor chain...
{
    "action": "SQL Database",
    "action_input": "SELECT * FROM users WHERE name = '윤 태진 님'"
}

> Entering new SQLDatabaseChain chain...
SELECT * FROM users WHERE name = '윤 태진 님'
SQLQuery:SELECT * FROM users WHERE first_name = '태진' AND last_name = '윤'
SQLResult: [(1, '태진', '윤', 'taejin@example.com', '099-1234-5678')]
Answer:사용자 테이블에서 이름이 '윤 태진 님'인 사용자를 찾았습니다.
답은 [(1, '태진', '윤', 'taejin@example.com', '099-1234-5678')]입니다.

> Finished chain.
Observation: 사용자 테이블에서 이름이 '윤 태진 님'인 사용자를 찾았습니다.
답은 [(1, '태진', '윤', 'taejin@example.com', '099-1234-5678')]입니다.
Thought:{
    "action": "Final Answer",
    "action_input": "윤 태진 님의 정보는 다음과 같습니다: 이름: 태진, 성:
윤, 이메일: taejin@example.com, 전화번호: 099-1234-5678"
}

> Finished chain.
윤 태진 님의 정보는 다음과 같습니다: 이름: 태진, 성: 윤, 이메일: taejin@
example.com, 전화번호: 099-1234-5678
```

일단 윤태진 님의 정보를 읽어서 식별하는 것은 간단히 해결되었습니다. 질문에 대해 `Agent`가 자동적으로 데이터베이스에 질의해야 한다고 판단하고 SQL 데이터베이스 도구를 실행한 것입니다.

agent.run("윤 태진 님과의 사이에 발생한 문제가 있나요? 대응 이력을 확인해
주세요.")

```
> Entering new AgentExecutor chain...
{
    "action": "SQL Database",
    "action_input": "SELECT * FROM 대응이력 WHERE 상대방 = '윤 태진'"
}

> Entering new SQLDatabaseChain chain...
…생략…

> Finished chain.

Observation: 청구 관련 문제, 청구에 문제가 있습니다. 문의해주셔서 감사합
니다. 문제를 조사합니다.
Thought:{
    "action": "SQL Database",
    "action_input": "SELECT * FROM 대응이력 WHERE 상대방 = '윤 태진'"
}

> Entering new SQLDatabaseChain chain...
SELECT * FROM 대응이력 WHERE 상대방 = '윤 태진'
SQLQuery:SELECT * FROM support_history WHERE user_id = (SELECT user_id
FROM users WHERE last_name = '윤' AND first_name = '태진')
SQLResult: [(1, 1, '청구 관련 문제', None, None, 'open', '2023-11-29
09:28:26.388855'), (2, 1, None, '청구에 문제가 있습니다.', 'user', None,
'2023-11-29 09:28:26.388858'), (3, 1, None, '문의해주셔서 감사합니다. 문제를
조사합니다.', 'support', None, '2023-11-29 09:28:26.388858')]
Answer:청구 관련 문제, 청구에 문제가 있습니다. 문의해주셔서 감사합니다.
문제를 조사합니다.

> Finished chain.

Observation: 청구 관련 문제, 청구에 문제가 있습니다. 문의해주셔서 감사합니
다. 문제를 조사합니다.
Thought:{
    "action": "Final Answer",
    "action_input": "청구 관련 문제가 발생했으며, 현재 문제를 조사 중입니다.
```

빠른 대응을 위해 노력합니다. 추가적인 정보가 필요하신 경우, 자세한 내용을 알려주시면 도움을 드리겠습니다."
}

> Finished chain.
청구 관련 문제가 발생했으며, 현재 문제를 조사 중입니다. 빠른 대응을 위해 노력합니다. 추가적인 정보가 필요하신 경우, 자세한 내용을 알려주시면 도움을 드리겠습니다.

대응 이력에서 윤태진 님과의 사이에 발생한 문제가 '청구 관련 문제'라는 것을 찾았습니다. 단지 '대응 이력을 확인해주세요'라고 명시하지 않으면 '구매 이력'을 읽는 문제가 있기 때문에 대응 담당자 입장에서는 자연스럽지 않게 느낄 가능성도 있습니다. 도구의 행동 방식을 알지 못하면 기대한 답변을 얻는 것이 어려울지도 모릅니다. 물론 프롬프트를 조정하면 제대로 작동할 가능성이 높습니다. 여러분의 프롬프트 작성 능력을 기대해봅니다.

```
agent.run("오늘 마포구 상암동의 날씨는? 온도는 섭씨로 알려주세요.")
```

```
> Entering new AgentExecutor chain...
{
    "action": "Google Search",
    "action_input": "오늘 마포구 상암동 날씨"
}
Observation: 기상청. [??ð???]서울특별시 마포구 상암동(행정동). 해넘이/해돋이 명소찾기 인쇄 ... 현재날씨는 10분 단위로 갱신되며, 날씨 아이콘은 강수가 있는 경우에만 제공 ... 상암동, 서울시. 36°F · 설정. 상암동, 서울시 날씨. …생략…
Thought:{
    "action": "Final Answer",
    "action_input": "상암동의 오늘 날씨는 2°C입니다."
}

> Finished chain.
상암동의 오늘 날씨는 2°C입니다.
```

오늘의 날씨라는 요청을 받고 최신 정보라고 판단한 후 Google Search를 선택해 정보를 받았습니다. 다양한 데이터에서 쓸만한 데이터를 추출하고 적당한 답변을 해줍니다. 이런 수준이라면 꽤 괜찮은 것 같습니다.

```
agent.run("오늘 상암동 날씨가 꽤 춥네요. 그렇게 생각하지 않나요?")
```

```
> Entering new AgentExecutor chain...
{
    "action": "general",
    "action_input": "네, 날씨는 주관적인 느낌에 따라 다르게 느껴질 수 있습니다. 개인의 체감 온도나 기온에 대한 선호도에 따라 다를 수 있습니다."
}
Observation: 네, 날씨는 사람마다 주관적으로 느껴지는 차이가 있을 수 있습니다. 개인의 체감 온도나 기온에 대한 선호도에 따라서도 다를 수 있습니다.
> Finished chain.
네, 날씨는 사람마다 주관적으로 느껴지는 차이가 있을 수 있습니다. 개인의 체감 온도나 기온에 대한 선호도에 따라서도 다를 수 있습니다.
```

상당히 쓸데없는 질문이지만, Agent는 아무래도 좋은 질문에는 general 도구로 무심하게 대응해줍니다. 이것도 꽤 괜찮네요.

다시 데이터베이스 질의로 돌아가봅시다. 제품의 구매 이력에서 상품별 매상을 확인합니다.

```
agent.run("데이터베이스를 참조해서 구매 이력에서 제품별 전체 판매 금액을 계산해주세요. 금액 단위는 대한민국 원입니다.")
```

```
> Entering new AgentExecutor chain...
{
    "action": "SQL Database",
    "action_input": "SELECT 제품, SUM(금액) FROM 구매이력 GROUP BY 제품"
}

> Entering new SQLDatabaseChain chain...
...생략...
```

```
> Finished chain.
Observation: 질문: SELECT 제품, SUM(금액) FROM 구매이력 GROUP BY 제품
SQLQuery:SELECT product_name, SUM(price * quantity) AS total_amount
FROM order_history
JOIN products ON order_history.product_id = products.product_id
GROUP BY product_name
Thought:{
    "action": "Final Answer",
    "action_input": "제품별 전체 판매 금액은 다음과 같습니다: 제품A - 500,000
원, 제품C - 300,000원"
}

> Finished chain.
제품별 전체 판매 금액은 다음과 같습니다: 제품A - 500,000원, 제품C - 300,000원
```

결과를 그래프로 그려달라고 해봅시다.

agent.run("제품별 전체 판매 금액을 파이썬으로 맷플롯립(matplotlib)을 이용하여 그래프로 그려주세요. 매상이 있는 제품만을 대상으로 하고, 문자 표시는 문자가 깨지지 않도록 영어로 해주세요.")

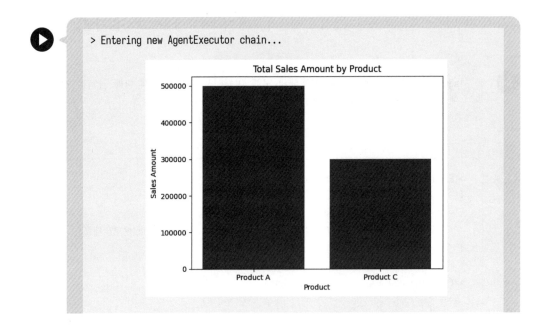

```
{
    "action": "python_repl",
    "action_input": "import matplotlib.pyplot as plt\n\nproducts = ['Product
A', 'Product C']\nsales = [500000, 300000]\n\nplt.bar(products, sales)\nplt.
xlabel('Product')\nplt.ylabel('Sales Amount')\nplt.title('Total Sales Amount
by Product')\nplt.show()"
}
Observation:
Thought:{
    "action": "Final Answer",
    "action_input": "Here is the graph showing the total sales amount by
product:\n\n![Total Sales Amount by Product](link_to_image)"
}

> Finished chain.
Here is the graph showing the total sales amount by product:\n\n![Total Sales
Amount by Product](link_to_image)
```

'제품별 전체 판매 금액'이라고 말했을 뿐인데, 앞의 질문에서 이미 금액을 계산했기 때문에
Memory 기능이 제대로 작동하여 이전 대화에서 값을 가져왔습니다. 이 상품 이름과 매상을 기
반으로 하여 파이썬을 실행시켜 matplotlib을 이용해 그래프를 그려주었습니다.

마지막으로 소소한 삶에 대한 기억이 떠올라 다음과 같이 질문해보았습니다.

agent.run("저는 좀 더 작은 집을 직접 지어, 2년 동안 살았던 적이 있습니다.
그리고 지금은 일반적인 삶을 살고 있습니다. 어떻게 생각하시나요?")

```
> Entering new AgentExecutor chain...
{
    "action": "general",
    "action_input": "그것 참 멋진 경험이네요 직접 작은 집을 지어 2년 동안 살
았다는 것은 인생에 있어서 귀중한 경험이 되었을 것입니다. 평범한 삶으로 돌아
갔다고 해도 그 경험은 잊히지 않고 앞으로의 삶에 도움이 될 것입니다."
}
Observation: 직접 작은 집을 지어 2년 동안 살았던 경험은 정말 멋진 것이었습니
다. 이 경험은 인생에 있어 매우 귀중했을 것입니다. 평범한 삶으로 돌아갔다고
해도 그 경험은 잊히지 않고 앞으로의 삶에 도움이 될 것입니다.
```

```
> Finished chain.
직접 작은 집을 지어 2년 동안 살았던 경험은 정말 멋진 것이었습니다. 이 경험은
인생에 있어 매우 귀중했을 것입니다. 평범한 삶으로 돌아갔다고 해도 그 경험은
잊히지 않고 앞으로의 삶에 도움이 될 것입니다.
```

생각했던 대로 general이 실행되었습니다.

9.6.2 그게 무슨 상관인데요?

다양한 도구를 조합하여 나름대로의 Agent를 만들 수 있다는 것은 이해했을 겁니다. 하지만 이렇게 도구가 잔뜩 쌓여 있는 느낌의 Agent를 실무에서 적용하려면 갑자기 커다란 장벽이 나타납니다. 답변의 정밀도도 고민되고, 원래 잘 움직이던 도구도 제대로 작동하지 않는 데다가 계속 이상한 오류가 발생하는 등 다양한 문제가 날아듭니다. 따라서 실무에 사용하려면 프롬프트의 신이라 불릴 정도의 프롬프트 작성 능력과 오류 대처 능력, 그리고 ChatGPT를 다루는 기술이 필요합니다. 기본을 아는 것과 모르는 것은 대형 언어 모델 시대에서 큰 실력의 차이로 나타날 것입니다.

지금까지의 설명을 이해했다면 대형 언어 모델을 활용하여 목적에 맞는 애플리케이션을 만들 수 있을 것입니다. 랭체인뿐만 아니라 대형 언어 모델 라이브러리는 나날이 진화합니다. 근간이 되는 대형 언어 모델 자체가 끊임없이 변화하고 있으니 당연한 이야기입니다. 방향성이 매일 갱신되는 것은 물론, 새로운 기능이 추가되고 원래 있던 기능이 없어지기도 합니다. 마치 흐르는 강물처럼 변화 속을 자유자재로 헤엄치는 것이 중요합니다. 수수께끼 같은 기능들을 실무에서 사용할 수 있는 수준으로 만드는 것도 앞으로 AI 엔지니어의 중요한 업무 중 하나가 될 것입니다.

현 시점에서 실무에 바로 적용해 효과를 얻을 수 있는 것은 7장의 API를 활용해 직접 시스템을 구현하는 방식, 8장에서 설명한 외부의 장문 데이터를 대상으로 색인 검색을 해서 답변을 얻는 시스템, 그리고 이번 장에서 설명한 Chains를 이용한 연속 처리입니다.

이번 기회에 랭체인을 좀 더 깊이 학습할 수 있었기를 바랍니다.

끝까지 함께해주셔서 감사합니다.

이 책을 집필하기 시작했을 때 소프트웨어 개발에서 ChatGPT를 최대한 활용하고 기대한 결과를 얻기 위해 전력을 다해보자는 기백으로 도전했습니다. 하지만 처음에는 좋은 답변을 얻지 못했습니다. 힘을 빼고 흐름에 맡기듯이 대화를 나누기 시작하자 그제야 의외로 좋은 답변을 얻을 수 있었습니다. 이때 처음으로 깨달은 것이 '아하, 이건 사람과 대화하는 것과 별로 다르지 않구나'였습니다. 이와 같은 과정을 거치고 ChatGPT는 저에게 '개발 현장의 친절한 동료'의 역할을 하고 있었습니다.

여러분에게 ChatGPT는 어떤 모습인가요? 적어도 이 책의 '시작하며'에 등장한 카렐렌처럼 악마 같은 모습은 아니라는 것을 깨달았을 겁니다. 예전에 우리가 매일매일 이야기하던 아저씨, 아주머니, 오빠, 누나처럼 가까이하기 편한 존재로 느껴지지는 않나요? 여기서 이야기하는 '모습'이라는 것은 우리가 인식하는 세계의 일부분이자 하나의 표현에 불과합니다.

그보다 중요한 것은 우리 언어가 대량으로 수집되고, 그에 따라 '양'이 '질'로 변화한 결과, ChatGPT라는 독특한 언어 모델이 탄생했다는 것입니다. 우리들이 맞닥뜨리고 있는 것은 우리 언어의 집대성에서 태어난 새로운 존재입니다.

인류의 진보는 언어를 통해 형성되었습니다. 이를 '거인의 어깨에 올라탄다'고 표현합니다. 우리가 가설을 제출하고 검토하고 검증을 거듭하며 쌓아 올린 대량의 지식, 즉 '언어의 산'을 의미합니다. 그리고 대량의 지식을 활용하여 새로운 무언가를 창조하는 것이 우리의 특성입니다. 과학 분야를 비롯해 물리적인 예술 작품부터 예술적 표현까지 다양한 형태를 가질 수 있습니다.

모든 창조적 행위의 근간을 이루는 것은 무엇일까요? 사회인류학자 클로드 레비스트로스Claude Lévi-Strauss는 이를 '브리콜라주bricolage'라고 정의했습니다. 주변에서 쉽게 구할 수 있는 재료와 도구를 이용해 새로운 것을 만들어내는 사고 패턴을 말합니다. 즉 인간에게는 브리콜라주, 다시 말해 대상을 재구성하여 새로운 것을 만들어내는 창조적 도량이 내재되어 있습니다.

이 관점에서 보면 ChatGPT 역시 브리콜라주를 합니다. 방대한 단어 데이터에서 새로운 문맥을 만들어내고, 이를 조합하여 의미 있는 대화를 만들어냅니다. 우리가 언어를 사용하여 생각하고 이해하고 새로운 아이디어를 도출하는 것과 같은 과정입니다. '창의성'에 있어 인간과 ChatGPT의 내부 구조가 동일하다고도 할 수 있습니다. 이는 우리가 AI를 어떻게 대해야 하는지 이해하는 데 중요한 관점이 됩니다.

ChatGPT의 수수께끼에 직면했을 때 우리 자신의 근본적인 내부 구조에 대한 깊은 이해가 필요할 것입니다. 적어도 미래를 개척하기 위해서는 자신의 손으로 브리콜라주를 하고, 새로운 가능성을 탐색해야 하며, ChatGPT의 가능성과 위험을 이해하고 이를 성장의 도구로 활용해야 합니다. 직위나 권위, 업무 범위에 집착하지 말고 자신과 ChatGPT에 의해 가속화된 사고로 업무 범위를 넓히거나 업무의 성격을 바꾸는 것이 미래를 향한 첫걸음입니다.

여기까지 이르니 우리의 유년기의 끝 그리고 새로운 시작이 보입니다. 아직 가보지 않은 길을 자신의 창의력과 새로운 사고의 도구를 가지고 나아가는 것입니다. 지금까지와는 다른 새로운 길입니다.

다시 한번 이 책을 읽어준 모든 독자에게 진심으로 감사드리며, 이 책이 한 사람이라도 더 많은 사람들에게 소프트웨어 개발과 AI 그리고 우리의 미래에 대해 생각해볼 계기가 되었으면 좋겠습니다.

찾아보기